Claude Simon
Der Wind

Serie Piper
Band 561

Zu diesem Buch

Mit einer Kamera und einer altmodischen Reisetasche als einzigem Gepäck kommt der Photograph Antoine Montès in eine südfranzösische Provinzstadt, um dort das Erbe seines Vaters anzutreten, den er nie gesehen hat. Die bloße Anwesenheit dieses Mannes, der das Fremdartige schlechthin verkörpert, stiftet Verwirrung und bringt lange schwelende Konflikte zum Ausbruch. Eine entfernte Cousine verfällt seiner unbegreiflichen Anziehungskraft und löst ihre Verlobung, doch Montès nimmt sie kaum war, da seine Gedanken um die Kellnerin Rosa kreisen, die in seinem schäbigen Wanzenhotel arbeitet. Während er auf den Ausgang eines Prozesses wartet, den er verlieren wird, wird ein Räderwerk in Gang gesetzt, das am Ende zur Katastrophe führt.

Simon demonstriert in diesem Buch, das als erstes seiner Werke dem »nouveau roman« zuzuordnen ist, die Unmöglichkeit jeglicher Orientierung und jeglicher objektiven Erkenntnis. Die Wirklichkeit wird nicht mehr von einem übergeordneten Bezugssystem her gedeutet, sondern nur noch in Bruchstücken und Ausschnitten erfahren. An die Stelle psychologischer Analysen tritt eine fast wissenschaftlich präzise Beschreibung der Einzelgegenstände, die Montès wie durch das Objektiv seiner Kamera demonstriert. Auf diesem indirekten Weg werden jedoch gleichzeitig höchst differenzierte seelische Zustände möglich.

Claude Simon, am 10. Oktober 1913 in Tananarive (Madagaskar) als Sohn eines Offiziers geboren. Verbringt seine Kindheit in Perpignan; Schulbesuch in Paris. Studium der Malerei. Militärdienst 1934–35, 1935–39 Reisen in Europa. Teilnahme am Zweiten Weltkrieg; Flucht aus der deutschen Kriegsgefangenschaft nach Perpignan, wo er versteckt lebt und zu schreiben beginnt. Nach Kriegsende Rückkehr nach Paris. Erhält 1985 den Nobelpreis für Literatur. Schrieb u. a. die Romane »Die Straße in Flandern« (1960; dt. 1961), »Der Palast« (1962; dt. 1964), »Die Leitkörper« (1971; dt. 1972) und »Les Géorgiques« (1981).

Claude Simon

DER WIND

Versuch, einen Barockaltar
wiederherzustellen

Roman

Aus dem Französischen von
Eva Rechel-Mertens

Piper
München Zürich

Die Originalausgabe erschien 1957 unter dem Titel
»Le Vent« bei Les Editions de Minuit, Paris.
Von Claude Simon liegen in der Serie Piper außerdem vor:
Die Straße in Flandern (566)
Der Palast (567)

ISBN 3-492-00861-5
Neuausgabe 1985
2. Auflage, 5.–12. Tausend Oktober 1985
(1. Auflage, 1.–8. Tausend dieser Ausgabe)

Umschlag Federico Luci,
unter Verwendung des Gemäldes »Der Irre« (1916) von
Heinrich M. Davringhausen (Westfälisches Landesmuseum
für Kunst und Kulturgeschichte, Münster)
Photo Umschlagrückseite: dpa-Fotoreport
Satz: Graphische Werkstätten Kösel, Kempten
Druck und Bindung: Clausen & Bosse, Leck
Printed in Germany

Zwei Gefahren bedrohen unaufhörlich die Welt:
die Ordnung und die Unordnung

Paul Valéry

I

»Ein Idiot. Das ist alles. Was man sonst noch erzählen oder erfinden, an Schlüssen ziehen oder erklären will, bestätigt nur, was jeder ohnehin auf den ersten Blick bereits sieht. Nichts weiter als ein Idiot. Allerdings ein Idiot mit dem Recht, frei herumzulaufen, mit anderen Leuten zu reden, seine Unterschrift zu geben und allerlei Katastrophen heraufzubeschwören. Weil die Ärzte, wie es scheint, solche Kerle zu den Harmlosen zählen! Na gut! Das ist ihre Sache. Aber wenn man sich nicht nur auf den Rat der Ärzte verließe, sondern auch Leute fragte wie uns, die wir vielleicht über die menschliche Natur etwas mehr wissen als die Herren von der medizinischen Fakultät... Denn, wissen Sie, das kann ich Ihnen sagen: was überhaupt an menschlichem Getier auf zwei Beinen herumläuft, passiert bei uns hier durch, das dürfen Sie mir glauben, und was die Beweggründe betrifft, die für die Menschen bestimmend sind... also wenn ich während der zwanzig Jahre, die ich in diesem Büro schon zubringe, überhaupt etwas gelernt habe, ist es das: es gibt nur einen einzigen Beweggrund, und zwar den Eigennutz. Ich pflege immer zu sagen...«

Während der Notar noch zu mir sprach, während er nun vielleicht schon zum zehnten Mal auf diese Geschichte zurückkam – *wenigstens auf das, was er davon wußte oder sich darunter vorstellte, da er von allen Ereignissen, die sich seit sieben Monaten abgespielt hatten, ebenso wie alle anderen, wie deren Helden und Hauptakteure sogar, nur jene ganz bruchstück-*

hafte, unvollständige Kenntnis besaß, wie sie sich aus kurzen Augenblicksbildern, die ihrerseits wiederum mehr geahnt als wirklich gesehen worden waren, aus schlecht verstandenen Worten und ungeklärten Gefühlen ergab, wimmelnd von Lücken, von leeren Stellen, welche Phantasie und Logik halbwegs mit einer Folge von Schlüssen auszufüllen versuchten, die ganz zufällig waren – zufällig, aber nicht unbedingt falsch, denn entweder ist alles nur Zufall, dann aber ergeben die tausendundein verschiedenen Versionen und die tausendundein Aspekte einer Sache ebenfalls und erst recht diese Geschichte, liefern die Elemente für sie, da sie ja so und nicht anders im Bewußtsein derer, die sie miterlebt, miterlitten, schwer an ihr getragen oder an ihr Vergnügen gefunden haben, ist, von jeher war und bleiben wird, oder aber die Wirklichkeit führt ein selbstherrliches, von unseren Wahrnehmungen und damit auch von unserer Kenntnis, besonders aber von unserem Bedürfnis nach Logik ganz unabhängiges Eigenleben – wenn man sie dann aber zu finden, zu entdecken, aus dem Dunkel herauszulösen versucht, so erweist sich das vielleicht ebenso als eitel Trug wie die gewissen Kinderspielzeuge, die ineinandergeschachtelten Holzpuppen, die man in Mitteleuropa sieht, bei denen immer die eine in der anderen steckt, jeweils die eine also eine noch kleinere in sich enthält und aus sich gebiert, bis schließlich nur etwas unendlich Winziges, ganz Belangloses übrigbleibt, ja eigentlich ein Nichts ... Jetzt aber, nachdem alles zu Ende ist, berichten, rekonstruieren wollen, was sich zugetragen hat, das ist so, wie wenn man die verstreuten, unvollständigen Teile eines Spiegels wieder zusammenleimen, ungeschickt ineinanderpassen will und dann doch nur ein zusammenhangloses, lachhaftes, idiotisches Ergebnis erzielt, wobei vielleicht unser Geist oder vielmehr

Stolz uns, dem Wahnsinn nahe und entgegen allem Augenschein, um jeden Preis eine logische Folge von Ursachen und Wirkungen noch zu entdecken zwingt, wo doch alles, was die Vernunft zu erkennen vermag, nur ein Umherirren ist, ein Umhergeworfenwerden von rechts nach links wie das eines ziel- und richtungslos dahintanzenden Korkens, wobei man einzig oben zu bleiben strebt, gleichwohl aber leidet und stirbt, und das ist dann das Ende ... –, während der Notar also sprach, stellte ich mir unwillkürlich jenen anderen vor, der die Stadtchronik derart mit Stoff versorgt hatte und von dem die Leute wahrscheinlich ebenso wie der Notar noch immer redeten, und zwar stellte ich ihn mir vor, wie ich ihn tags zuvor noch gesehen hatte und wie er zweifellos schon einige Monate früher gewesen war – *denn er schien der Gattung jener Wesen anzugehören, die nicht einmal erst im Verlauf ihrer Jugendzeit, sondern schon während der Kindheit ein für allemal altern und dann, nachdem dieser Schritt vollzogen ist, wahrscheinlich wenn auch nicht dem Übel, dem Leiden, der Zeit, so doch dem, wodurch sie gezeichnet scheinen, entrückt sind, so daß alles, was sich in diesem kurzen Zeitraum von einigen Monaten abspielen konnte, alle Ereignisse, die er ausgelöst oder besser entfesselt hatte – und das, so schien mir, weit mehr als durch seine Handlungen einfach durch sein Auftreten, seine bloße Gegenwart, nach Art gewisser chemischer Reaktoren, die einen bestimmten Reiz ausüben, oder mehr noch wie jene mit einer segenspendenden oder unheilvollen Kraft begabten Objekte, die zur Bekundung ihrer Macht nichts anderes nötig haben als zu existieren, als einfach nur dazusein – über ihn hinweggegangen zu sein schienen, wenn nicht ohne ihn irgendwie zu treffen, so doch mindestens, ohne eine äußerlich wahrnehmbare Spur zurückzulassen, nicht mehr und nicht weniger davon jedenfalls als irgend ein in grauer Vorzeit aufgekommener Sturm auf einem Kiesel, der seit ebenfalls unvordenklichen Zeiten von der Brandung umgetrieben und dadurch, daß er dauernd mitgeschleppt und herumgerührt worden ist, höchstens ein wenig glatter wird, von den letzten rauhen Kanten befreit, um schließlich eine durch keine Unebenheit mehr unterbrochene Oberfläche, das undurchdringliche Antlitz jenes unlösbaren, müßigen Rätsels, das über Gut und Böse waltet, zu zeigen* –, als er bei seiner Ankunft plötzlich und unvorhergesehen in unsere Mitte geschleudert wurde wie ein Stein, der in eine Pfütze platscht.

Sein einziges Gepäck war der Photoapparat, ohne den man ihn niemals sah, sein Fahrrad, eine antiquierte Reisetasche mit Riemen, die mindestens aus dem Anfang des Jahrhunderts stammte und zweifellos alles in allem nur ein paar Taschentücher und Strümpfe, drei oder vier vom Waschen grau gewordene und an Kragen und Ärmelstulpen abgetragene Flanellhemden sowie jene enorme, in Leinwand gebundene und von einem Riemen zusammengehaltene Aktenmappe enthielt, die ich einmal in seinem Zimmer gesehen hatte und aus der ein Haufen alter Briefe, Photoabzüge und vergilbte Papiere hervorquollen – wie es schien, sein gesamtes Vermögen; durch eine Art von possenhaftem und grausamem Widerspruch aber säte er, kaum erschienen, überall Auflehnung, Verlangen, Zwietracht und Zorn, ausgerechnet er, der dem Augenschein sowie eigenem Wünschen und Wählen gemäß genau das Gegenteil von alledem darstellte und den man, als alles zu Ende war und der ganze aufgewirbelte Schlamm und Schmutz der Leidenschaften sich wieder gesetzt hatte, mit Staunen wenn auch nicht gerade intakt, so doch auch nicht vermindert fand, vielleicht deshalb, weil kein menschliches Wesen auch noch im äußersten Verzicht sich vollkommen zu vernichten vermag – es sei denn, es ginge so weit, sich wirklich in seiner physischen Person zu zerstören – und weil möglicherweise jenseits oder in den tiefsten Tiefen allen Leidens und allen Schmerzes, ebenso wie da, wo Wille und Stolz sich überschlagen, etwas wie ein erbarmungswürdiger Friede zustandekommt. Mir war, als sähe ich ihn dort sitzen, in dem gleichen Sessel, in dem ich selbst mich befand, dem Sessel mit Schnitzornamenten, die sich einem in den Rücken bohrten, im Angesicht des Notars hinter seinem Schreibtisch aus schwarzem Holz und mit dem Blick auf die Glasscheiben des ebenfalls schwarzen Bücherschrankes, der oben eine Art von Aufsatz in Wappenform trug, auf dem sich in ovaler Blende zwei vergoldete Initialen ineinanderschlangen, und dieses ganze Zimmer mit seinem veralteten, feierlichen, düsteren Aussehen, das im Widerspruch zu seinem gegenwärtigen Bewohner stand: einem noch jungen Mann mit bürstenförmig geschnittenem Haar, dem Gesicht eines Sportsmanns, mit einem Anzug, der aus einem jener kompakten, häßlichen Stoffe geschnitten war, die man einzig auf Grund der Empfehlung durch ihren hohen Preis und ihre Unauffälligkeit in Eile auswählt, dem betriebsamen, gewöhnlichen, kordialen Umgangston eines Geschäftsmannes, der, wie er mir gerade zu erzählen im Begriff stand, zum ersten Mal vielleicht, seitdem er, zwanzig oder fünfundzwanzig Jahre zuvor, an diesem Schreibtisch Platz genommen hatte, sich jetzt, in diesem Augenblick, wenn auch nicht gerade hilflos, so doch auf alle Fälle einigermaßen irritiert und unbehaglich fühlte, wiewohl er sich Mühe gab, es sich nicht anmerken zu lassen, und auch weiterhin mit jener selbstgefälligen vulgären Beredsamkeit, die man durch häufiges Verkehren in Bars, Salons und geschäftlichen Milieus erwirbt, seiner Meinung Ausdruck verlieh; inzwischen war er unentwegt bemüht, vielleicht nicht zu durchdringen und zu erfassen, was hinter dem Gesicht seines Besuchers vorging, wohl aber diesen selbst in eine der fünf oder sechs nicht eigentlich menschlichen, sondern nur für den Gebrauch zugeschnittenen Kategorien einzuordnen, in denen er seinesgleichen unterzubringen gelernt hatte.

»Weil ich«, sagte er zu mir, »in meiner zwanzigjährigen Notariatstätigkeit ungefähr alles gesehen zu haben glaube, was ein Priester oder Arzt an Menschen, an Geschichten auf dem privaten, öffentlichen oder Familiensektor kennenzulernen Gelegenheit hat. Und sogar noch ein wenig mehr: ich bin nämlich in der Lage, eine Seite des Problems zu sehen, in die weder Priester noch Arzt andere Einblicke haben als die, die der Erzählende ihnen gibt. Da aber, erlauben Sie mir, es Ihnen zu sagen, gibt es nicht allzu viele Möglichkeiten. Ich weiß nicht mehr, in was für einer Zeitung und aus welchem Anlaß ich einmal gelesen habe, daß man zweiunddreißig bis sechsunddreißig Theatersituationen kennt. Erlauben Sie, daß ich darüber lache. Fünf Finger einer Hand, das garantiere ich Ihnen, sind mehr als ausreichend, um die verschiedenen Fälle aufzuzählen, auf die sich alles reduzieren läßt, oder sogar ein einziger tut es – Sie kennen mich ja, und ich brauche Ihnen nicht erst zu erzählen, daß ich nichts von einem Kommunisten an mir habe und daß mich nichts so sehr empört wie eine Welt- und Lebensanschauung, die sich einfach auf die Wirksamkeit irgend welcher Gesetze des Stoffes und der Wirtschaft stützt –, ein einziger Finger genügt, sage ich, Sie können es mir glauben, denn das einzige Motiv aller menschlichen Handlungen, aller angeblichen psychologischen Dramen – deren ich genügend in diesem Büro hier an mir habe vorüberziehen sehen, um mir mit Fug und Recht ein Urteil darüber erlauben zu können – ist der Eigennutz und nichts anderes, und da ich das weiß, bin ich nicht der Mann, dem man Ammenmärchen erzählen darf.

Allerdings muß ich zugeben, als ich ihn da mir gegenübersitzen sah mit seiner Vogelscheuchengestalt und einem Kopf wie dem eines Ertrunkenen, den man erst eine Stunde zuvor am Strand aus dem Wasser gezogen und unmittelbar hierher gebracht hätte, ohne sich die Mühe zu nehmen, ihn vorher auch nur abzutrocknen oder abzuspülen und auszuwringen, mit seinem zehn Zentimeter zu langen schwarzen Haar und dem Photoapparat für mindestens hunderttausend Francs auf dem Bauch, während kein Pennbruder in der Stadt – selbst geschenkt – den Regenmantel hätte haben wollen, der ihm offensichtlich zugleich als Ausgehanzug und als Nachthemd dient – es sei denn, er schläft nicht, legt sich überhaupt nicht hin, sondern läuft den ganzen Tag in diesem Aufzug eines Menschen, der aus Buchenwald entkommen ist, umher, nur um den Müttern einen Gefallen zu tun, deren Kinder nicht einschlafen wollen, obwohl er selbst dafür wahrscheinlich nicht taugen würde, da er als einziger diesen Gören keine Angst einflößt, nach den drei oder vier zu schließen, die ihm stets auf den Fersen sind, damit er sie photographiert und ihnen einen von den Lutschbonbons gibt, mit denen er sich offenbar jeden Morgen vor seinem Ausgang versorgt, so wie andere Zigaretten oder kleines Geld zu sich stecken ... Ja, einzig und allein die Kinder und die Frauen! Verstehe das, wer will: daß so eine Schlampe von Serviermädchen wie diese Rosa ihn einzufangen und sich gefügig zu machen versucht hat, das mußte ja so kommen, aber daß ein junges Mädchen aus guter Familie sich mit diesem Kerl unmöglich macht... Nun, das ist gottlob nicht meine Angelegenheit. Schön und gut, ich gebe zu, ich habe mich getäuscht, bin hereingefallen, war völlig auf dem Holzweg, alles was Sie wollen und das nicht zu knapp, im Gegenteil. An jenem Tage nämlich, als ich ihn zum ersten Mal hier hereinkommen sah, habe ich, das kann ich Ihnen schwören, nicht eine Minute etwas anderes geglaubt, als daß er mir Verkaufsorder geben, mir eine Vollmacht ausstellen und dann wieder gehen würde, wie er gekommen war, nachdem er mir nicht etwa die Nummer seines Bankkontos angegeben hätte, auf die ich das Kapital überweisen lassen sollte, wenn alles erledigt war, sondern die Adresse irgend eines Trappistenklosters oder am Ende sogar eines Narrenhauses. Stattdessen, nachdem ich ihm eine Stunde lang und zum zwanzigsten Male lang und breit auseinandergesetzt hatte, daß einfach niemand einen in solchem Zustand befindlichen Besitz jemals wieder würde in Stand setzen können, hat er den Mund zu nichts anderem aufgebracht, als um ›Ja‹ oder ›Nein‹ oder ›Vielleicht‹ oder ›Ich weiß nicht‹ zu sagen, und ich frage mich, ob er sich überhaupt die Mühe gemacht hat, mir auch nur zuzuhören, denn sobald ich ihn einen Augenblick aus den Augen ließ und dann wieder den Kopf hob, war er immer nur dabei, den Stich da drüben anzuschauen oder den Aufsatz auf dem Bücherschrank oder den Teppich oder diese Lampe hier, ganz als ob er das Inventar aufnehmen wolle oder niemals in seinem Leben ein Büro wie dieses hier betreten habe, was mir wahrscheinlicher vorkommt, obwohl er da nicht der erste gewesen wäre, bei dem mir das passiert ist, mit dem Unterschied allerdings, daß die anderen, diese Kerle, die vom Lande hereinkommen, oder solche, die man nie außer zur Abschließung eines Ehekontraktes hier sieht, meist auf der Stuhlkante sitzen bleiben und kaum den kleinen Finger zu rühren wagen, während er . . .«

Ich glaubte ihn vor mir zu sehen, wie er da ruhig auf seinem Stuhl saß, die formlose Baskenmütze auf den übereinandergeschlagenen Beinen, die Hände wiederum über der Baskenmütze gekreuzt, den Photoapparat am Riemen über der Brust, und alle Gegenstände, Möbel und Ausstattungsstücke, vor allem aber den Mann selbst, der sich in diesem Raum aufhielt, mit seinem etwas hohlen, sanftmütigen Blick, wie Hundeaugen ihn haben, wobei die seinen sehr schwarz in tiefen Höhlungen lagen, prüfend betrachtete. Ein Greisengesicht hatte er – *»Und dennoch«, sagte der Notar, »ich hatte ja seine Papiere, seine Geburtsurkunde und alles übrige und wußte, daß er nicht mehr als fünfunddreißig Jahre alt war!«* – mit einem langen, galoschenförmigen Kinn und dichten, in der Mitte zusammengewachsenen, wie mit Kohle aufgemalten Brauen, wodurch er wie ein schlecht geschminkter Mime aussah und etwas zugleich Jammervolles, auf unbestimmte Weise Beunruhigendes und Komisches bekam.

Wir hatten jetzt Herbst, und als er eintraf, war noch nicht Frühling gewesen. Nur die gewissen, täglich ein wenig längeren, so ganz aus dem Rahmen fallenden Tage des Winterausgangs waren schon da, wenn ein noch wärmeloses Licht sich vorwärtstastet und an den Dächern verweilt, bis es langsam im grünlichen, allzu reinen, eisigen Himmel über der Stadt mit den öden, vom ungebärdigen, kalten Wind durchtosten Gassen erstirbt. Das Büro des Notars war zu ebener Erde gelegen und ging auf einen jener im Süden üblichen, von ein paar Blattpflanzen und in Kästen eingesetzten verkümmerten Palmen mit fächerförmigen, trockenen, spitzen, zerbrochenen Blättern bestandenen Innenhöfe, und manchmal fuhr der Wind in Wirbeln zwischen den Mauern herab und rüttelte mit einem Geräusch wie von brechender Pappe an den Palmen, die aber, eben noch unter dem bösen, raschen Zugriff erschauernd, gleich wieder in ihre gewohnte Reglosigkeit verfielen. Ich suchte ihn mir vorzustellen, wie der Notar ihn beschrieb: ein Mann, der mit friedlicher, freundlicher, zugleich interessierter und zerstreuter Miene die für ihn neuen Dinge ringsum betrachtete, die Palmen, den leeren Himmel, das düstere Mobiliar der Kanzlei, der aber, kaum draußen, wieder vom Wind überfallen und sich gegen ihn stemmend, leicht vornübergebeugt, mit nach hinten verschränkten Armen die Aktentasche aus grobgegerbtem, halbaufgetrenntem Leder, in der er während der ersten Zeit überallhin das kostbare, leinengebundene Aktenstück mit sich schleppte, nach Schulbubenart auf dem Rücken trug, mit tränenden, vom Staub entzündeten Augen, aus denen er über Häuserfassaden, Läden und Leute den gleichen erstaunten Neugierblick gleiten ließ, den er hinter dem Fenster des Dritterklassewagens mit noch von der Reisenacht übermüdeten Zügen und von spärlichen schwarzen Stoppeln übersäten Wangen ein paar Tage zuvor auf die horizontal vorüberfliehenden Teiche, grauen Hügel, Zypressenhecken, die rote Erde der Weingärten, die ausgetrockneten Flüsse in ihren ganz unnötig weitläufigen Kieselbetten geworfen hatte, diese hartlinige Landschaft, die brutal unter dem winterlichen, gnadelosen Licht lag, in dem man am Horizont wie einen metallischen Streifen das Meer aufblitzen sah, einem Licht, das ihn zwang, mit den Augen zu zwinkern und in dem er kurz darauf mit aufgeriebenen, brennenden Lidern in einer Art von dumpfer Benommenheit die grünliche Flanke des Eisenbahnwagens, die Ziegelmauern des Bahnhofs, den Bahnsteig liegen sah, von dem aus er sich endlich entschloß, dem Strom der Menge zu folgen, unsicher schwankend unter der Last der uralten Reisetasche, die ihm gegen die Beine schlug, während er zum ersten Mal in dem scharfen Ruch des heruntergedrückten Rauches und dem Quirlen wirbelnder Küchenabfälle mit diesem Sturm, diesem gleichsam in Permanenz und mit sinn- und vernunftloser Heftigkeit tobenden Orkan Bekanntschaft machte, der sich auf ihn stürzte, ihn angriff und wütend mißhandelte.

Am Nachmittag des gleichen Tages bereits schellte er an der Tür des Notars, wo er, seine Baskenmütze in der Hand, geduldig wartete, bis der Bürogehilfe sich entschloß, den Kopf zu heben und nach seinem Begehr zu fragen; er wartete auch noch auf der schlecht gepolsterten Vorzimmerbank, ähnlich einem Gegenstand, den jemand dort abgestellt und vergessen hatte, wartete darauf, daß der Gehilfe sich endlich erhöbe, um ihn anzumelden. Daß er eines Tages hierherkommen würde, darauf war er zweifellos schon gefaßt gewesen, er wußte es, hatte es gewußt, denn es war unmöglich, ihn sich anders vorzustellen, so wie man sich unmöglich vorstellen konnte, daß ihm nicht irgend jemand erzählt haben sollte, wie er fünfunddreißig Jahre zuvor aufgebrochen war oder mitgenommen oder vielmehr davongetragen wurde, weit fort aus diesem Land, diesem Licht, diesem Wind und gewissermaßen sogar, bevor er noch welches Licht auch immer erblickt hatte, denn er war damals nicht mit einem Kleidungsstück, ja nicht einmal mit Windeln bedeckt, sondern noch im Mutterleib; so nahm er an dem teil, was die einzige und unwiderrufliche Zwangsmaßnahme einer Frau gewesen war, die, noch dazu unter ihrem eigenen Dach und in dem Augenblick, in welchem sie dem Mann, dem sie einige Monate zuvor angetraut worden war, hatte ankündigen wollen, daß sie von ihm ein Kind erwartete, aufs äußerste beleidigt und verhöhnt worden war: sie überraschte ihn – *den Mann, den frischgebackenen Ehemann* –

zwischen zwei Türen – *wie zwei Hunde, sagte sie Jahre später einmal, bei einer der seltenen Gelegenheiten, wo sie darauf zu sprechen kam: wie zwei Tiere, in einem Durchgang, derart erpicht darauf zu tun, was weder er noch dieses Mädchen länger abwarten konnten, so daß sie sich nicht einmal die Zeit nahmen, in die Mägdezimmer hinaufzugehen, oder vielleicht auch, weil das für ihn eine Sache wie Rauchen oder Trinken war – sie sagte nicht* »Essen«, *zweifellos überzeugt davon, daß neben der Kopulation, dem Schlaf und dem Gebet die Nahrungsaufnahme einer jener ernsten, grundlegenden Akte sei, deren feierlicher Charakter erforderte, daß sie unter strikter Beobachtung ewig unveränderlicher Riten und in den Stellungen, sitzend, liegend oder auf den Knien, vollzogen würden, die ihrem Ernst die nötige Weihe angedeihen lassen* – welche man ebenso gut stehend, vollkommen bekleidet und sicher auch mit den Gedanken bei ganz anderen Dingen verrichten konnte; vielleicht war dies sogar das einzige daran, womit sie sich nicht abfinden konnte: die Stellung, das Sakrileg, der unbegreifliche Verstoß weniger gegen die göttlichen Gesetze, die eingegangene Verpflichtung und das gegebene Versprechen, als vielmehr gegen den Brauch, die Tradition oder vielmehr Konvention, die verlangt, daß gewisse Akte von dem durch die Gewohnheit geheiligten Zeremoniell begleitet werden; bestialisch nannte sie es und vergaß dabei, daß gerade, was den Koitus anbetrifft, der Mensch als einziges Lebewesen das Privileg besitzt, Jahreszeiten und Riten unberücksichtigt zu lassen, mit Verachtung zu strafen: jene bestimmte ‚Parade', die im voraus festgelegte, unabänderliche Folge von Haltungen und Gebärden, die zwar dem nicht weniger vorhersehbaren oder unausweichlichen Schlußakt vorausgehen und zu ihm hinführen, deren Ordnung aber kein geflügeltes, kriechendes, schwimmen-

des oder laufendes Tier zu überschreiten jemals wagen würde –; sie hatte ihn also mit der Dienstmagd überrascht, die ihrerseits kaum noch Zeit gefunden hatte, den Rock herunterfallen zu lassen, und mit purpurrotem Gesicht den Kopf schamhaft senkte – ganz unnützerweise, denn sie, die Frau, schritt vorbei, setzte ihren Weg fort, als habe sie die beiden überhaupt nicht gesehen, und ging in ihr Zimmer, aus dem sie wenig später wieder heraustrat, nicht einmal mit einer Reisetasche oder einem Necessaire, sondern nur mit ihrer Handtasche in der Hand und gekleidet, als wolle sie Einkäufe in der Stadt machen; ohne eine Minute zu zögern, begab sie sich zum Bahnhof, wo sie in den nächsten Zug stieg, der sie nach Hause bringen konnte.

Sie war nicht reich. Sie verlangte keine Scheidung, aber ebenso wie sie sich geweigert hatte, ihre Tür zu öffnen, um Entschuldigungen entgegenzunehmen, lehnte sie die Rente ab, die ihr Mann ihr auszusetzen versprach, sowie sie sich gleichfalls weigerte, ihm den Sohn, dem sie das Leben schenkte, auch nur ein einziges Mal vor Augen zu führen.

Dann aber hörte die Stadt, die diese Ereignisse verfolgt oder, besser noch – so rasch, so brutal lief das Ganze ab, senkte sich der kaum hochgegangene Vorhang auch schon wieder darüber –, den Theatercoup staunend zur Kenntnis genommen hatte, davon zu reden auf, vergaß sogar die Frau und das Kind, deren Geschichte zu einer Art von Sage wurde: eine nicht nur in der Stadt, sondern auch in der Gegend fremde Frau, die der Mann bei Gelegenheit der Hochzeit eines entfernten Vetters oder eines Kriegskameraden irgendwo im Norden des Landes kennengelernt, darauf geheiratet, heimgeführt, geschwängert, betrogen hatte und die dann verschwunden war, alles das in der Zeit von kaum ein paar Monaten. Sie war gegangen, bevor noch alle

Antrittsbesuche abgestattet waren, entflohen mit einer Handtasche als einzigem Gepäckstück und in ihren Flanken, im roten Dunkel des verschlossenen Tabernakels, des Schreins, denjenigen rachsüchtig mit sich führend, den die Stadt erst fünfunddreißig Jahre später wiedersehen sollte, bei welcher Gelegenheit er das gleiche Gemurmel der Bestürzung und des Anstoßes hervorrief wie bei seinem Weggang! Der Skandal hatte auf alle Fälle zunächst darin bestanden, daß er gekommen war, selbst wenn er nicht nach dem Brief des Notars zwei Wochen hätte verstreichen lassen, selbst wenn er nur da gewesen wäre, um an dem Trauerzug teilzunehmen, der zum Familiengrab – in dem die nicht ruhte, die ihn in ihrem Schoße getragen, genährt und aufgezogen hatte – die sterblichen Reste des Mannes geleitete, dessen Namen er führte, wiewohl er ihn nie gekannt oder gesehen hatte. Der Leichenwagen war langsam im schneidenden Februarwind und in der kalten Sonne auf dem ungleichen Pflaster einhergerumpelt, mit vier zerzausten Federbüschen, die über dem Trauergefolge schwankten, umringt von Kreppschleiern, unter deren einem die zu grell, ganz ungeschickt, fast naiv geschminkte Maske zu sehen gewesen war – geschminkt, obwohl das Gesicht es ebensowenig nötig gehabt hätte, wie der jugendliche, jedoch abgenutzte Körper an die übermäßig hohen Absätze gewöhnt war, auf denen er mit verrenkten Knöcheln einherhumpelte –, gestützt von der älteren Frau, die daneben herging und eines jener ausdruckslosen, undurchdringlichen Gesichter trug, die mehr daran gewöhnt sind, sich der Erde, den Feldern entgegenzuneigen, als zu den künstlich geschaffenen, lauten, anreißerischen Straßen der Städte die Blicke zu erheben.

Staunend sahen sie ihn in seiner bizarren Aufmachung daherkommen – der eines entlaufenen Mönches, sagten die einen, eines entsprungenen Irren die anderen –, in seinem einzigen abgeschabten Anzug, mit dem vor der Zeit gealterten Gesicht, dem Photoapparat, der offenbar sein unzertrennlicher Begleiter war, und dem ganz Ungewöhnlichen, das ihm nun einmal anhing. Staunen und Ärgernis nahmen noch zu, als sich herumsprach, er werde bleiben, sich hier niederlassen, entgegen – so sagte der Notar – aller Vernunft und – so setzten einige hinzu – jeglichem Anstandsgefühl. Denn nicht nur unterließ er, was die Leute von ihm erwarteten – oder erhofften, oder wünschten, oder einkalkulierten, sondern, was er stattdessen tat – *sein Entschluß, da etwas zu unternehmen oder unternehmen zu wollen, wo einer von ihnen sich bereits halb zugrundegewirtschaftet hatte, und zwar gewissermaßen indirekt durch seine, dieses Neuangekommenen, Schuld – denn das wußte jeder: die Flucht damals, die Rache der Frau, die ihm den Sohn vorenthielt, war die Ursache, da derjenige, den man weder verwitwet noch geschieden nennen konnte, obwohl er in gewisser Weise beides zugleich war, sich niemals getröstet, sich niemals wieder aufgerafft hatte: daher der Überdruß, die Preisgabe, das Laufenlassen aller Dinge – daß er nämlich einen Besitz weiterzuführen gedachte, der ihm nur auf Grund eines nächtlichen Vorgangs zufiel, der in Dunkel gehüllten, obszönen, brutalen, flüchtigen Unterwerfung, Durchdringung und Befruchtung eines Körpers durch den anderen, der ohne Zeugen und beinahe auch ohne Fortsetzung geblieben war und mehr als dreißig Jahre zurücklag, durch einen Zufall also, ein Mißverständnis fast, das für ein paar Wochen auf einem gemeinsamen Lager einen Mann und eine Frau miteinander verkuppelte, die sich bis dahin nicht gekannt hatten und denen in der Folge bestimmt war, sich niemals wiederzusehen, ganz so, als habe diese Fremde mit dem Sa-*

men zugleich dem Mann die fruchtbaren Lagen roten Landes herausgepreßt und entwunden, entfremdet und ihrer natürlichen Bestimmung entzogen, nämlich der, einer Nachkommenschaft, Nachfolgern zu gehören, die ihre Rechte nicht aus einer beiläufigen und nahezu heimlichen, da nicht weiter fortgeführten Beiwohnung ableiteten, sondern weiterhin auch aus dem, wodurch ein Kind – die Ohrfeigen, die es empfängt, Sorgen, die es bereitet, Lektionen, die es zu lernen hat, Zusammenleben, Aufregungen, Freuden, überkommene und gemeinsam gehegte mythische Vorstellungen – erst ebenso sehr wie durch das Blut zum unbestreitbaren Erben nicht nur der Güter, sondern auch einer bestimmten Tradition, einer gewissen Art zu leben, fester äußerer Formen des Daseins und bestimmter Verhaltensweisen wird, wie man jetzt sehr wohl sehen konnte. Denn alles, was er tat, verrichtete er auf eine Weise *–wie er sich kleidete, der ärmliche Aufzug, das wacklige, klapprige Fahrrad, auf dem man ihn überall traf, die hohläugige und dabei optimistische Miene eines sanften Irren, das friedfertige Beharren – trotz aller Ratschläge, die man ihm gab – auf dem Unmöglichen, dem ganz Untunlichen, dieser anmaßende Starrsinn mit einem Wort* – die die Leute auf keinen Fall gelten lassen konnten, und jeder an seiner Stelle hätte es gewußt: nämlich, daß die öffentliche Meinung, wenn sie auch schließlich früher oder später in ihrem Interesse erlahmt und am Ende wohl oder übel alles schluckt oder doch herunterwürgt *– denn in Wirklichkeit ist sie völlig gleichgültig gegen Gut und Böse, genau so wie die übrigens, denen sie selbst ganz gleichgültig ist* – sich dennoch nicht erlauben kann, die Nichtbeachtung jenes Minimums an äußeren Formen zu dulden, mangels dessen wahrscheinlich, einer alten verfaulten Baracke gleich, der die Stützen wegbrechen, unsere Welt in Kürze zerfallen und unter Mitnahme des gesamten Gewimmels ihrer entsetzten, laut kreischenden Bewohner in Leere und Nichts hinunterstürzen würde.

So konnte ich mir im Verlauf der Rede des Notars rekonstruieren, was zwischen ihm und seinem Besucher seit dem Augenblick vorgefallen war, da dieser das Zimmer betrat und mit den Worten Platz nahm: »Ich konnte nicht früher kommen, ich war krank, der Arzt...«, und der Notar ihm geantwortet hatte: »Gewiß, das ist ja natürlich. Ich kann mir gut vorstellen, daß... Die Beisetzung hat also, wie ich Ihnen schrieb, am letzten Mittwoch stattgefunden und...«, worauf er bemerkte: »Ganz recht, ich hätte gern..., ich hätte zum mindesten Wert darauf gelegt...«, und der Notar erwiderte: »Aber natürlich. Gewiß. Also hören Sie: ich habe Ihnen da eine ganze Menge zu unterbreiten. Ich werde zunächst Anweisung geben, daß man uns nicht stört...« Und dann die circa zwei Stunden, die darauf folgten, zwei Stunden, die er dort verbrachte, ohne sich von seinem Sitz zu rühren und ohne Miene zu machen, den Regenmantel auszuziehen oder seine Baskenmütze und den Photoapparat auf einen Stuhl zu legen, während er ganz in den Anblick der Stiche, des nachgedunkelten Holzwerks, der Pläne oder Akten, die er aus der Hand entgegennahm, die sich vor ihm über den Schreibtisch reckte, versunken dasaß, mit ganz dem gleichen, nicht mehr und nicht weniger interessierten, nicht mehr und nicht minder erstaunten Blick das alles musternd, den er auch über die anderen Dinge ringsum gleiten ließ: die Palmen auf dem Hof, die kleine Lampe mit dem Schirm aus grünem Kunststoff, die der Notar anzündete, als man nicht mehr gut genug sehen konnte, während er dem anderen zum zwanzigsten Male vielleicht zu erklären versuchte, was ein Weinberg sei, wieviel Geld und

Zeit man aufwenden müsse, um die Reben auszureißen, neu zu pflanzen, zu pfropfen und abzuwarten, bis sie wieder trügen, wobei er ihm gleichzeitig zu erklären versuchte, warum infolge von Nachlässigkeit, Gleichgültigkeit und Widerwillen seitens des Verstorbenen die zweihundert Hektar von dem, was vormals eine der besten Lagen der Gegend gewesen war, jetzt nur gerade so viel einbrachten, um die Grundsteuer davon zu bezahlen. In diesem Augenblick, so erzählte er später selbst, vernahm er zum erstenmal die Stimme seines Besuchers, obwohl sie schon die bereits erwähnte kurze Rede und Gegenrede zwei Stunden zuvor miteinander ausgetauscht hatten, wobei aber in jenem Augenblick er, der Notar, zu verdutzt, zu sehr mit den Augen beansprucht, zu beschäftigt mit der abschätzenden Prüfung des Neuankömmlings gewesen sei, als daß er zu gleicher Zeit dessen Organ habe zur Kenntnis nehmen können.

»Diese Grammophonstimme«, so drückte der Notar sich aus, wobei er hinzusetzte: »Denn unter allen Instrumenten gibt es ja nur dies eine, das imstande ist, auch noch das Unglaublichste vorzubringen, ohne vor Scham die Stimme zu senken oder aber selbstbewußt zu erheben. Es war, als drehe er eine Kurbel und säße dann nur dabei mit dem gefügigen Gesicht eines begossenen Hundes oder noch besser eines Schimpansen, mit dem er einen anlächelt, während er einem mit seiner Grammophonstimme und ohne Wimperzucken erzählt, daß er so gern an der Beisetzung eines Vaters teilgenommen hätte, den er weder gesehen noch gekannt und auch nie zu sehen oder kennenzulernen beabsichtigt hat... Ich stelle mir aber vor, daß er Sie genau so gut hätte fragen können, seit wann Sie und Ihre Frau getrennte Schlafzimmer haben, oder wie es etwa einem Onkel von Ihnen geht, der Bankerott gemacht hat und deswegen aus der Gegend verschwinden mußte. Wenn Sie sich dann aber einen ganzen Nachmittag heiser geredet haben, um ihm den Stand seiner Angelegenheiten auseinanderzusetzen, merken Sie plötzlich, daß er seit einer ganzen Weile schon gar nicht mehr zuhört, sondern nur noch aus Höflichkeit so getan hat, während ihn etwas anderes sehr viel mehr beschäftigt, unendlich viel mehr sogar, bis er es nicht mehr aushält und Sie – immer noch mit seiner Grammophonstimme und mit dem Lächeln eines Menschen, der einem etwas vorführen will und sich wegen der Störung entschuldigt – einem regelrechten Verhör über Ursprung, Gegenstand, Datum und Wie und Warum eines Stiches unterzieht, den vielleicht Ihr Urgroßvater vor hundertfünfzig Jahren an die Wand gehängt hat und den Sie selbst in den vierzig Jahren, in denen Sie ihn vor Augen hatten, anzuschauen nicht einmal auf den Gedanken gekommen sind. Sie wissen ja, was ...«

Doch ich hörte ihm nicht mehr zu: es war mir, als sähe ich sie beide dort im Licht der Bürolampe sitzen und könnte den Dialog mitanhören, nach dessen Ablauf der Notar, wie er mir später erzählte, sich schließlich gefragt hatte, wer von ihnen beiden, er selbst oder der andere, nun eigentlich der Idiot sei oder der Narr, diesen Dialog, mit dessen Rekonstruktion der Notar immer noch nicht fertig war, und zweifellos würde sein ganzes Leben nicht dafür ausreichen, daß er wirklich zu dem Bewußtsein gelangte, er habe ihn so und nicht anders gehört:

»... will nicht verkaufen das heißt ich glaube nicht daß«

»Gewiß natürlich aber vielleicht haben Sie mir nicht ganz folgen können«

»Doch aber es scheint mir daß es ihm nicht recht gewesen wäre ich meine daß ich verkaufe was glauben Sie«

»Was ich –«

»Das heißt es scheint mir wenn jemand etwas was er besitzt bei seinen Lebzeiten nicht verkauft oder in eine Rente umgewandelt hat und sogar wie Sie mir eben erklärt haben Schulden gemacht hat um es zu erhalten so sicher doch weil er wünschte«

»Weil er wünsch ... Sie wollen sagen nur weil Sie denken Ihr Herr ... Ihr Va ... also kurz und gut daß Sie im Hinblick auf die Tatsache aber das ist doch vollkommen ...«

»Nicht wahr ich meine ...«

»Immerhin noch einmal ich glaube es ist meine Pflicht trotz allem Sie davon in Kenntnis zu setzen Ihnen nicht zu verhehlen daß Sie bevor Sie hoffen dürfen einen Ertrag«

»Das heißt wissen Sie meine Mutter hat mir etwas Geld hinterlassen und dann könnte ich ja auch photographieren ...«

Dann, während er mit gesenktem Kopf einen Augenblick auf den Photoapparat deutete, der ihm, so schien es wenigstens, wie ein drittes Auge oder sonst ein Zusatzorgan auf der Brust hing, ihn etwas anhob und wieder fallen ließ, fuhr er fort: »In Eragny wissen Sie ich meine da wo ich wohne habe ich mir eine kleine Kundschaft schaffen können Hochzeiten wissen Sie und die Erstkommunikanten und dann habe ich auch jedes Jahr die Klassen des Koll ...«

»Gewiß warum nicht auch hier Sie wissen wir haben auch Erstkommunikanten warum nicht die Leute die heiraten bekommen Kinder und lassen sie photographieren mit nacktem Popochen auf einem Kissen und wenn Ihr Apparat sich für diese Art von Aufnahmen eignet ...«

»Sagen Sie sind Sie beauftragt mir irgend ein Angebot zu machen ...«

»Ein was ich verstehe nicht wieso Sie sich erlauben was Sie auf den Gedanken bringt ...«

»Wird das nicht so gemacht ich meine wenn jemand Lust hat den Besitz zu kaufen und weiß daß Sie sich mit den Angelegenheiten meines Vaters beschäftigt haben ...«

»Ich bin kein Grundstückmakler ich sehe nicht ...«

»Werden Sie bitte nicht böse ich glaubte das wäre so daß die Notare ich hatte nicht die Absicht Sie zu beleidigen Sie wissen ich habe eine schwache Gesundheit meine Mutter hat mich ein bißchen zu sehr in Watte gepackt und selbst nach ihrem Tode also ich wollte nur sagen es gibt eine Menge Dinge von denen ich gar nichts verstehe deswegen habe ich Sie gefragt ...«

»Aber ich bitte Sie es ist natürlich gar nichts dabei sicher hat man mir das heißt ich will sagen Sie verstehen wenn man ganz zwanglos von diesem und jenem spricht natürlich handelt es sich nicht eigentlich um ein Angebot und es ist nicht an mir Sie können mir daher auch glauben daß ich kein Wort davon gesagt hätte wenn nicht Sie selbst aber Sie wissen ja wie die Leute sind ich meine es ist unvermeidlich nicht wahr daß gewisse Personen hier Sie verstehen daran gedacht haben wenn man bedenkt daß Sie nicht von hier kurz und gut daß Sie eigentlich nichts in dieser Gegend hier festhält ...«

Plötzlich aber hörte ich von neuem, wie die gegenwärtige wirkliche Stimme des Notars – *jetzt an mich gerichtet, scheinbar wenigstens, denn nach dem Ton, dem Gesichtsausdruck, dem verkrampften Lächeln zu urteilen, das seinen kleinen Bürstenschnurrbart auf der einen Seite in die Höhe zog, war klar, daß er sich in diesem Augenblick nicht an einen der x-beliebigen Gesprächspartner wandte, denen er bereits fünfzigmal diese Geschichte erzählt hatte, sondern an ihn, den anderen, den ungewöhnlichen Besucher, der dort vor einem halben Jahr ihm gegenüber gesessen hatte* – gewissermaßen explodierend hervorstieß: »Also verstehen Sie das, ich frage Sie? Was hat das zu bedeuten? Dieser arme Tropf! Denn erlauben Sie mir zu bemerken: ein Kerl, der imstande ist ein Vermögen zurückzuweisen ...«

»Ein Vermögen also waren Sie beauftragt ihm anzubieten?«, fragte ich zurück.

»Machen Sie keine Witze. Vielmehr im Ernst: Wieviel, meinen Sie, wird dieser Kerl in seinem Leben auf der Bank gehabt haben? Wobei ich schon voraussetze, daß er vor seinem Kommen überhaupt gewußt hat, was ein Bankkonto ist: der Direktor des Crédit Agricole hat mir nämlich erzählt ...«

»Ah!«, machte ich. »Der Direktor des Crédit Agricole hat also auch ...«

»Was meinen Sie ...«

»Nichts«, sagte ich, »ich mache bloß Spaß. Von welchem Betrag an, meinen Sie denn, daß ein Bankkonto für einen solchen Menschen ein Vermögen darstellt?«

»Nicht der Rede wert«, sagte er. »Bei dieser Klitsche, die ihm sein Vater da hinterlassen hat, immerhin ganz unverhofft, aber doch ...«

»Vielleicht erhoffte er mehr?«, sagte ich.

»Erhoffen ... Der arme Kerl! Hören Sie, was ich sage: ein Narr, der imstande ist, einen Vorschlag wie diesen zurückzuweisen, indem er Ihnen ich weiß nicht was für unglaubhafte Geschichten erzählt, als wolle er einen Besitz nur deswegen behalten, weil ein anderer, den er nie im Leben gesehen hat und von dem er nicht einmal wüßte, daß er sein Vater gewesen ist, wenn es kein Standesamt gäbe, und um den er sich noch dazu niemals gekümmert hat bis zu dem Tage, an dem er hörte, daß er gestorben sei ... Sagen Sie doch selbst: was will er da eigentlich ‚erhalten'? Als ob nicht das Natürlichste von der Welt Bewegung und Erneuerung wäre ... Nein, also

Spaß beiseite! Hören Sie zu: wenn ein Kerl wie der so etwas macht, so ist er entweder sehr schlau oder ein kompletter Idiot, nur eben, wenn er auch noch so schlau oder noch so idiotisch ist . . .«

»So hat er jedenfalls seinesgleichen gefunden«, bemerkte ich.

»Seinesgleichen?«

»Soviel ich verstehe, gibt es davon doch mindestens zwei.«

»Zwei?«, fragte der Notar. Er sah mich beunruhigt an. »Wieso?«

»Haben Sie mir nicht eben gesagt, ein anderer Idiot sei bereit gewesen, ihm ein Vermögen für einen Besitz zu bezahlen, der, soviel ich verstehe, überhaupt nichts mehr wert ist?«

»Aber«, sagte der Notar, »das heißt . . . Schließlich ist das doch nicht dasselbe . . . Ich meine einer, der von hier, der mit allem vertraut ist, mit . . .«

»Oder sind es nicht sogar mehrere gewesen?«, fragte ich weiter.

»Mehrere was?«

»Mehrere Idioten«, sagte ich. »Um ein solches Vermögen gemeinsam aufzubringen, wie?«

Er warf mir einen schiefen Blick zu und biß sich auf die Lippen. »Ich halte Sie auf«, sagte er. »Wie wäre es, wenn wir jetzt lieber wieder zu unserer Angelegenheit zurückkehrten?« Aber es war gar nicht nötig, daß er mir jetzt darüber noch mehr erzählte, denn die Fortsetzung kannte ich schon. Es war ungefähr das, was jedermann in der Stadt bereits wußte, was sich die Leute allmählich fetzen- und bruchstückweise zusammengereimt hatten, aus Einzeldarstellungen, die einander ergänzten, und weil sie ihn wieder und wieder die Straßen entlangkommen sahen, bald zu Fuß, bald auf seinem unwahrscheinlichen

Fahrrad hockend, einem klapprigen alten Gestell, auf dem er mit der gewissen friedlichen Zähigkeit und dem ruhigen Starrsinn, die ihm innezuwohnen schienen oder von denen er wohl vielmehr besessen war und die ihn ganz unberührt von seinem Willen oder sogar gegen diesen zu handeln bewogen, wie er sich da an die Lenkstange klammerte und mit den Schultern jeder Bewegung der Beine Nachdruck gab und gewissermaßen ruckweise – *wobei er sich nach jedem Anlauf gleichsam zusammensinkend fast unbeweglich im Gleichgewicht hielt auf der Straße, über die der Wind hinwegfegte und ihn wieder zurückstieß, worin der Wind die gleiche eigenmächtige Beharrlichkeit bewies wie er selbst, als beteilige auch der Orkan sich an der stillschweigenden Verschwörung, auf die er hier gestoßen zu sein schien, dem zugleich von den Menschen und den Elementen gegen ihn zu dem Zweck geschmiedeten Komplott, ihn zurückzuwerfen, wegzudrängen und dort wieder hinzuschicken, wo er hergekommen war* – die neun Kilometer durchmaß, die die Stadt von jenem Besitztum trennten, das er niemals gesehen hatte, wiewohl es die szenische Umrahmung freilich nicht seiner Geburt – *denn in diesem Moment war er ja schon längst weit weg entführt, verschleppt, diesem Oger entzogen, entrissen worden, dem priapischen Blaubart, der sein Erzeuger gewesen war* – wohl aber Schauplatz aller vorangegangenen Peripetien war: zunächst eine lange Allee von Pinien, die vom Winde nicht gebeugt, sondern gewissermaßen von ihm zurechtgebogen, flachgepreßt, gleichsam ein für allemal in die Horizontale heruntergedrückt worden waren und nun erstarrt dastanden in einer statischen, endgültigen, veitstanzartigen Zuckung, ebenso wie etwas undefinierbar Endgültiges, Totes von den scheinbar unbewohnten Gebäuden auszugehen schien mit ihren geschlossenen Fensterläden, den nackten Wänden, dem öden Hof, in dessen Ecken ein paar Stückfässer mit verrosteten Reifen, ein abgewrackter Karren und ein Stapel von Kästen mit Abfällen standen, sich selbst überlassen in dem blendenden Licht wie dorrendes bleichendes Gebein, zerfressen von einer angreifenden Substanz, bei deren Herstellung die Zeit, die Sonne und der Wind zu gleichen Teilen mitgewirkt hatten, um daraus etwas – ebenso wie die Mauersteine und die graue, den Schuppen fossiler Saurier nicht unähnliche Rinde der Pinien – jenseits von Zeit und Zerstörung Gelegenes, Alterloses, Ewiges zu machen.

Da stand er nun, nachdem er von seinem Fahrrad abgestiegen war, versuchte Atem zu schöpfen, schaute sich um und trachtete eine Spur von Leben, von menschlicher Gegenwart zu erspähen; dann plötzlich sah er sich, zusammenfahrend und stotternd, einer Person gegenüber, die er nicht hatte kommen hören und die sich nun vor ihm aufreckte wie die menschgewordene Personifizierung dieser dürren, nackten Welt: ein auch seinerseits altersloser Typ in einer Bluse aus amerikanischen Beständen und mit einer Mütze auf dem Kopf, die aus den gleichen Stocks herrührte, von denen der Krieg nichts hatte wissen wollen, mit einem unglaublich mageren, erdfarbenen, von der Sonne verbrannten, durch ungeahnte Martern, unbekannte Fieber vielleicht, verwüsteten Gesicht. Er aber dachte nicht: ‚Das alles ist ganz einfach das Geld, der wieder und wieder umgegrabene, durchwühlte, geliebte und verfluchte Boden' – *später, als sie die Weinberge abschritten und er sich Mühe geben mußte, den weitausgreifenden, unermüdlichen Schritten des anderen, über Furchen stolpernd, vom Wind betäubt, zu folgen, sah er, wie jener sich bückte und in einer Art von wahnsinniger, gefräßiger Leidenschaft mit Händen, die die gleiche Farbe hatten wie die Erde, in ihr her-*

umgrub, sie durchwühlten, und dann sich wieder aufrichtete mit einer braunen Erdscholle in der Hand, die zerbrach, in der dicht sie umschließenden Hand zu Staub wurde und in feinem Rieseln durch die Zwischenräume der Finger rann, während dieser Wilde, dieser Kadaver im Battledress sie betrachtete, wobei in seinem leeren Vogelblick etwas Unaussprechliches, gleichzeitig Wütendes und Passioniertes aufleuchtete – sondern nur: »Er ist krank, er sollte etwas für seine Gesundheit tun, er sollte...«, während die kleinen, kalten und schwarzen, schwarzen und harten Augen ihn lange musterten, wie er da stand mit seiner Baskenmütze in der Hand und dem langen, windzerzausten Haar und schließlich sagte: »Ich bin... Ich heiße Montès, Antoine Montès, ich bin ...« Da mit einem Male entspannte sich das von Falten eng durchzogene Gesicht, tat sich auf und legte eine Reihe von ungleichen Zahnstümpfen in einem vagen Lächeln bloß: »Ich habe mir gedacht, daß Sie kommen würden. Es ist mir ein Vergnügen, Sie zu sehen. Ihr Vater ... Aber so gehen Sie doch ruhig weiter, nein, gehen Sie ruhig dort voraus: Sie sind ja hier zu Hause! ...«

Drinnen war es stockdunkel. Es roch muffig, nach vermoderndem Verputz. Nach seinen späteren Schilderungen konnte ich ihn mir gut vorstellen, wie er sich blindlings durch den lichtlosen Korridor tastete und, von dem anderen vorwärtsgeschoben, in die durch das gelbliche Licht einer elektrischen Birne erleuchtete Küche trat – *es war etwa neun Uhr vormittags und draußen herrschte schon jener bestürzende Überschwang an Licht, jene erschreckende, inquisitorische, alles bloßlegende, verschwenderische Überflutung, die durch halbgeschlossene Läden, das dichte Fliegengitter und die karierten Vorhänge hindurch nur noch in Gestalt eines grauen, unbestimmten, dünnen, trüben Schimmers gelangte* –, in der er einen wachstuchgedeckten Tisch, ein riesiges Radiogerät und in der Höhlung des Kamins einen winzigen Kochtopf aus gelb und rot emailliertem Eisen zu erkennen vermochte, der dort in der Asche stand: nicht einmal ein Feuer war da, nur etwas Glut, aus der ein dünner Rauchfaden senkrecht von den Kloben her aufstieg, die die hockende Frau von Zeit zu Zeit näher aneinanderrückte; oder vielmehr war das eigentlich nur ein schwarzes Paket, was da beim Eintreten der beiden in Bewegung geriet, sich erhob, dem Beschauer zwischen dem schwarzen Mieder und den straff nach hinten gezogenen schwarzen Haaren ein ausdrucksloses, wachsbleiches Antlitz darbot – *sie mochte kaum mehr als vierzig Jahre zählen, berichtete er, vielleicht nicht einmal soviel, und mußte einst schön gewesen sein, war es gewissermaßen auch noch in der Art jener Nonnen oder Prostituierten, deren Züge man nur mit Mühe unter Schleiern oder Schminke erkennt, wonach man sich dann die ganze Frau vorstellt oder rekonstruiert, ihren verflossenen Glanz, ihr Lachen, das jetzt unter der wächsernen Maske entweder künstlicher Bemalung oder der durch die Abgeschlossenheit bedingten bleichen, weichen Fettschicht begraben liegt.*

Später, als sie zurückgekehrt waren, nach jenen vier Stunden, in denen er zwischen frisch gepflügten Feldern auf den Fersen des Verwalters, dieses lebenden Leichnams in Kleidungsstücken, die, von der amerikanischen Militärintendantur geliefert, zu Zehntausenden, Hunderttausenden, ja millionenweise hergestellt worden waren, um – anstelle der inzwischen Gefallenen – auf der gesamten Oberfläche der bewohnten Erde unterschiedslos Landstreicher, Neger, Kulis und Bauern mit den gleichen khakifarbenen, durch Stammnummern gekennzeichneten Uniformen zu bedecken und dadurch auf allen schwitzenden Rücken der Erde die unerreichte Überlegenheit eines Geschlechtes von standardisierten Produzenten zu proklamieren, umhergestapft und außer Atem geraten war in seinem Bemühen, diesem Skelett zu folgen, das sich im Vorwärtsgehen nach dem Boden, den Hektaren brauner, rötlicher oder fast violetter, mit Reben bepflanzter Scholle bückte, auf die unaufhörlich und ohne Unterlaß der Wind sich warf oder vielmehr stürzte – *es war ein Inspektionsgang mehr noch als eine bloße Begehung, oder besser noch eine Art von Schätzung, dieses Abschreiten, bei dem sich in der Ebene dicht hintereinander zwei winzig kleine Silhouetten bewegten, ganz den anderen, mikroskopisch kleinen Silhouetten gleich, die in weiten Abständen eifergeladen, geduldig, langsam oder sogar unbeweglich beim furchtbaren Toben des Windes wie in den Boden eingepflanzt standen, als seien Pflug und Pferd und Mann in dieser ausgedorrten Erde verankert, aus der die Pflugschar lange Wolken Staubes aufwirbelte, die wie waagerecht ausgezogene Rauchschwaden in der Luft hängen blieben, wobei der erste der beiden Männer immer wieder stehen blieb, sich umwandte und stumm, verblüfft, empört, während in seinen scharfen, vor Habgier hohlen Augen allmählich ungläubiges Staunen und auch etwas wie ein ungläubiger Triumph aufglomm, sich nach seinem hinter ihm zurückbleibenden Gefährten umschaute, der, hastig und erschöpft über die Ackerfurchen stolpernd, nachzukommen versuchte; ein Fremder, der zugegen gewesen wäre, hätte sich des Lachens kaum erwehren können angesichts dieses possenhaften, karikaturhaften Schauspiels: der eine in seinem Wasserleichenaufzug, dem schäbigen Regenmantel und mit der Cookreisendenkamera auf dem Bauch, dahinter dieser skeletthafte Bursche, der unaufhörlich daherredete: »Setzen Sie sich doch, ruhen Sie sich aus . . .« oder »Sie müssen bedenken, Sie sind ja hier auf eigenem Grund und*

Boden ...« oder: »Kümmern Sie sich gar nicht darum: wenn man auf diese Notare hören wollte ... Lassen Sie mich nur machen, verlassen Sie sich ganz auf mich ...« –, trat er endlich, immer noch von dem Verwalter geführt, ins Haus und dachte nicht einmal daran, den Gürtel seines Regenmantels zu lösen – *es war schon längst keine Schnalle mehr daran, er hatte sogar vergessen, daß überhaupt eine daran gehörte, und begnügte sich damit, die Enden einfach miteinander zu verknoten* –, ungeachtet des Feuers, das freilich jetzt nur noch als Glut im Kamin knisterte, während sein betroffener Blick über den Tisch und das makellose Tischtuch schweifte, die unter den länglichen Schüsselchen mit den vielfarbigen Vorspeisen verschwanden, als breiteten paradoxerweise diese Dürre hier, diese nackte Ebene, das makabre Gebäude, die Frau in den schwarzen Gewändern etwas im Überfluß hin, was sozusagen das Gegenteil von ihnen selber war: etwas Sinnliches, Üppiges, Fettes, in seiner Fülle und mit den heftigen, aggressiven Farben – dem Grün der Oliven, dem Rot der Pfefferschoten, dem graurosa Ton des Fleisches – nahezu Indezentes, ähnlich den Früchten aus den Kolonien mit ihrem weichen, stark getönten Mark, das sich unter stachligen Schalen verbirgt.

Er trat in ein Zimmer ein, dem weder die Kohlenglut noch der gedeckte Tisch das Aussehen von etwas Lebendigem zu geben imstande waren. »Es war ein bißchen so«, erzählte er später mit einem Anflug jenes unschuldigen, aus Staunen genährten Humors, der ihm eigentümlich war, »als habe man die ausgefallene Idee gehabt, in der noch einmal geöffneten Familiengruft ein Bankett zu veranstalten, mit Holzscheiten, die ohne allzuviel Vertrauen zu ihrer Aufgabe die seit Generationen angesammelte Feuchtigkeit und den Salpeter zum Verschwinden zu bringen versuchten, und mit Familienporträts, die, ganz erstaunt darüber, daß sie noch einmal ans Licht gezogen würden, mit den Augen blinzelten. Können Sie sich wohl vorstellen, was ich damit meine?...« Dazu aber war noch gekommen, wovon er nicht sprach: ein Mädchen von etwa fünfundzwanzig Jahren, eine junge Person, die jedoch nicht nur im Bilde vertreten, sondern in voller Wirklichkeit anwesend war, stark bemalt und auf fünfzehn Zentimeter hohen Absätzen, mit Fingernägeln wie korallenrote Krallen und Brüsten, die aussahen, als wollten sie jeden Augenblick aus dem Ausschnitt quellen, denn sie selbst schien weder die grufthafte Feuchtigkeit noch die Kälte zu spüren – *sie saß mit an dem Tisch, auf dem nur drei Gedecke lagen, zwei für die Männer und eines für sie, während die Schwarzgekleidete schweigend zwischen Küche und Speiseraum hin- und herging, wobei sie ihr wächsernes, vollkommen ausdrucksloses Gesicht gleichsam vor sich hertrug und wortlos eine Folge von Fleischspeisen in allerlei Saucen, lauter gehackte, gewürzte, schwere Sachen auf den Tisch stellte, Speisen, die von den drei so sehr verschiedenartigen Tafelgenossen jedoch kaum angerührt wurden* – und im übrigen überhaupt nichts bewußt aufzunehmen außer der Gegenwart des Neuangekommenen, den sie unablässig mit ihren durch einen Stift unmäßig vergrößerten, kohlschwarzen Augen fixierte.

II

Vielleicht war es wegen des Mädchens. Vielleicht auch nicht. Vielleicht sah er sie nicht einmal, nicht ihre Brüste, ihr angemaltes Gesicht, ihre künstlich hergerichteten Augen, oder er sah vielleicht nicht, was sie war, und begnügte sich damit, zu denken, sie sei eines der Mädchen vom Lande, die kein Rouge aufzulegen verstehen, oder es herrsche hier eben der Brauch, daß die Mütter bei Tisch bedienen, bis die Töchter groß genug sind, um sich ihrerseits schwarz zu kleiden und den Platz neben der Holzkohlenglut im Kamin einzunehmen. Immerhin steht jedenfalls fest, daß entgegen dem, was er zuvor angekündigt hatte und was zu tun normal gewesen wäre, nachdem er beschlossen hatte, den Besitz zu behalten, er die Nachfolge seines Vaters nicht antrat, soweit es sich um das weitläufige Gebäude mit dem Moderduft inmitten der vom Wind gebeugten Pinienbäume, der Hektare von roter Erde, der monoton aufgereihten Baumstümpfe handelte, die die Ebene bis zu den grauen Hügeln, den grasbewachsenen Ufern der toten Seen hin überzogen, sondern die erste Zeit wenigstens in dem Hotel verblieb, in dem er aufs Geratewohl bei seiner Ankunft abgestiegen war, während die Stadt sich noch abwartend verhielt und nur Vermutungen darüber anstellte, was er tun würde oder vielmehr, was sie, die Bewohner, tun würden: zunächst einmal offenbar er, der ›junge Montès‹, wie man ihn zu nennen gewohnt war – *und nicht Antoine Montès, wie sie ihn genannt hätten, wäre er einer der ihren gewesen oder von ihnen als solcher angesehen worden, einer, den man schon seit immer gekannt hatte, zuerst als kleinen Buben, als Jüngling sodann, später als fertigen Mann, der nacheinander die Straßen auf einem knatternden Motorrad, am Steuer eines Sportkabrioletts, dann einer Limousine und mit den entsprechenden Flirts, kleinen Freundinnen in Gestalt von Friseusen oder Verkäuferinnen durchfuhr, um schließlich bei einer Frau von der Sorte zu landen, die ihrerseits zum Friseur geht und einen Laden nicht betritt, um zu lächeln und möglichst gut zu gefallen, sondern um einzukaufen oder zu bestellen* –, er, der dort eben erst angekommen war, im Besitz nur eines einzigen Anzuges, wie es schien, und eines Fahrrades – ganz zu schweigen von dem Photoapparat –, an zweiter Stelle dann der Notar, der ihn hatte hierherkommen lassen, um ein fabelhaftes Geschäft vorzuschlagen – *ein Vermögen anstelle von wertlosem Grundbesitz* –, ein Geschäft, von dem er, Montès, wider Erwarten nichts wissen wollte, und drittens der Verwalter, seine schwarzgekleidete Frau und die Tochter – *dieselbe, die im Trauergefolge theatralisch auf ihren hohen Absätzen schwankend wie die der Familie am nächsten verbundene Person aufgetreten war.*

Jetzt verbrachte er, Montès, den größten Teil seiner Tage damit, unter den tückischen Blicken der Schreibmaschinenmädchen in Vorzimmern herumzusitzen, in denen die Zeit nur langsam verrinnt, so daß er zum hundertsten Male die Anschläge über Staatsanleihen oder Darlehenskassen oder die Liste der Rentenempfänger durchgelesen hatte, bis er endlich von einem dieser öligen und doch stets etwas reservierten Herren – *Notaren, stellvertretenden Bankdirektoren und Rechtsanwälten, denn auch einen Rechtsanwalt hatte er* – empfangen wurde, die, hinter ihrem Schreibtisch sitzend, beobachteten, wie er hereinkam, sich auf der Kante eines Stuhles niederließ, den sie ihm nicht etwa angeboten hatten, und stammelnd sich in den Akten verwirrte, die er der auf seinen Knien ruhenden berühmten Aktentasche entnahm. Auf der Straße aber stießen die Leute einander mit dem Ellbogen an, fragten sich – *von jenem Instinkt, jenem unfehlbaren Scharfblick der in Gesellschaft lebenden menschlichen Wesen geleitet, bei denen in dem Maße, wie die natürlichen Instinkte nachlassen und verkümmern, sich eine Art von Witterung herausbildet, dank der sie mit einer Sicherheit gleich der eines in Gefahr befindlichen Tieres herausspüren, was sie bedroht, oder wenn auch nicht unmittelbar sie, so doch die kollektive, globale Person, in deren Schoße sie ihre Geborgenheit finden, während sie außerhalb von ihr, wie sie sehr wohl wissen, an Geist und Leib nichts anderes wären als eine saft- und kraftlose Beute; woraufhin sie denn diese Gesellschaft, diese Ordnung gegen alles verteidigen, was deren Wohlgegründetheit ins Schwanken bringen könnte, darin ganz wie Herden von Tieren, die sich einer Gefahr schon bewußt sind, bevor sie noch deren genaue Natur erkennen, da sie in allem Ungewohnten auf der Stelle unter allen seinen vielfältigen Formen den Feind, das so vielfältige furchtbare, schwarze Böse ahnen* – und schlossen Wetten ab, weniger über den Ausgang des Ganzen, über den es ihrer Meinung nach keinen Zweifel geben konnte, als einfach über seine Widerstandskraft, seine Starrköpfigkeit, seine Verblendung, die Länge der Zeit, die er brauchen würde, um den Kampf aufzugeben, zu verzichten, wieder sein Bündel zu schnüren und den ersten Zug zu nehmen, der dorthin fuhr, von wo er sich niemals hätte wegrühren sollen.

Anstelle des Erwarteten und, wie es hieß, Unvermeidlichen erfuhr die Stadt nun plötzlich zu ihrer Verblüffung – *das trug sich vierzehn Tage später zu* –, daß er den Verwalter entlassen habe. Und zwar nicht nur die Tatsache dieser Verabschiedung, dieser Entlassung, sondern auch die Art, wie die Dinge sich zugetragen hatten und später auch der Gerichtsdiener sie darstellte, der genau den Mann beschrieb, wie er, nicht unähnlich einem mit der Mütze eines Baseballspielers dekorierten Leichnam plötzlich im Türrahmen gestanden habe und ihn mit etwas wie Empörung, wütendem, stummem Staunen im Blick der leeren, runden, gelben kleinen Augen angesehen habe – *»Augen«, sagte der Gerichtsdiener, »als ob eine Dohle, einer dieser aasfressenden Vögel, ihn für einen richtigen Leichnam gehalten, ihm die Augen herausgepickt und ihm stattdessen die eines seiner Gefährten eingesetzt hätte, was weiß man denn, es steckt auch vielleicht etwas Wahres hinter den Geschichten von der Seelenwanderung, und am Ende ist er selbst in einem früheren Leben eine Dohle oder ein Geier gewesen ...«* –, die sich in schwindelnder Eile – *er sagte, er habe, als er mit ihm sprach, genau verfolgen können, wie die Augen, die Pupillen sich blitzschnell verkleinerten, während in ebenso rasendem Tempo aus allen Schleusen eine Art von Tinte, eine schwarze giftige Flüssigkeit in sie hineinzuschießen schien* – mit einem Ausdruck kalten, mörderischen Zorns, grenzenloser Verachtung und was noch allem anfüllten ... – *»als ob etwas in ihm gleich in Lachen ausbrechen wollte und er dagegen ankämpfte, oder als ob in seinem Hirn erlittene Schmach und Wut sich zu einer explosiven Mischung sinnloser Kraft verbände«* –; dann habe er wie ein Teufelchen, das wieder in seiner Schachtel verschwindet, ihm wortlos den Rücken gekehrt und die Tür zugeworfen.

Er erzählte auch noch, er sei da stehengeblieben, ohne recht zu wissen, weshalb er sich nicht wieder auf sein Motorrad schwänge und in die Stadt zurückführe, und habe wie ein Idiot die Tür angestarrt, die ihm eben vor der Nase zugeworfen worden war, diese Tür mit der fast vollkommen abgeblätterten Farbe und den auseinanderfallenden Planken aus grauknotigem Holz, hinter der man nichts mehr sah, ganz als sei der andere, einem am Rande seines Grabes sich aufreckenden Lazarus ähnlich, dort einzig erschienen, um die Verkündigung des Jüngsten Gerichts zu vernehmen, bevor er für immer unter der Wölbung eines Schweigens verschwand, das alles zu überdecken schien: die Gebäude, den kahlen Hof mit seinem Haufen zurückgelassener Holzkästen, seinen verrosteten Faßreifen und allerlei Dingen, die stellenweise wie totes Gebein aussahen; und als man nichts mehr hörte als das langgezogene Ächzen des Windes in den Pinien, wie wenn dies die Stimme der erschöpften, der gequälten Zeit selber sei, da habe die Tür sich mit der gleichen Plötzlichkeit, mit der sie zugefallen war, wieder aufgetan, und das knöcherne, schwarze Lazarusgespenst habe von neuem in ihrem Rahmen gestanden, immer noch mit der unverrückbaren Jockeymütze auf dem Kopf, dem Gerichtsdiener, der noch nicht daran gedacht hatte, es wieder in die Tasche zu stecken, das Papier aus der Hand gerissen und ihm wiederum die Tür vor der Nase zugeschlagen.

Diesmal, so erzählte er, sei es ihm vorgekommen, als habe er gleich darauf ein Weinen gehört, vielleicht das Weinen einer Frau. Oder vielleicht war es auch ganz einfach nur der Wind gewesen, sagte er und fuhr dann zu erzählen fort, wie er darauf immer noch, ohne zu wissen, weshalb, in der gleichen Haltung dastehend versucht habe, sich die Szene vorzustellen, die sich hinter der Tür, hinter den lichtüberfluteten Mauern abspielen mochte, sie sich so auszumalen, als sei er selber dabei – *er hatte bereits genug Papiere wie dieses hier an ähnliche Stellen getragen, um die Innenräume kennenzulernen, die hinter den von der Sonne überschwemmten und förmlich von ihr aufgezehrten Hausmauern sich verbargen –:* diese Art von Zwielicht, von halber Finsternis, von freiwilliger Absperrung, den Raum mit der gelblichen, von Fliegenschmutz bedeckten Glühbirne, die selbst zur Mittagszeit brannte, und dazu den Mann, wie er, noch immer die Mütze auf dem Kopf, an dem Tisch saß, auf den er beim Nachhausekommen das Papier geworfen hatte – *oder vielleicht hatte er es auch der Frau zugeworfen, diesem schwarzen Bündel, aus dem stöhnende Laute drangen, und dabei zu ihr gesagt: »Da!« oder »Nimm das!« oder »Sieh dir das mal an!« oder »Er wirft uns hinaus!« oder vielleicht auch gar nichts –*, schweigend, finster, mit starrem Blick und hartem Gesicht. Während dann er, der Gerichtsdiener, dort noch stand und sich gerade sagte, daß ihm diesmal wohl endgültig nichts anderes übrig bleibe als sein Motorrad zu nehmen und wieder zurückzufahren, habe er ihn, den Verwalter – er trug jetzt ein Lumberjack, kaugummifarben wie die Mütze und die Bluse darunter, mit einem Kragen aus abgeschabtem Lammfell – durch eine kleine Tür auf der Hofseite heraustreten, darauf den Hof überqueren sehen, wobei er ihm im Vorübergehen einen leeren, gleichgültigen, nicht einmal verächtlichen Blick zugeworfen habe, einen Blick, in dem so gar kein Staunen darüber lag, daß er noch immer da war; einen Augenblick darauf sei er dann am Steuer eines ausgedienten Wagens wieder aus dem Schuppen herausgekommen, eines Coupés mit hohen Fenstern, er selbst leichenhaft, starr, nach außen unbewegt, dabei aufs äußerste verbissen, wobei er das Gefährt handhabte, als ob es ein Rennwagen sei, über den ausgefahrenen Grund des Hofes springen ließ, mit ihm in die Kurve ging, daß die Karosserie nahe am Umkippen war, und im selben Moment auch schon am Ende der Allee mit den schwer mitgenommenen Pinien verschwand.

Als er dem auf seinem alten Fahrrad im Zickzack daherkommenden, dem Winde Meter für Meter abgewinnenden Montès begegnete, glaubte dieser zuerst, der Verwalter habe ihn übersehen, ihn für irgend einen beliebigen Radfahrer gehalten, während der alte Schlitten, der in rasendem Tempo angeprescht kam, als sei er der Wind selbst, schwarz und mit den beiden runden Augen seiner Scheinwerfer wie ein wütendes Insekt auf ihn zu und dann hart an ihm vorbeiraste und, als er den Kopf wandte und über die Schulter blickte, schon auf und davon war, wie vom Erdboden verschwunden, wie in Nichts aufgelöst. Dic Straßc lag in einer Weise leer und verlassen da, daß er zu träumen gemeint hätte, wäre da nicht im Vorübergleiten den Bruchteil einer Sekunde lang das verbrannte, totenkopfähnliche Gesicht, eine Art von Mumie am Steuer sichtbar geworden, ein Mann, der mit durchdringendem, hartem Raubvogelblick auf die Straße, auf die er das Vehikel losgelassen hatte – und sogar noch darüber hinweg starrte, sagte er, als ignoriere dieser Mann nicht nur das geteerte Band vor sich, sondern auch die Biegungen des Weges und die am Rande aufgepflanzten Platanen, so daß er einzig seinen Händen, den bloßen Muskelreflexen, dem so vertrauten Wind vielleicht, die Sorge überließ, das Fahrzeug richtig zu lenken ...

»Aber nun frage ich Sie«, bemerkte später der Gerichtsdiener, »wozu mußte auch der andere zu dieser Stunde auf dieser Landstraße sein? Was bezweckte er? Wollte er eine Aufnahme machen, als Erinnerung, nur um künftighin sicher zu gehen, daß dieser Kerl nicht nur in seiner Phantasie existiere? Dann hat er allerdings seinen Zweck erreicht, denn mit oder ohne Photo wird er ihn nicht vergessen, noch weniger, als wenn er ihn in ganzer Figur samt seiner Jockeymütze auf einem Negativ hätte, denn ...«

Und dann beschrieb er die Szene: als er selbst sich endlich entschlossen hatte, sein Motorrad zu besteigen und zur Stadt zurückzufahren, und dann ungefähr nach einem Drittel des Weges von weitem den alten Schlitten erkannte, jedoch nicht von hinten, sondern ihm zugekehrt, so daß er, seinem eigenen Bericht nach, gedacht hatte: ›Es ist doch nicht möglich, daß er in so kurzer Zeit in die Stadt hat fahren und dort erledigen können, weswegen er losgesaust war, und schon wieder zurück ist . . .‹, wurde ihm auf einmal klar, daß das alte Vehikel ihm nicht entgegenkam, sondern unbeweglich, ein wenig schräg, dicht am Straßenrand stand, und als er weiterfuhr, bemerkte er auch, was der Wagen ihm verborgen hatte, nämlich zwei gleichermaßen magere Silhouetten, die so aussahen, als tanzten sie eine Art von Gigue, indem sie einander an den Schultern hielten: »Nur war es keine richtige Gigue oder mindestens ein sehr komischer Tanz. Was mir zuerst in die Augen fiel, war das schwarze Haar: er hatte offenbar seine Baskenmütze verloren, und der Wind oder die Stöße wölbten es ihm zu einer Art Krone empor, so daß man hätte meinen können, der andere halte einen Besen, einen sogenannten Spinnenkopf, und sei gerade dabei, den Staub herauszuschütteln. Das war es ganz genau: ein Spinnenkopf und dazu der alte Regenmantel, der darunter herumschlenkerte, wie wenn Sie Ihren eigenen nehmen und die Falten und die Ärmel glattschütteln, um ihn sich über den Arm zu legen. Aber als ich sah, wo genau die Hände des Vogelmannes jenen anderen hielten, da habe ich fest aufs Pedal getreten und dabei aus allen Kräften geschrien. Denn er war ganz einfach drauf und dran, ihn zu erwürgen, jawohl, was ich Ihnen sage! Er hatte mit dem Wagen eine halbe Wendung gemacht, ihn erwischt, überholt und an den Grabenrand gedrängt, so wie man es in amerikanischen Gangsterfilmen sieht; nun aber schüttelte er ihn wie einen Pflaumenbaum, drückte ihm den Hals zu und schrie ihn dabei an, sein Schwein von Vater habe ihm die Tochter entehrt, und vielleicht war er selbst sich gar nicht einmal recht bewußt, was er tat, denn als ich anfing, meinerseits auf ihn einzuschlagen, war es, als hiebe ich auf einen Holzklotz ein oder vielmehr auf eine elektrische Batterie, so daß ich einen Moment lang glaubte, wenn jetzt nicht irgend jemand vorüberkäme, den ich zu Hilfe rufen könnte, werde er ihn schließlich doch noch einfach vor meinen Augen erwürgen, ohne daß ich etwas dagegen tun könnte. Dann schien er sich aber plötzlich darüber klar zu werden, daß ich auch noch da war, vielleicht mehr wegen meines lauten Schreiens als wegen der Schläge, die ich ihm versetzte. Da hat er ihn dann losgelassen und mich eine Sekunde angestarrt – aber genau so, als ob er mich gar nicht sähe, mich überhaupt nicht erkenne –, ist ohne ein Wort zu sagen, wieder in seinen Wagen gestiegen und hat das Weite gesucht. Vielleicht hatte er einen Rausch, zu tief in die Flasche geguckt zwischen dem Augenblick, in dem er mir das Dokument aus der Hand genommen hatte, und dem, in welchem ich ihn mit dem Lumberjack auf dem Rücken wieder herauskommen sah. Darüber weiß ich nun nichts. Ich versuchte, diesen anderen Idioten wieder zu sich zu bringen, der gerade noch die Kraft besaß, sich mit der einen Hand an einem Baum festzuhalten, während er mit der anderen seine Kehle befühlte, zu schlucken und wieder zu Atem zu kommen versuchte und, sobald er wieder sprechen konnte, immer noch an seinen Baum gelehnt, ein paarmal dasselbe sagte: ›Ich war schuld, ich hätte nicht... Es macht nichts, es war meine Schuld, ich hätte nicht gerade heute...‹ – ›Auf alle Fälle hat nicht viel gefehlt, daß Sie, verdammt nochmal, nicht mehr zurückgekommen wären, ich habe geglaubt, er dreht Ihnen für immer den Hals zu. Wie, verdammt nochmal, fühlen Sie sich?‹ Er aber stand immer noch an seinen Baum geklammert da, noch halb violett im Gesicht und sagte: ›Wenn wirklich mein Vater diesem jungen Mädchen unrecht getan hat, dann ...‹ – ›Junges Mädchen!‹ habe ich da gesagt, und: ›Unrecht, sagen Sie? Und die Ringe, mit Steinen groß wie Flaschenpfropfen, die sie an jedem Finger hat? Das wollen Sie unrecht nennen? Lieber Gott‹, habe ich gesagt. ›Meinen Sie denn etwa, daß sie die in den Weinbergen aufgelesen hat?‹«

III

»Auf die Weise«, sagte der Notar, »war Montès also sozusagen vor seine eigene Tür gesetzt worden, noch dazu mit einem Prozeß am Hals. Denn nicht nur hat, wie leicht vorauszusehen war, dieser Kerl sich das Feld zu räumen geweigert, sondern er hat ihn auch noch wegen Kontraktbruch verklagt. Hätte er hingegen auf mich gehört... Aber raten Sie schon einem solchen Idioten! Wahrscheinlich hatte er jemanden gefunden, der ihm dafür zuständiger schien, auf alle Fälle jemanden, der überzeugendere Argumente an der Hand hatte als ich. Der arme Kerl! Denn Sie werden mir zugeben müssen, daß, wenn er sich von dieser Hure von Frauenzimmer hat auf den Arm nehmen lassen...«

»Oh«, sagte ich, »sie hat...«

»Was? Und woran soll es Ihrer Meinung nach dem sonst gelegen haben? Eine Person, die...«

Aber ich hörte nicht mehr hin. Durch das Fenster konnte ich im Hof die drei verkümmerten Palmbäume sehen, wie sie von dem sporadisch einfallenden Wind hin und her geschüttelt wurden. Immer dieser Wind... Später erzählte Montès mir, wie er das erste Hotel verlassen und sich wohl oder übel in einer elenden Pension für Saisonarbeiter und Reisende dritter Kategorie eingemietet habe, wo er Wand an Wand mit einer Kundschaft lebte, die über sehr problematische und schwierige Existenzmittel verfügte und unter der Bedrohung durch sehr problematische und schwierige Budgetfragen und den nicht minder problematischen jeweiligen Monatsersten ihr Dasein fristete, denn es wäre ihm nicht in den Sinn gekommen, daß er das, was er brauchte, um anständig zu leben – *wofern das Wort ›anständig‹ überhaupt einen Sinn für ihn besaß* – hätte borgen können, daß der Notar oder wer sonst immer ihm, soviel er wollte, vorgestreckt haben würde, zweifellos sogar mehr, als er wollte – einzig auf die Sicherheit des väterlichen Testaments.

Er begab sich also auf die Suche nach einem Zimmer, dessen Preis seinen Mitteln besser entsprach als das Hotel in Bahnhofsnähe, in dem er geglaubt hatte nur ein paar Tage verbringen zu müssen. Eines, das nicht nur in einem angemessenen Verhältnis zu seiner Börse stand, sondern in dem er sich, wie ich vermute, auch wohler fühlte, das heißt, das ebenso zu ihm paßte wie sein abgewetzter Sammetrock, der Regenmantel und die ausgetretenen Schuhe. Denn er gehörte nun einmal zu den Typen, die man sich in neuen Kleidungsstücken ebensowenig vorstellen kann – *er vertraute mir übrigens eines Tages an, daß das Tragen eines neuen Anzugs für ihn eine Qual bedeute* – wie mit einem frisch gewaschenen Gesicht oder am Tage zuvor geschnittenen Haaren – *ich begegnete ihm einmal, als er gerade aus dem Friseurladen trat, und da sah er aus, als sei er verstümmelt oder amputiert, als habe jemand ein Attentat auf ihn verübt oder ihn mißhandelt, bevor er ihn wieder freigelassen und nunmehr nackt und hilflos, mit einer verwundbareren und unbewehrteren Miene als je auf die Straße befördert habe.* Und von neuem versuchte ich mir das Ganze vorzustellen: es war zweifellos an einem Sonntag – *weil an diesem Tage alle Ämter geschlossen sind, vielleicht infolge einer Reklamation von seiten der Kinobesitzer, bei denen die Abnutzung des Fauteuils durch polizeiliche Verordnung auf nur hundert Francs pro Stunde festgesetzt ist, während Tau-*

senderscheine für das Privileg erhoben werden, auf den zerschlissenen Sofas oder Stühlen in den Vorzimmern von Rechtsanwälten oder Advokaten zu warten – und natürlich bei diesem teuflischen Wind, der Blätter und Abfälle in Gestalt von im märzlichen Toben umgetriebenen, trunken taumelnden Schlangen vor sich herwirbelte, dem unermüdlichen, unablässigen Sturm, der pausenlos unter dem durchsichtigen Himmel dahinfegte und sich bis zu wütender Überreizung an seinem eigenen Zorn, an seiner nutzlosen sinnlosen Macht berauschte, in den engen Gassen der Stadt stöhnend und tobend gegen die neuen Wohnblocks anrannte, die grell und nicht dorthin gehörig sich auf den alten Festungswällen erhoben, oder die hollywoodartigen Weinhändlervillen mit ihren Pergolas, ihren Schwimmbädern und ebenfalls hollywoodartigen Palmen, oder die alte Markthalle, die in ein Café modernsten Stils umgewandelt war – *genauso grell und im Rahmen der gotischen Bögen mit gleichen Türen aus unsichtbarem Glas in unsichtbaren Angeln versehen wie das benachbarte ›Uniprix‹-Kaufhaus, dazu mit Wandleuchten aus Stuck und einer American Bar* –, bis er schließlich in die dorrenden Plätze mit ihren struppigen Mimosen und den Kinoreklamen einfiel, auf denen die riesenhaft vergrößerten Gesichter der Stars die Vorübergehenden anzulocken versuchten beim Bimmeln jener Schelle, die den unmittelbar bevorstehenden Beginn der Nachmittagsvorstellung ankündigte, der Festhandlung, des Traums, während die Bauernburschen in Sonntagskleidung, mantellos, nur den Kragen der königsblauen oder rosenholzfarbenen Jacken hochschlagend sich beeilten, den letzten Zug aus ihren Zigarettenstummeln, die ihnen schon die Finger verbrannten, zu tun, bevor sie in die übelriechende, vom Knistern der Erdnußschalen erfüllte und von Fatamorganen durchflimmerte Finsternis eintraten; der Wind aber durchfurchte indessen das faulige Wasser des Kanals zwischen den mit rosigen, ruhelos schwankenden, zerzausten, abgekämpften Lorbeerbüschen bestandenen Uferböschungen, warf sich dann mit aller Macht auf die stolzen Behausungen der Besitzenden – *Behausungen diesmal nicht nach dem Ideal von Hollywood, sondern mit dem Konditorputz von 1900, dem Schmuck der wohlgegründeten Vermögen versehene oder aber den letzten Eigentümern von zerstückelten, verstreuten und mit Hypotheken beladenen Ahnensitzen gehörige überalterte Stadthäuser mit bemoosten Höfen und Mauern, abgetretenen Teppichen, einstürzenden Dächern* – und rannte in den dichtbevölkerten Vierteln mit einem Geräusch wie von knisternder Seide gegen die Fassaden der Gemischtwarenhandlungen, der Bistros mit ihrem Anisgeruch, der Wohnhöhlen einer schreienden, schwatzenden und unermüdlich sich regenden Arbeiter- und Handwerkerbevölkerung an, mit ihren verlausten Gören, den halbverhungerten Spaniern, die von der Polizei überwacht werden, und alten Frauen in Trauerkleidung mit schwarzen Sandalen, schwarzen Strümpfen, schwarzen Gewändern und schwarzen Kopftüchern, die das immer unverändert wiederkehrende, gleiche, ewige, wächserne Antlitz mit Triefaugen und trockenen, schmalen Schildkrötenlippen umrahmten.

Über der Ebene aber lag dichter Nebel, wie ein weithin ausgezogenes rötliches Tuch, gewoben aus der gelben Wolke myriadenfach sich erhebender und schwindelnd kreisender Staubkörner, inmitten deren, wie ein geisterhafter Archipel, die ganze Stadt dahinzutreiben schien, mit ihren hohen Neubauten, ihren Kasernen, den tot daliegenden Wällen, den Glokkentürmen und kieloben dahinschwimmenden, schattendurchwirkten, kalten, tiefräumigen Kirchen, die in ihrem Innern ihre goldbestickte Nacht, ihren strengen Duft von glimmenden Kerzen, das psalmodierende Gemurmel und die Bilder der heiligen Jungfrau bargen, der Muttergottes mit dem Dolch in der Brust, wie sie ihre diamantengeschmückten Hände rang und ihre Augen mit den diamantenen Tränen zu dem gemarterten Sohn mit den durch die Küsse der Liebenden und Kinder glattpolierten Füßen hob, der nackten, schwarzen jüdischen Gestalt, deren Lenden ein strahlend weißes Spitzentuch umhüllte. Er, Montès, aber saß da oder hockte vielmehr an einer Ecke auf der Terrasse vor einer Kneipe, da wo manchmal ein Ausläufer des Wirbelsturms Strohhalme und trockene Platanenfrüchte noch zwischen die gußeisernen Füße der Gasttische trieb. Er sagte mir nicht, wie er dorthin gekommen war, ob er seit dem Morgen bereits nacheinander alle Hotels der Stadt abgeklappert hatte, diejenigen wenigstens, deren Fassade, deren Äußeres dem zu entsprechen schien, was er suchte, oder ob er dort schon vorher einmal vorbeigekommen war, oder ob es sich ganz zufällig so ergeben hatte, einfach weil er sich gegen ein oder zwei Uhr mittags – oder auch drei oder vier Uhr nachmittags – erinnerte, daß er Hunger hatte, oder auch nur daran, daß er allmählich etwas essen müßte – das heißt, daß eben eine solche Gewohnheit bestand, daß der menschliche Körper seiner Organisation nach wohl oder übel von Zeit zu Zeit zu essen bekommen muß, wobei er dann wohl zunächst, während er später des Windes wegen darauf verzichtete, an die Bank auf dem Platz gedacht hatte, auf der ich ihn eines Tages getroffen hatte, als er dort ruhig saß und kleine Stückchen Keks kaute, die er zuvor abgebröckelt hatte, so wie man es auch sonst dort sehen kann – *Familien vom Lande, die den Inhalt ihrer Körbe ausbreiten, Leute in ganz neuen und noch steif abstehenden Kleidern, mit Servietten aus grober, weißer, steifer Leinwand über die Knie gebreitet – man sieht deutlich die plastisch wie in Pappe abgeformten makellosen Bügelfalten und darauf ruhend die braunen, trokkenen, erdgewohnten Hände – oder Verkäuferinnen oder Schreibmädchen, die dort zu zweien sitzen, geschickt ein Hörnchen oder Brötchen verschwinden lassen und sich hinterher rasch ihre Röcke abklopfen, oder alleinstehende Männer in ordentlichen Anzügen, wenn auch allerdings nicht ganz sauberer Wäsche, die ein Butterbrot aus der für ihre Agenten- oder Vertretertätigkeit benötigten großen Aktentasche ziehen und dabei vermeiden, die Vorübergehenden anzusehen, alle auch im Gesicht etwas gleichzeitig Ernstes, Nachdenkliches und Verschämtes haben, während sie langsam, mit starrem, leerem, in die Ferne gerichtetem, traurigem Blick vor sich hinkauen* –, wobei er jedoch, als er mich bemerkte, keineswegs befangen schien oder – wie wohl jeder andere – sich dabei überrascht fühlte, daß er dort auf einer Bank an einem öffentlichen Platz ein paar Kekse kaute, anstatt zu Mittag zu essen, wahrscheinlich weil für ihn darin gar nichts lag, weswegen man Befangenheit oder Scham verspüren konnte, da er sich ja dort – *er sagte nichts dergleichen zu mir, er versuchte nicht, sich auf Erklärungen einzulassen, verfiel nicht einmal darauf, daß ein Grund vorliegen könnte, etwas zu erklären* –, wie ich vermute, nicht einmal aus Sparsamkeitsgründen befand – obwohl er zu jenem Zeitpunkt nur über sehr wenig Geld verfügte – und noch weniger aus Gründen der Enthaltsamkeit, wie manche ironisch behaupteten, sondern zweifellos einfach, weil er die Notwendigkeit nicht einsah, weshalb man sich zu festgelegten Stunden, wenn man keinen Hunger verspürte, an einen Tisch setzen und mehr Nahrung in sich hineinstopfen sollte, als man verdauen kann, einzig aus dem Grunde, weil es zwölf

Uhr mittags ist und alle Welt in diesem Augenblick sich anschickt, das gleiche zu tun. Während er nun auf dieser Terrasse saß, und die Bedienung, die ihm seine Viertelflasche Mineralwasser brachte, stehen blieb und ihn von der Seite her beobachtete, nachdem sie rasch, als sie Glas und Flasche vor ihn hinsetzte, einen abschätzenden Blick auf den fleckigen Regenmantel, die ungebügelte Hose und die abgetretenen Schuhe geworfen hatte, einfach auf der Schwelle der Tür stehen blieb, deren Korkvorhang der Wind hin und herbewegte, zweifellos nur, um sicher zu gehen, er werde sich nicht ohne Bezahlung drücken, zog er aus der Art von Rucksack, den er bei sich trug und in dem er in heillosem Durcheinander photographischen Zubehör, Zuckerstücke, Filmspulen zum Auswechseln und Vorräte aufbewahrte, ein paar Biskuits heraus, die er mechanisch zum Munde führte, wobei sein abwesender Blick den langen, gelben Staubfahnen folgte, die sich pausenlos auf dem freien Raum des Platzes jagten oder darauf umherwirbelten; schließlich, so stelle ich es mir vor, wird dann wohl die Bedienerin achselzuckend wieder ins Innere des Hauses zurückgekehrt sein, während nur noch der Korkenvorhang in ständiger, schwankender Bewegung blieb, das heißt seine einzelnen Schnüre mit dem dünnen, vielfältigen, hohlen Ton beinerner Würfel sich aneinanderrieben.

Über der Tür das Schild ›Bar Colonial‹ war in schraffierten Lettern auf nilgrünen Grund gemalt, über dem Schild aber befand sich ein offenes Fenster, an dessen Sims zwei Marmeladeneimer aus goldfarbenem, verrostetem Blech befestigt waren, von denen eine Kette herunterhing. An einer ausgespannten Schnur trocknete, mit umgekehrten Taschen im Winde flatternd, eine Männerhose. Über dem Fenster war das Wort ›Hotel‹ in halbverwischten Buchstaben eben noch zu erkennen.

Im Innern saßen vier alte Männer in Sonntagskleidern, die Mütze oder den Hut wie festgeschraubt auf dem Kopf, winzige durchweichte Zigarrenstummel an die Lippen geklebt, beim Kartenspiel. Ich meinte sie vor mir zu sehen: halb mumifiziert mit den anscheinend ebenfalls mumifizierten gelben oder vielmehr grünlichen Stummeln, die, zwischen jedem Kartengeben neu angezündet, gleich darauf wieder erloschen und ihre Asche ganz allmählich auf die Westen der Männer niederregnen ließen, bis nur noch der schwärzliche, glimmende Papierzylinder übrigblieb. Der einzige Laut, den man hörte, kam von den spärlichen, raren, gleichsam abgenagten Worten her, die hinter den stummelhaften Zähnen und Zigarrenstummeln entstanden, oder den ebenfalls spärlichen, steifen, langsamen Bewegungen der Mumienhände, die die Karten einsammelten und sie langsam wiederum vor den Mumiengesichtern, den Mumienaugen, fächerförmig entfalteten; ich meinte auch zu sehen, daß, als er, Montès, eintrat, als er den Korkenvorhang auseinanderschob, einer der Mumienblicke sich hob und einen Augenblick lang die Silhouette fixierte, die sich dort schwarz im Türrahmen abhob, worauf dann die übermäßig hellen, ausgelaugten Augäpfel und darüber die faltige, braune Lidhaut sich sofort wieder senkten, wie um den Blick gegen das Übermaß des Tageslichts oder sogar gegen alles Sehen, jedes Eindringen von etwas, das von außen her diesen trübseligen Frieden, die zum Stillstand gekommene, erstarrte, überwundene Zeit, die Leere, die Verzweiflung stören könnte, abzuschirmen. Ich konnte mir vorstellen, wie dann eine dieser ausgehöhlten Stimmen – ohne daß die Lider sich ein zweitesmal hoben – »Rosa!« rief, und die Stille sich darüber gleich wieder schloß, und wie er, auch solange sie da war, die Spieler weiter anstarrte, gleichsam fasziniert von dem langsamen Niederfallen der Karten, während sie, die Frau, ihn seine Anfrage wiederholen ließ und auch selber wiederholte: »Ein Zimmer? . . .«, wobei sie ihn von neuem prüfend betrachtete, ihren Blick über jede Einzelheit auf und ab gleiten ließ, bis sie endlich sagte: »Ich will sehen. Ich werde die Wirtin rufen. Wenn Sie vielleicht inzwischen hier hereinkommen wollen?«

Dann wandte sie ihm den Rücken zu. Hinter dem Café befand sich ein zweiter Gastraum, mit grüngestrichenen Wänden und mit ein paar Aperitifreklamen geschmückt, in dem sechs oder sieben Tische standen, auf denen fleckige, mit Girlanden und den blauroten von Weinflaschen hinterlassenen Ringen verzierte Papiertischtücher lagen. Ich glaube aber nicht, daß er auf die Gerüche achtgab, den abgestandenen Dunst von billiger Küche und genauso billigem Wein; er erzählte mir, daß er stehend in dem kalten, grünlichen Halbdunkel gewartet und dabei durch eines der auf den mit leeren Bierkasten vollgestellten Hof gehenden Fenster die mager sich rankende, kärgliche Bewachsung der Mauer betrachtet habe, während von draußen her das allgegenwärtige Geräusch des Windes zu ihm drang, bis er das leise Unbehagen verspürte, das man empfindet, wenn ein Blick auf einem ruht, und er sich umdrehte und gleich darauf *sie* entdeckte: zuerst noch nicht sie selbst, sondern nur zwei ganz gleiche, übergroße, schwarze, tiefe, auf ihn gerichtete Augenpaare, und dann erst zwei kleine Mädchen, die dem anderen Fenster gegenüber an einem der Tische saßen, die kleinere mit einem klebrigen Etwas in der Hand, das noch vor einer Stunde ein Kuchen gewesen war und das nun durch Lutschen die formlose Gestalt eines Nahrungsmittels angenommen hatte, welches, bevor noch heruntergeschluckt, schon halb verdaut worden ist, dazu den ringsherum beschmierten Mund und die ebenfalls klebrig glänzenden Finger, die den Kuchen immer noch in Mundhöhe hielten wie zweifellos in dem Augenblick, in dem er selbst hinter der Frau in den Raum getreten war, wobei aber die Lippen sich jetzt so wenig bewegten wie die Hand oder die Kehle: da war nichts als Augen, die ihn anstarrten. Dann die andere: ein Mädel, das vielleicht acht oder zehn Jahre alt sein mochte, mit einem dieser Gesichtchen, die weder häßlich noch hübsch sind, einer blassen, fast olivenfarbenen Haut, die sich über den Knochen spannt, nicht wegen abnormer Magerkeit oder infolge einer Krankheit, sondern weil diese Spannung der Haut ebenso wie die Intensität des Blicks – *der weder neugierig, noch frech, nur einfach ebenfalls gespannt, unabgelenkt, aufmerksam, ernst ist* – eben ihrer Natur entspricht, als wenn, so sagte er mir, etwas wie eine in einem vorangehenden Leben erworbene Erfahrung oder vielmehr Kenntnis der Dinge ihnen diese Beschaffenheit verliehen hätte; das alles ergab eine undurchdringliche, unbewegte Maske, kastanienbraune Augen, die ihm zugesehen hatten, als er sich zwischen den Tischen hindurchbewegte, und ihn auch weiterhin anstarrten, als er sich vorbeugte – *indes sie die mit Tinte befleckten Hände und Finger um den winzigen Federhalter mit dem rotlackierten Holz krampfte, vor sich ein Heft mit fleißig hingemalter Schrift in violetter Tinte mit goldgrünen Reflexen* –; der zusammengepreßte Mund entschloß sich erst zu einem halben Öffnen, als er seine Frage zum drittenmal wiederholt hatte, und ließ dann sehr rasch ein in einem Zuge hingehauchtes: »Teresespinas« hervor, worauf die Lippen sich sofort wieder schlossen, und als er noch einmal fragte: »Wie?«, folgte von neuem die gleiche kurze, rasche Antwort, ein Murmeln nur, bei dem das Gesicht ganz unbewegt und undurchdringlich blieb, und der Mund sich ebenso wieder schloß oder vielmehr zusammenpreßte oder wie zugesiegelt wirkte – *etwas, sagte er mir später, zugleich Verächtliches, Hochmütiges, Scheues lag darin, als mache sie nur ein äußerstes Zugeständnis, so wie sie vielleicht in der Schule oder Fremden, Erwachsenen antwortete, indem sie ihre beiden Namen in einen zusammenzog oder vielmehr nur eine Reihe von bedeutungslosen Lauten hervorstieß, die ebenso rätselhaft blieben wie ihr Gesicht, diese kleine regungslose Maske, als wolle sie auf diese Weise auch das noch dem Zugriff entziehen, verbergen, was sie notgedrungen von sich preisgeben mußte.* Er fragte zurück: »Theresa?«, sie aber schwieg. Er wiederholte: »Es stimmt doch? Theresa? Du heißt Theresa, nicht wahr?« Doch sie begnügte sich damit, ihn weiter anzustarren, wobei ihre Augen mit schwarzem Glanz durch das Halbdunkel glühten. »Und deine kleine Schwester?« fragte er. »Denn, nicht wahr, sie ist doch deine . . .« Dann bemerkte er, daß sie jetzt nicht mehr ihn anblickte, obwohl sich nichts im Ausdruck ihres Gesichts verändert hatte – er sah es nur an einer unmerklichen Verschiebung der düsteren, kohlschwarzen Augäpfel – sondern etwas, das hinter ihm war, und als er sich umblickte, sah er den Menschen, der im Rahmen der Verbindungstür zwischen dem Café und der Gaststube stand, der dort, so sagte er mir, angekommen war, ohne daß man wußte, wie, denn er selbst habe nicht das geringste Geräusch gehört; es sei eher so wie in phantastischen Trickfilmen gewesen, bei denen in einer ganz öden Szenerie plötzlich eine aus dem Nichts heraus materialisierte Person ersteht und mit einem Male nachlässig an der Wand lehnt.

Mehrere Monate später erinnerte er sich daran, daß ihn als erstes der Gegensatz zwischen dem hellen Fleck des Plastrons und dem dunkeln Antlitz frappiert hatte: es war ein makellos reines weißes Hemd mit rosa Streifen, einem hohen, zugeknöpften Kragen ohne Krawatte, dazu ein knapp sitzendes, sorgfältig gebügeltes, aber etwas abgewetztes Jackett und die aus einer ebenso makellosen, aber abgewetzten Manschette hervorschauende braune Hand, die zwischen zwei Fingern eine jener kleinen schwarzen Zigarren hielt, die kaum größer sind als eine Zigarette, und sie auch dann nicht losließ – *das frappierte ihn ebenfalls: diese Geschicklichkeit, diese angeborene, achtlose, kecke Leichtigkeit, etwas zugleich Aristokratisches und Animalisches nicht so sehr des Mannes, das heißt des Besitzers dieser Hand, sondern der Hand selbst, die, scheinbar ohne darauf achtzugeben, mehrere Bewegungen zugleich auszuführen imstande war* –, als der Neuangekommene sich herunterbeugte, um das kleine Mädchen, das auf ihn zulief, unter den Achseln zu fassen, hoch emporzuheben, mehrmals in die Höhe zu werfen und wieder aufzufangen, wobei das Kind sich vor Lachen verschluckte, während das andere, ältere, unbeweglich am Tisch sitzen blieb, Montès, wieder ganz aufgerichtet, die Szene betrachtete und plötzlich alles in Reglosigkeit erstarrte: die Frau, die Bedienung, war durch die Tür im Hintergrund wieder eingetreten, durchquerte raschen Schrittes den Raum, ging geradenwegs auf den Mann zu, nahm ihm das Kind aus den Armen, dem sie schnell zwei Finger in den offenen Mund steckte; gleich darauf zog sie sie wieder heraus und warf etwas fort, riß den schmierigen Kuchen aus der kleinen Hand, warf ihn ebenfalls weg, wischte sich heftig die Finger an der Schürze ab und sagte erst dann: »Du bist wohl verrückt? Merkst du denn gar nicht, daß sie erstickt?«

Vielleicht beobachtete er, Montès, alle diese Dinge nicht so, wie er sie mir später berichtete, das heißt in allen Einzelheiten – *das Hemd, den Ring mit der Goldplakette* – vielleicht *war sie auch nur aus Kupfer – der aber jedenfalls ebenso nachlässig an die zigarrehaltende Hand gesteckt war, als ob er aus echtem Golde wäre, sowie den fadenscheinigen Anzug, der mit der gleichen anmaßenden Eleganz getragen wurde, als sei er neu, am Vortage erst vom Schneider geliefert und nicht aus einem Stoff, der nahe am Brechen war, weil man ihn immer wieder in die gleichen Falten gebügelt hatte, und dabei so hauchdünn wie Zigarettenpapier, so daß die Bügelfalte der Hose an eine Rasierklinge erinnerte, und die strahlend weißen aber ausgefransten Manschettenränder, die sich nicht schamhaft unter dem Ärmel zu verbergen suchten, sondern so anspruchsvoll zur Schau getragen wurden, als seien sie aus Spitze –*, ebensowenig wie das, was nun folgte. Nur mit dem Blick hatte er alles aufgenommen, nicht aber mit dem Bewußtsein registriert, so daß die Beschreibung, die er mir davon gab, zweifellos in sich selbst falsch und künstlich war wie zwangsläufig jeder nach Ablauf der Ereignisse erstattete Bericht, einfach auf Grund der Tatsache, daß durch das Berichten selbst die Ereignisse, die Einzelheiten, die kleinen Nebenumstände einen Anstrich von Feierlichkeit und Bedeutsamkeit erhalten, den man ihnen im Augenblick selbst nicht zuerkennen würde. Damals stand er nun einfach da und wartete auf die Wirtin, die das Serviermädchen ja hatte verständigen wollen, und ließ dabei wahrscheinlich zum hundertsten Male alle die ärgerlichen Zwischenfälle Revue passieren, die ihn seit seiner Ankunft in dieser Gegend betroffen hatten, versuchte wohl auch vorauszusehen, welche Serie ihm noch bevorstehen mochte, so wie er immer wieder in Gedanken nachrechnete, wieviel Geld ihm noch nach den verschiedenen Aderlässen durch und den Vorschüssen an seine Berater verblieb – *ungefähr folgendermaßen: ›Zimmer höchstens 400 Francs pro Tag, und wenn nur eine einzige Mahlzeit, 300 Francs? Die Augen! Sie heißt There... Macht 700 Francs, Frühstück ist überflüssig. Keks. Sehr gut. Merkwürdiger Kerl, ein Zigeuner?... Habe das Trinkgeld vergessen, zehn, nein fünfzehn Prozent. Im ganzen 800 bis 850 Francs. Das ist noch zuviel. Vielleicht lieber Pension? Am Ende vorteilhafter. Aber bei einer Mahlzeit nicht. Kommt ungefähr auf dasselbe heraus. Ein oder zwei Monate lang noch. Macht 850 mal 60...‹* –, wobei er vielleicht nicht einmal etwas sah, so wenig wie der photographische Apparat selbst etwas sieht oder erkennt oder an etwas sich zu erinnern imstande ist. Freilich sah seine Netzhaut, und auch sein Gedächtnis – *denn der Mensch ist zweifellos etwas anderes als die Materie, vielleicht nicht sehr viel mehr, aber, recht zu seinem Unglück, doch um ein Geringes mehr, denn besser wäre ihm, wenn er keine größere Fähigkeit zu leiden besäße als ein photographischer Apparat, wenn er jeden Augenblick und so oft er wollte, einfach den Deckel aufklappen, den belichteten Film herausnehmen, wegwerfen und durch einen anderen, unbenutzten ersetzen könnte, so daß alles, Spule und Auslösung, mit der gleichen mechanischen, unverbrauchten Indifferenz von neuem funktionierte* –, da es, sein Gedächtnis, sehr viel später alles rekonstruieren konnte: die Küche, in der er jetzt durch die offene Tür die Frau herumwerken, die Kleine auf einen Stuhl setzen, zwei Stück Schokolade aus einem Wandschrank nehmen und mit einem Stück Brot den beiden kleinen Mädchen austeilen sah. Sie hatte das elektrische Licht angeknipst, und er befand sich nun allein, immer noch wie angewurzelt, an derselben Stelle in dem von Halbdunkel erfüllten Speisesaal. Der Zigeuner war ihnen nachgegangen – *er hatte Montès überhaupt nicht angesehen, seine Anwesenheit anscheinend nicht einmal bemerkt, ebensowenig übrigens, wie die Frau von der seinen Notiz nahm* – und schaute ihr, an den Türrahmen gelehnt, zu, wie sie, ebenfalls wortlos, mit dem Schürhaken in dem erloschenen Küchenherd stocherte, eine Zeitung zusammenknüllte, hinter dem Ofen eine Handvoll trockener Rebzweige hervorholte, die sie rasch zerkleinerte, dann in die Herdöffnung stopfte und zwei Scheite Holz dazulegte, ein Streichholz anzündete, und darauf, als der Rauch aus den Zwischenräumen der Herdringe hervorquoll, einen Eimer ergriff, in den man gleich danach schaufelweise eingefüllte Eierbriketts poltern hörte. Als sie zurückkam, stand nunmehr die ältere der beiden Kleinen vor einem Stückchen Spiegelglas, das neben dem Ausguß an der Wand befestigt war, und hob sich auf die Zehenspitzen, um zu sehen, wie ihr eines jener Drei-Sous-Halsbänder stand, die man im Sägemehl der Verkaufsstände unter freiem Himmel finden kann, und der Zigeuner stand neben ihr. Da aber gab sie, die Frau, mit einem Male ihre Stummheit auf, setzte den Eimer ab und sagte – *während der Zigeuner und das Kind zusammenfuhren und sich in einer gleichzeitigen Bewegung umdrehten* –: »So? Du tätest vielleicht besser, ihr ein Kleid zu schenken.« Dann aber, als finde sie, sie habe schon zuviel gesagt, hob sie die Achseln, nahm ihren Eimer wieder auf, trug ihn bis zum Herd, reckte sich auf, wischte sich die Stirn mit der Unterseite des Ärmels, beugte sich, um den Eimer nochmals anzuheben, und schüttete eine Ladung Kohlen in den Herd, daß die Flammen herausschlugen und ihr Gesicht mit gelbem Widerschein erhellten, bis sie die Ringe wieder auflegte und ihr Gesicht von neuem im Schatten lag; dann bückte sie sich zu Boden und warf die Kohlen, die auf den Fliesenboden gerollt waren, in den Eimer zurück.

Ich frage mich, ob er, Montès, bis dahin auf sie achtgegeben hatte oder sie überhaupt auch nur in diesem Augenblick sah oder von ihrem Gesicht, das er sein Leben lang nicht vergessen sollte, betroffen oder innerlich bewegt war. Er sagte es mir nicht, zweifellos, weil er darüber nichts zu sagen hatte, denn er war nicht der Typ, der blufft oder etwas versteckt, und selbst vorausgesetzt, daß er es gewesen wäre, kann ich mir nicht vorstellen, daß er zu dem Zeitpunkt, zu dem er mir das alles erzählte, Neigung zu Bluff oder Versteckenspielen verspürt haben sollte, eher im Gegenteil.

Er sagte mir also nicht, ob sie auf ihn irgendwelchen Eindruck gemacht hatte – *ich meine immer noch: überhaupt keinen, wenigstens nicht in dem Sinne, in dem man gemeinhin sagt, eine Frau habe Eindruck auf einen Mann gemacht* – ja, er beschrieb sie nicht einmal. Er sagte mir nur, daß er immer noch dastand und wartete, und daß sie ihn offenbar ganz vergessen hatten – *oder, dachte ich mir, die Wirtin hatte es vielleicht nach der Beschreibung, die ihr das Serviermädchen von ihm gegeben hatte, absichtlich mit dem Herunterkommen nicht so eilig gehabt in der Hoffnung, er werde inzwischen die Geduld verlieren* –, während die andern sich alle in der Küche aufhielten, diese Art von Familie, die sie zu bilden schienen: sie, die beiden schwarzhaarigen, schwarzäugigen Kinder und der Kerl, der ihr mit den Händen in den Taschen bei der Arbeit zusah, als habe er selber Angst zu schwitzen oder sich die spitzenartig zerfransten Manschetten schmutzig zu machen, und nur den Fuß etwas vorschob, um sie mit der Schuhspitze auf eine Kohle hinzuweisen, die sie aufzulesen vergessen hatte, und schließlich – *als stelle selbst Sprechen für ihn eine Anstrengung dar, die ihn womöglich in Transpiration versetzen könne, ja als genüge dazu Nachdenken schon, oder als brauche es eine geraume Zeit, bis Worte, die seine Ohren vernommen hatten, zu seinem Gehirn gelangten und dort eine Antwort erzeugten, andererseits aber auch, bis diese den Weg vom Gehirn zu seinen Lippen zurückgelegt hatte* – nachlässig die Worte fallen ließ: »Auch ein Kleid. Warum nicht?« Zu dem kleinen Mädchen gewandt, setzte er hinzu: »Was für eins willst du haben?« Da aber folgte dann plötzlich der Zornesausbruch der Frau, die, damit beschäftigt, sich über dem Ausguß die Hände zu waschen, sich umdrehte und ihn aufgebracht anschrie: »Sie will überhaupt keins! Kein solches, wie du es ihr auf diese Weise spendieren kannst, hast du mich verstanden? Ich mag diesen ganzen Plunder da drüben nicht mehr, du hattest mir versprochen ...«, worauf das Mädchen fragte: »Was für Plunder?« und die Frau antwortete: »Nichts. Iß dein Brot«, worauf das Mädchen erwiderte: »Ich habe keinen Hunger: was für Plunder?« Ihre wilden, schwarzen, glänzenden Augen glitten dabei schnell zwischen dem Mann und der Frau hin und her, während diese weitersprach, aber mit gedämpfter, beinahe leiser, atemloser Stimme, und der Zigeuner, immer gleichmütig und ohne Eile, bald hier bald dort herumstand, sich eine neue kleine Zigarre anzündete und noch daran ziehend die Tür zustieß, so daß Montès sich nun allein in fast vollkommener Dunkelheit befand, bis kurz darauf eine alte Frau unten an der Treppe erschien, den Lichtschalter drehte, den Neuling einen Augenblick musterte und sich dann zu fragen entschloß: »Sind Sie das, der nach einem Zimmer gefragt hat?«

IV

Die Zweige der Platane reichten fast bis an das schmale Fenster heran, und des Nachts projizierte die Straßenlaterne ihre bewegten Schatten an die Zimmerdecke, wo sie sich als zukkendes Gewirr von Schwertern abzeichneten, deren Formen sich unaufhörlich auflösten, zu einer unabsehbaren Vielzahl wurden und sich darauf von neuem gruppierten. In dem Maße, wie der Frühling näherkam, konnte Montès die jungen flaumigen Triebe sich zusehends entwickeln und zerbrechlich, unaufhaltsam, triumphierend aus ihrem holzigen Untergrund sich herausschälen sehen.

Den ganzen Tag über schien der Platz ein sozusagen vegetatives, indolentes Dasein zu führen mit – am Morgen – seinen schwatzenden Frauen, die sich beim Klappern der aneinanderstoßenden Eimer am Brunnen trafen, an den Füßen alte Schlappen ohne Schnürbänder, noch ungekämmt, etwas später dann mit riesigen Broten unter dem Arm; immer aber saßen längs der Kasernenmauer in der Sonne zwei oder drei Zigeuner, die jungen am staubigen Boden, die alten auf Stühlen, die sie herausgeschleppt hatten; gegen Mittag kam ein Augenblick, da der Platz sich belebte, von den langen Reihen der Kinder beherrscht, die aus der Schule kamen, oder durch das Motorengeräusch von ein paar Lastwagen, die ihre Fahrer während des Mittagessens dort parkten, sowie – auf der Terrasse des Cafés – die Gruppen junger Leute, die sich an den leeren Tischchen herumräkelten – *sie bestellten nichts, sondern begnügten sich damit, auf den Stühlen scharf nach hin-*

ten wippend, großtuerisch, aller Mittel bar, lärmend herumzusitzen –, aus seinem Schlaf gerissen; dann leerte der Platz sich wieder und fiel in seine Indolenz zurück, preisgegeben dem Wind, den ewigen Staubwolken, die sporadisch auftretende Böen von einer Ecke in die andere trugen. An der Pumpe war immer eine Frau gerade mit Waschen beschäftigt, ebenso wie immer und ewig, an mehreren Fenstern aufgehängt, vielfarbige Wäschestücke an ihren Leinen tanzten. Am Abend erwachte der Platz von neuem: vor Einbruch der Nacht bevölkerte er sich noch einmal mit schreiend hintereinander herjagenden Kindern und mit Frauen, an deren Schürzen und Haaren der Wind zerrte, manchmal auch mit einer Gruppe jugendlicher Boulespieler oder mit Zigeunern in ausgefransten Hosen und abgetragenen oder sogar zerschlissenen Röcken, die, trotz allem arrogant, immer verachtungsvoll, um den Hals unter den braunen Gesichtern sanftgetönte, hellfarbige Foulards trugen; dazu kamen noch vier oder fünf der unvermeidlichen Araber, hungernd, sanftmütig, düster, sehnsuchtverzehrt, außerhalb der für sie nicht existierenden Zeit, hervorgetreten aus fernen, schattendunklen Alleen der Geschichte, in denen ganze Heerzüge von kriegerischen Gesichtern mit ganz ebensolchen dunklen Lippenbärten, denselben glühenden, traurigen, indifferenten Blicken vor dem fruchtbar grünenden Hintergrund des eroberten Landes, dieser gleichen mit fruchtbarem Blut und fruchtbarem Schweiß gedüngten roten Erde vorbeizuströmen schienen.

Von seinem Fenster aus aber konnte Montès jeden Tag dieser Art von friedlichem, unwiderstehlichem Wiederbeginn von neuem beiwohnen, jenem geheimnisvollen, majestätischen, märchenhaften Pulsieren mit seiner Folge immer gleicher Vorgänge, die etwas von dem an sich hatte, was die jungen Triebe zu sprießen zwang und die zerbrechlichen, anschwellenden, machtvoll drängenden Knospen von innen her spannte, während der Wind sie ohne Unterlaß wiegte. Nach Ablauf einiger Tage wandten sich die Leute in diesem Viertel nicht einmal mehr nach ihm um, es war für sie zur Gewohnheit geworden, ihn zu sehen, wie er ins Hotel trat oder daraus hervorkam, mühsam die große kalblederne Tasche mit sich schleppte oder zu anderen Zeitpunkten auf einer der Bänke in der Mitte des Platzes sitzend den struppigen, zerlumpten Rangen des Viertels zusah, wie sie miteinander spielten und sich verfolgten, den selben, die er manchmal zu seinem Vergnügen photographierte, wenn sie sich schreiend und einander stoßend um ihn drängten, ihn belagerten, oder aber wie er in dem Wind, der über die Esplanade fegte, in der vordersten Reihe der Frauen, der Kinder und der kindlichen Araber stand, die dem beim Klange einer schrillen Musik sich drehenden kleinen Karussell mit dem geflickten Zelt zuschauten, wo auf einem Schwein, einer Gans, einem Schwan, auf Pferden oder verrosteten Fahrrädern sich festklammernd die beiden kleinen Mädchen aus dem Hotel, stocksteif und ernst aus vor Vergnügen blitzenden Augen ihn fragend anblickten, wenn das Werk langsamer ging und endlich stehen blieb. Er aber nickte dann jedesmal zustimmend mit dem Kopf, wobei auch auf sein Gesicht ein strahlender Ausdruck des Entzückens trat, zog aus der Tasche ein offenbar aus dem gleichen Leder wie die berühmte Aktentasche geschnittenes Portemonnaie hervor und zählte Geldstücke in die Hand des Karussellbesitzers, so daß eine Fahrt sich an die andere fügte, ohne daß er oder die Kinder die Abendkühle, den Wind zu spüren schienen, obwohl die um Lenkstange oder Zügel gekrampften Hände sich allmählich röteten; er selbst aber schaute trotz geröteter Nase auch weiterhin mit dem ganz unangreifbaren Lächeln auf dem Gesicht ihnen zu und hob manchmal beim Vorüberkommen der Kleinen winkend die Hand, bis bei fast sinkender Nacht das Serviermädchen ziemlich übellaunig erschien, die Kinder zu fassen bekam, und Montès, beinahe beschämt, wie auf frischer Tat ertappt und von einem Fuß auf den anderen wechselnd, hervortrat und zum Guten redete, die Frau ihn aber mit einer Art von Bestürzung anstaunte, die neu schien wie am ersten Tage, da sie ihn entdeckt hatte, als er auf der Terrasse saß – *später zeigte er sie mir auf einer Photographie, der einzigen, die er durch eine Art Ironie des Schicksals von ihr gemacht hatte, er, für den Photographieren doch ein Beruf, ja mehr noch, wie es schien, eine Leidenschaft war und der seine Zeit damit verbrachte, alles zu photographieren, was nur photographiert werden kann: es war noch nicht einmal eine Photographie von ihr, ein Porträt, sondern sie war nur innerhalb einer Gruppe von der Art zu sehen, wie sie bei Festen oder Hochzeiten aufgenommen werden; zweifellos war sie an einem Sonntag nachmittag entstanden, es fanden sich darauf der Wirt, die Wirtin und die beiden Mädelchen – aber nicht der Zigeuner – unter dem Laubendach des kleinen rückwärtigen Hofes, in dessen Hintergrund man die aufgestapelten Bierkästen erkennen konnte; sie war eine Frau von ungefähr dreißig Jahren mit einem ovalen Gesicht von dem gewissen mediterranen Typ, mit gerader, ziemlich langer Nase, dicken Lippen, sehr schwarzem Haar, das ein Windstoß gerade in dem Augenblick, als die Aufnahme gemacht wurde, zusammengerollt auf ihr Gesicht gefegt hatte: ein, wenn man will, schönes Gesicht, ja sogar bestimmt schön, aber von einer sozusagen versehrten Schönheit, jenseits von dem, was man gemeinhin Schönheit nennt, mit etwa jenem gewissen Anderen, das Verstümmelun-*

gen oder Patina manchmal einem in Ruinen gefundenen Kopf hinzusetzen oder verleihen, obwohl auch er in seiner ersten Konzeption zweifellos glatt, glänzend und ausdruckslos gewesen ist: ein Gesicht also, das zugleich hart – oder verhärtet – und rührend war, ohne Schminke oder sonstige Herrichtung; und auch in ihrem Körper – oder vielmehr dem, was man davon unter dem groben Sweater und dem dunkeln Rock erriet und was nicht eben viel war, eigentlich nur eine Haltung, eine Art sich zu geben, einer Stute ähnlich, sagte eines Tages Montès zu mir: einem jener Zugpferde mit schweren, machtvollen und doch weiblich wirkenden Flanken – lag die friedvolle Unbezwingbarkeit, die Gestein oder Bronze behalten, selbst wenn sie mißhandelt worden sind.

Sie blickte ihn also mit dem gleichen, nicht einmal verächtlichen oder feindseligen Staunen einfach an und sagte: »Wissen Sie, sie muß ihre Schularbeiten machen. Sie sollten beide schon ...«, dann aber wandte sie ihm den Rücken, vielleicht ohne sogar dabei mit den Achseln zu zucken, und schlug wieder den Weg zum Hotel ein, wobei sie die kleinen Mädchen an den Händen hielt, er aber blieb da, während sie sich entfernte. Ziellos, unentschieden stand er neben dem Karussell, das der Besitzer jetzt mit einer Plane überdeckte.

Dann schien es einfach eine ausgemachte und anerkannte Sache zu sein: wie das Stadtviertel sich daran gewöhnt hatte, ihn kommen und gehen zu sehen, nahm es auch als gegeben hin, daß man ihn die ganze Zeit mit den beiden kleinen Mädchen rechts und links neben sich erblickte – *die ganze Zeit, das heißt, soweit er sie nicht in den Vorzimmern der Rechtsanwälte verbrachte, und soweit die Kleinen nicht in der Schule waren, wobei er es zweifellos so einrichtete, daß seine Wartestunden mit dem Unterricht der Kleinen zusammenfielen –,* und zudem sah, wie er alle Nase lang das Portemonnaie aus der Tasche zog, um ihnen Zuckerstangen oder mit Staub überpuderte Krapfen zu spendieren, die eine Frau geschützt im Winkel der alten, nicht mehr vom Militär benutzten Kaserne am Rande der Esplanade samt den öligen, gelben, in Gestalt von langen Würsten sich ringelnden Schlangen verkaufte, die von Sand so weiß wie von Zucker waren, und den Bonbons mit säuerlich-blassen Tönungen auf einer Auslage, die mit rotem Chintz bespannt war, der sich im Winde blähte wie ein Frauenrock. Jetzt aber hielt er die Kleine bei der Hand, während die Ältere mit geschlossenen Füßen voraushüpfte oder mit anderen kleinen Mädchen Himmel und Hölle spielte und er ihr von der Bank aus mit den Blicken folgte. Er selbst erzählte mir wenig, ich glaube sogar nichts über diese ersten Wochen, die auf seinen Umzug ins Hotel folgten, zweifellos weil es tatsächlich nichts zu erzählen gab, oder aber auch, weil nur er selbst nichts zu sagen, weil er gar nichts besonderes dabei erlebt oder vielleicht nicht das Bewußtsein von etwas Besonderem dabei gehabt hatte, außer, daß er nun einmal dort war, wie jeder andere einsame Hotelgast auch, der manchmal ein paar Worte über das Wetter mit dem Wirt oder der Bedienung wechselt, oder auch jenem anderen Gast, der am Nachbartisch sitzt, wenn beide beim Dessert sind, oder mit der Katze spielt, die sich an seinem Bein reibt, und nach dem Kaffee das kleine Töchterchen des Hauses auf dem Knie reiten läßt. Weiter nichts. Mindestens glaubte er es – *umgekehrt wie Don Juan, der blasierte, selbstsichere Verführer, der in seiner Einbildung und seinem Hochmut dachte: ›Noch eine! Aber was geht mich das an!‹ sagte er sich vielleicht – wofern das nicht ebenfalls eine Form von Einbildung und Hochmut ist –: ›Was sollte sie denn mit mir anfangen wollen!‹ oder vielleicht nicht einmal das, sondern nichts* –, das heißt, er sah nur oder glaubte nur die beiden entzückten Gesichter der kleinen Mädchen auf ihren Holzpferden oder vor den Auslagen von staubigem Zuckerzeug zu sehen, die ihm nach den trübseligen, in den Vorzimmern juristischer Ratgeber, stellvertretender Bankdirektoren und Buchhaltungsexperten verbrachten Stunden die Möglichkeit gaben, sich seines Portemonnaies für etwas anderes als den Kauf von einem Paket Zwieback oder einer Zeitung zu bedienen. Vielleicht.

Plötzlich aber, Schlag auf Schlag, vollzog sich das, was man als zwei Ereignisse bezeichnen könnte, wäre dieser Ausdruck nicht etwas stark, etwas pompös für Fakten, die in sich selbst, aus dem Zusammenhang genommen, nicht sonderlich bedeutungsvoll sind. Zunächst einmal jene Visite, oder vielmehr jenes Eindringen, der listige Überrumpelungsversuch, ein moralischer Einbruch sozusagen, nicht nur in das, was jetzt sein Zuhause darstellte – das Hotel, das armselige Zimmer darin –, sondern auch in die Intimität des Lebens, in dem er jetzt heimisch geworden war. Tatsächlich allerdings handelte es sich dabei nur um die Wiederholung – oder Fortsetzung, oder Ergänzung – eines anderen Besuchs oder Einbruchs von vor einem Monat bereits, damals, als er noch das Hotel in Bahnhofsnähe bewohnte: in sein Zimmer trat eines Morgens, die Tür aufstoßend, bevor er, Montès, noch Zeit gehabt hatte, auf das Klopfen zu antworten, ein dicker Mann mit rotem, schlagflüssigem, anmaßendem Gesicht und einer gleichermaßen wichtigtuerischen wie befangenen Miene, der sich ihm als sein Onkel präsentierte – *mit den Augen, während er ihm die Hand gab, und bevor er noch dazu aufgefordert worden war, rundum suchend, wo er Platz nehmen könnte, da er nur den Stuhl sah, über dem die einzige Weste hing, und einen Sessel, der in ein Vorratsmagazin für photographisches Material umgewandelt war, dann aber entschlossen die schwere Masse seines Körpers auf den Rand des noch ungemachten Bettes wuchtend* –, nicht gerade, wie er offen eingestehen wolle, ein sehr naher Verwandter, aber doch immerhin ein Onkel, da er ein leiblicher Vetter des Verstorbenen sei, und zudem mehr als ein Verwandter, sein Freund, sagte er – *während er nach der Hose, der abgenutzten Krawatte, der alten Strickjacke schielte und zweifellos im Begriff stand, sich trotz der Alarmierung durch den Notar, denn nur durch diesen konnte er die Adresse bekommen haben, zu fragen, ob er recht daran getan habe zu kommen oder gut daran tue, noch länger zu verweilen, dann aber endlich sich entschloß und aufs Geratewohl seine Einladung vorbrachte.*

Montès schilderte mir dieses Abendessen, den ganzen dort verbrachten Abend, und beschrieb mir das Haus, in dem, so schien es, niemand seit einem halben Jahrhundert oder noch mehr ein Möbelstück verrückt hatte: ein nicht nur vollkommen überaltertes, sondern noch dazu merkwürdig seelen- und wesenloses Milieu mit nachgedunkelten Malereien, Vorhängen aus verblichenem Plüsch, Wanduhren mit regungslosen Zeigern, einer bei Gelegenheit der Hochzeit irgendwelcher längst verstorbener und vergessener Vorfahren als Geschenk dargebrachten Kamingarnitur, die – ebenfalls vergessen – seit jenem Tage an der gleichen Stelle stand und mit zerstreut gehandhabtem Staubwedel von passiven, käuflichen Händen abgestaubt wurde, dazu Arrangements aus Waffen, Kavalleriesäbeln, Musketen und Sattelpistolen, die langsam verrosteten, das Ganze heutzutage ungewöhnlich und abstoßend und mit irgend etwas Unrühmlichem behaftet: zu der Vorstellung von Legionen staubwedeltragender Zimmermädchen trat noch die von Generationen von Offizieren hinzu, die ihre Waffen gleichzeitig mit ihren Patenten und aus dem gleichen Anlaß, nämlich einem rein dekorativen, gekauft hatten, nur um ehrenhalber bei Aufzügen oder Hochzeiten damit zu figurieren, wobei die Degen dann an Bandeliers hingen, die allmählich erweitert werden mußten, entsprechend dem stärker werdenden Körperumfang und den sich rundenden Bäuchen der dikken Männer, die, alle mit den gleichen apoplektischen Gesichtern, in ihren goldgeschmückten Uniformen porträtiert, in verstaubten Goldrahmen an der Wand hingen, wobei der Staub sich dort auf eine besondere Art abgelagert hatte, nicht als etwas Ungehöriges, das in schmählicher Weise sichtbar war, sondern gleichsam darin inkrustiert, zum festen Bestand geworden: »Weil«, so sagte er zu mir, »selbst eine Armee von Dienstmädchen niemals die Wirksamkeit der als Vorwurf zu betrachtenden Spur erreicht, die der Finger einer Hausfrau auf der Oberfläche eines vom Staubwedel vergessenen Möbels hinterläßt. Ganz offenbar aber hatte hier seit langem keine Frau irgend so etwas bewirkt, und diejenige der beiden Töchter, die alt genug gewesen wäre, um es zu tun, nämlich nach den Dienstboten noch einmal durch die Zimmer zu gehen, hatte zweifellos in diesem Augenblick das Haus mit einem anderen vertauschen müssen, in dem sie genug mit den Ihren zu tun hatte, und was die jüngere angeht, so muß man annehmen, daß sie das Alter noch nicht erreicht hatte – vorausgesetzt, daß sie es jemals erreichte –, in dem sie in sich die gewissen Neigungen und Dispositionen hätte entdecken können, die, wie man sagt, die Töchter solcher allein lebenden Männer bekommen ...«

Er unternahm es darauf, mir auch sie zu beschreiben: ein Geschöpf auf halbem Wege zwischen einem Buben und einer

Frau, ja sogar einem Tier, mit etwas sehr Lebendigem, ja Brutalem an sich, graugelben Augen, das Haar, oder besser gesagt, die Mähne nicht kurz, sondern abgeschnitten – oder besser getrimmt – und ebenso das Gesicht nicht das einer Katze, sondern eher eines Katers, gleichzeitig zart, hart und wild, und noch dazu an diesem Abend von einer wütenden Miene gezeichnet, da sie sicher Qualen litt, weil sie gezwungen war, ein Kleid anstatt der Blue Jeans und des Pullovers anzuziehen, die sie aller Vermutung nach gewöhnlich überstreifte. Ihre Schwester, die ältere, die bei dieser besonderen Gelegenheit anwesend war und an der Seite ihres Vaters die Rolle der Dame des Hauses spielte, litt ebenfalls sichtlich Qualen, wiewohl nicht aus den gleichen Gründen wie das bubenhafte Mädchen, nämlich weil sie ein der Gelegenheit angemessenes Kleid hatte anlegen müssen – sie für ihre Person hatte sicher niemals etwas anderes getragen – und auch nicht einmal wegen ihrer stark gewordenen Taille und dem schweren Leib, den sie vor sich hertrug mit einer Art von hochmütigem, in sich ruhendem und heiterem Stolz, sondern ihr regelmäßig ruhiges, nur etwas erschlafftes Gesicht sah aus wie gezeichnet von stummem Verdruß, von stummer Mißbilligung, sobald sich zufällig der Gast ihres Vaters in ihrem Gesichtsfeld bewegte – *denn sie sah ihn nicht eigentlich an, sondern schien vielmehr die Gabe, die schreckenerregende Fähigkeit zu besitzen, willentlich aus ihrer Sicht und aus ihrem Geiste jedes beliebige Objekt, ob Mensch, Tier oder Kieselstein, wofern es ihr mißfiel, auszulöschen, wegzuradieren, zu eliminieren* –, der Gast ihres Vaters, den sie in der genannten Weise ignorierte, während sie mit ihm, ganz als spräche sie ins Leere, in die Luft des Zimmers hinein, unpersönliche, banale Reden tauschte, die bei solchen Zusammenkünften nun einmal erforderlich sind.

»Sie können sich vorstellen«, sagte Montès zu mir, »der entfernte, arme und sogar deklassierte Vetter, den man niemals gesehen hat, wegen einer jener Familiengeschichten, die nur beim Likör manchmal erwähnt werden und zwar mit gedämpfter Stimme, wegen der Kinder und der Außenstehenden, denen gegenüber man auf alle Fälle eine gute Figur machen möchte, nicht so sehr um seinetwillen, als weil man eine bestimmte Vorstellung von Familienverpflichtungen und vor allem davon hat, daß man jedem, wem auch immer, zeigen müsse, daß ...« – »Ja«, sagte ich, »ich kann es mir gut vorstellen.« Denn ich konnte mir auch ihn gut vorstellen in der fadenscheinigen Ripssamtjacke von undefinierbarem Farbton, die er wahllos bei jeder Gelegenheit trug – übrigens besaß er nur diese einzige, aber wenn er auch die Mittel gehabt hätte, sich eine beliebig große Sammlung von solchen Kleidungsstücken zuzulegen, so wäre es doch meiner Meinung nach ganz dasselbe gewesen –, um Notare und Rechtsanwälte zu besuchen sowohl wie die Gegend zu durchstreifen oder sich zu einer Einladung zu begeben, dazu die ganze, gleichzeitig groteske und aristokratische Aufmachung, sein langes Haar, sein langes Körpergestell, der kohlschwarze Blick, dank dem er aussah wie der Verräter auf der Bühne oder der Verführer im Stil italienischer Filme aus der Zeit der Jahrhundertwende, und ihm gegenüber dieser Onkel, der Witwer mit dem karminroten Gesicht eines Feldmarschalls aus dem Ersten Kaiserreich, der ihn in väterlicher, beschützerhafter Weise mit schwerfällig lärmender Herzlichkeit überhäufte, dazu in Ergänzung der beiden Schwestern die beiden Männer – der Gatte, der Verlobte – die bei aller Verschiedenheit, sagte er zu mir, dennoch darin eine Gleichheit aufwiesen, daß sie beide zu jener Art von Männern gehörten, deren Schicksal es ist, bewußt und kühl von den Frauen im Hinblick auf einen klar umrissenen Gebrauch, eine eindeutige Verwendung erwählt zu werden: der eine, ein reifer, unauffälliger, neutral wirkender Mann, von der älteren zweifellos erwählt und ausgezeichnet gerade wegen dieser Unauffälligkeit, Wesenlosigkeit, um sich von ihm begatten, schwängern zu lassen und ihn, nachdem das geschehen war, als fortan ganz nutzlos in sein Büro, zu seinen Geschäften und seiner Inexistenz zurückzuschicken; der andere aber, der neben dem Mädchen mit dem wilden, scheuen, eher heftigen Ausdruck im Gesicht und dem rötlich schimmernden, bubenhaft geschnittenen Haar stand, wirkte, gleichsam zum Ausgleich, weniger jungmännerhaft als sie, als ob jede Mann-Frau-Kombination nur über ein bestimmtes, festgelegtes Kontingent von männlichen und weiblichen Elementen verfügte, und er nun seinerseits den noch fehlenden weiblichen Beitrag liefern müßte, um das Bild eines Paares zu ermöglichen, das auf dem roten Läufer oben an den Kirchenstufen beim Verlassen der Kirche im Wachsgeruch der Kerzen und beim jubelnden Ton der Orgel erscheinen würde als Gegenstand schmeichelhaften Gemurmels, anerkennender Bemerkungen, Unterstellungen und Phantasien, in denen die feierliche, pomphafte Inszenierung bereits durch ihren nachtdunklen, wütenden, grotesken Epilog in einer blutigen – oder wenigstens als blutig erhofften – Apotheose nackter Leiber und versehrter Weiße eine Vervollständigung erfuhr.

Aber das lag jetzt mehr als einen Monat zurück, und, so sagte er mir, im Begriff, sich inmitten aller seiner Kümmernisse zu behaupten, hatte er diese Vorgänge beinahe schon vergessen. Daher erkannte er sie denn auch fürs erste nicht, vielleicht, so sagte er zu mir, weil er, ohne recht zu wissen, weshalb, sie sich, ganz außerhalb von irgendwelchen Diners und offiziellen Familienanlässen, als ein Wesen in Blue Jeans, Pullovern und Basketballschuhen vorgestellt hatte. Dann aber erkannte er das rote, ungebändigte, kräftige, durcheinander gewirrte und völlig willkürlich geschnittene Haar, dazu den gleichen runden, eigenwilligen, entschlossenen Blick, der während des ganzen Abends unaufhörlich über ihn hingeglitten war und mit der gleichen Art von Ungeniertheit und hemmungsloser Neugier nun nicht von ihm wich, als er durch das im Erdgeschoß des Hotels befindliche Café näherkam, wo sie gerade in einem Gespräch mit der Inhaberin begriffen war und die von Fliegenschmutz starrenden Spiegelscheiben sich gegenseitig ihre schmale Silhouette, das Bild ihres schmalen, geraden Körpers zusandten, der mit lauter teuren Dingen bekleidet war, die sie trug, als seien sie von der Stange gekauft, wobei ein fast unmerklicher Duft von teuren Blüten, von teurem Leder und einem Make-up von ihr ausging, der ebenso wenig wahrnehmbar war, scheinbar ebenso zu fehlen schien wie ihrem Haar die Berührung mit einem Kamm, aber auf alle Fälle viel gekostet hatte. Dann sah er den Mund, die Lippen, die selbst einer Blüte glichen, als sie sich bewegten und sprachen: »Also doch noch. Da ist er ja . . .« Stimme und Artikulation hatten etwas Brüskes, Lebhaftes, Impulsives, während die kastanienbraunen Augäpfel ihn weiter mit dem leicht verachtenden, leicht gereizten und ein klein wenig ungläubigen Ausdruck musterten, so völlig ohne Scham oder Befangenheit, als sei er ein seltenes oder unbekanntes Tier in einem Zoo, eine Kuriosität, ein Objekt, und ihre Stimme die Höflichkeitsformeln, die er hervorzustammeln versuchte, kurz abschnitt. ›Also war es doch richtig so‹, dachte er indessen, ›ich hatte mich nicht getäuscht mit den Blue Jeans und dem übrigen. Gerade weil man ihr zweifellos nicht erlaubt, sie allen Ernstes anstelle dieses Kleides zu vierzigtausend Francs zu tragen, zieht sie sie dennoch an. Als Kompensation, um sich zu rächen.‹ Da aber fiel die brüske, helle, hochmütige Stimme ein: »Hier also stöbert man Sie endlich auf! Also ich muß schon sagen . . .!« und einen Augenblick später, ohne ihn deswegen weniger anzustarren oder auch nur so zu tun, als warte sie auf eine Antwort, fuhr sie fort: »Wollen Sie mich noch lange so herumstehen lassen?«, worauf er bemerkte: »Ach ja, natürlich. Verzeihung. Ich . . .«, und dann mit dem Blick eines Schiffbrüchigen den ganzen dürftigen Raum, die ungedeckten Tische, die harten Stühle, die unbeweglichen Greise mit ihren unverrückbaren Mützen und unverrückbaren Zigarrenstummeln umfassend, die jetzt ihrerseits ihn und seine Besucherin mit toten Augen anstarrten, während sie die schmutzigen Karten hinzuwerfen vergaßen, hinzusetzte: »Aber gewiß. Gehen wir, wenn Sie wollen. Ich komme schon . . .«. Doch schon zur Tür gewandt, um sie ihr zu öffnen, fuhr er zusammen und blieb wie angewurzelt stehen beim Klang ihrer raschen, ihrer direkten Stimme: »In diesen Wind und Staub? Nein, danke sehr, von daher komme ich. Ich glaubte, Sie hätten hier ein Zimmer oder so etwas, oder nicht?«, und er: »Ein . . . Sie meinen mein Zimmer hier?«, und sie: »Ihr Zimmer, ja. Was bilden Sie sich denn ein? Daß ich dadurch kompromittiert werde? Daß mein Verlobter mir eine Szene macht, weil ich in Ihr . . .?«, worauf ein kurzes, eher verletzendes – jeder andere hätte sogar gemeint beleidigendes – Lachen und die Worte folgten: »Also vorwärts. Wie kommt man hin?«

Als sie dann in seinem Zimmer war, betrachtete sie staunend das schmale Lager, die abblätternden Wände, wandte sich zu ihm um und sagte: »Wirklich? Sind Sie so abgebrannt?«, um rasch hinzuzusetzen: »O Verzeihung. Das wollte ich nicht sagen. Das heißt, es muß doch andere Hotels geben, ich meine, in einer besseren Gegend als dieser hier. In solchen Elendsvierteln ist es manchmal teurer als . . .«

Worauf er: »Teurer . . . O nein, es ist nicht . . . Und dann habe ich das Ganze hier gern. Besonders wegen der Aussicht . . .«

»Wegen der . . .«, wiederholte sie, trat ans Fenster, schob mit der behandschuhten Hand den Vorhang zur Seite und blickte einen Augenblick lang auf den Platz, die kahle und von Böen durchfegte Mittelfläche, den Brunnen, die skrofulösen Mauern der alten Kaserne, die zwei oder drei in der Sonne hockenden Zigeuner, und wieder warf sie ihm, als sie sich umwandte, den ungläubigen, neugierigen, aber diesmal unsicheren Blick zu, den sie gleich wieder von ihm ließ, während sie, geschickt das Gleichgewicht haltend, sich auf einem Absatz drehte, und suchte sichtlich nach etwas, was sie sagen könnte. Mit der unvorhersehbaren Wendigkeit, die offenbar das Geheimnis junger Mädchen ist, oder, wenn man so will, vielleicht sogar eher ein Mangel – an Gewicht, an Beharrungsvermögen, an innerer Gefestigtheit –, der ihnen gestattet, eine Kurve von fünfundvierzig Grad zu nehmen oder vom dritten auf den Rückwärtsgang hinüberzuwechseln, ohne auch nur die Geschwindigkeit herabsetzen zu müssen oder inzwischen auf Leerlauf zu schalten – *weshalb zweifellos Autofahren für sie ein sozusagen unlösbares Problem darstellt, und wenn mit einer Stimme Mehrheit jenes berühmte Konzil die Frauen mit einer Seele ausgestattet hat, müssen zweifellos die jungen Mädchen dennoch frei davon sein, da das, was wir unsere Seele nennen, vielleicht alles in allem nur jene Schwere, jene träge, gewichtige Masse ist, die wir aus Angst vor dem Umkippen als einen Ballast bei uns tragen, ohne den wir zweifellos zu wenig beladenen, trunken einhertaumelnden, dem Steuer nicht gehorchenden Schiffen in der Unendlichkeit eines stürmischen Meeres gleichen würden* –, faßte sie sich dann aber wieder oder sprang vielmehr von neuem an – *woraufhin er sich fragte, ob die Pause, die sie eingelegt hatte oder die sie ihm eingelegt zu haben schien, nicht reine Illusion sei, ein bloßes theoretisches Postulat, das sein Geist in allen Teilen erfunden hätte, der Geist, der zwar von der photographisch erfaßten Zehntausendstelsekunde weiß, in der eine Kugel auf eine Mauer trifft und sich platt drückt, aber durch die Vermittlung des Auges nichts erkennt, nichts bemerkt, nichts aufnimmt als die aufblitzende Erscheinung der Kugel, die schon bei der Mauer angekommen ist und mit gleichem Schwung im umgekehrten Sinn wieder abprallt, als folge sie auch weiterhin einzig ihrer immateriellen, unveränderten, unwandelbaren Bahn, freilich in der ihrer ursprünglichen Entsendung entgegengesetzten Richtung* – so daß er sich anstrengen mußte, um sie, das junge Mädchen, einzuholen, um sein Zurückbleiben wieder auszugleichen.

Als es ihm aber gelang, hatte sie zweifellos schon seit einem kurzen Augenblick zu sprechen angefangen, denn er nahm nur noch das Ende des Satzes in sein Bewußtsein auf – *vielleicht wiederholte sie ihn sogar bereits zum zweiten Mal, denn ihre Stimme hatte jetzt eine Spur von Gereiztheit, eine Note zorniger Ungeduld, als sie fragte:* – »... und wie haben Sie sie gefunden?«, worauf er antwortete: »Oh! Beim Spazierengehen, eines Sonntags, als ich ...«, und während sie ihm schon ins Wort fiel: »Was erzählen Sie mir da?«, fuhr er noch fort: »... als ich mich auf die Terrasse gesetzt hatte, da ...« – *Und obwohl sie nicht wirklich mit dem Fuß auf den Boden gestampft hatte, sondern nur einfach dastand in ihrem kostbaren Jersey-Kostüm, das sie vollkommen achtlos trug, dastand auf winzigen, kostspieligen Absätzen neben dem ein-*

zigen Stuhl, den er herangeschoben hatte, als sie beide ins Zimmer getreten waren, glaubte er es doch zu hören und zu sehen: den Absatz, das kurze Klappen, die kindische, wütende, impulsive Lebensäußerung, während sie sagte–: »Ich spreche nicht von Ihrer Unterkunft. Ich spreche von meiner Schwester«, und bevor er noch den Versuch einer Antwort unternommen hatte, sprach sie schon weiter: »Aber vielleicht haben Sie auch das nicht richtig verstanden. Vielleicht waren Sie an dem Abend neulich auch irgendwie auf dem Mond: ich meine die blonde junge Frau, die wie eine Illustration zum Muttertag aussah. Ja«, und dabei deutete sie in komischer Weise mit den Händen weit vor ihrem flachen Leib die Wölbung an – *wie ihre Stimme, so brüsk, so unvorhergesehen, war auch die Bewegung ihrer beiden Arme, als sie korbförmig die Kugelform eines imaginären Bauches beschrieb, noch bevor er gesehen hatte, daß sie überhaupt in Bewegung gerieten, und in der Sekunde darauf sich schon wieder an ihrem Platz hinter dem Rücken befanden, wo der eine das Handgelenk des anderen in einer bubenhaften Geste umschlang* –, und zweifellos geriet er von neuem in Verzug, ließ sich noch einmal überrunden, denn nun sprach sie schon nicht mehr von der Schwester, sondern sagte gerade: »Der große Dunkle, mein Verlobter.« Als es ihm dann einzuschieben gelang: »Aber gewiß, ich hatte das durchaus begr ...«, fragte sie schon zurück: »Gefällt er Ihnen?«, und er antwortete: »Aber gew ...«, worauf sie losbrach: »Natürlich. Gewiß. Und wenn Sie einen Kerl mit Elefantenohren und Plattfüßen vor Augen gehabt hätten, würden Sie wahrscheinlich auch sagen, er ... Aber er hat keine Plattfüße und ist ein hübscher Bursche. Finden Sie nicht? Aber natürlich, ich weiß schon. Strengen Sie sich nicht an. Außerdem ist er reich, wissen Sie. Nicht so reich wie

Sie natürlich, aber . . .« – »Wie ich?«, fiel er ein, und sie: »Na gut, wie Sie einmal sein werden. Sie sehen, ich bin gut informiert. Von Ihnen wird viel gesprochen, das wissen Sie ja. Sie sind hier die große Attraktion. Sie . . .« Dann unterbrach sie sich, betrachtete noch einmal, als entdeckte sie es eben erst, das elende Zimmer und den Regenmantel, von dem der Notar gesagt hatte, ein Landstreicher würde ihn nicht geschenkt haben wollen, die abgetretenen Schuhe, wobei in ihrem Blick der ungläubige Ausdruck derart augenfällig wurde, daß sie sich einen Moment umwandte, gerade lange genug, um rasch durch das Fenster zu schauen, als müsse sie prüfen, ob sie auch nicht geträumt, sondern daß sie richtig gesehen habe, daß wirklich die abgeblätterte Mauer der Kaserne, die Zigeuner und drei klapprige Autobusse dort vorhanden waren, und sagte: »Natürlich muß Ihnen das alles vorkommen wie Geschichten von einem anderen Stern!«, worauf wieder das helle, leichte Lachen folgte, das dem Plätschern kühlen Wassers glich, aber, so schien es Montès wenigstens, allmählich sich trübte, beißend und bitter wurde. Dann aber war wieder der helle, unschuldige, kecke Ton in ihrer Stimme, dank dem sie wagen konnte, was auch immer zu sagen: »Natürlich haben Sie bisher nicht viel an Geld gedacht. Weil Sie keines hatten. Aber warten Sie nur. Sie werden sehen: Es ist geradezu absurd, wieviel die Leute daran denken können, sobald sie welches haben. Je mehr sie davon haben, desto mehr denken sie daran. Sie müssen wissen, sie sprechen schließlich sogar von nichts anderem mehr, mein unmöglicher Herr Papa . . .«, wieder plätscherte das kühle Wasser, ihr Lachen.

Dann aber folgte eine der unvorhersehbaren, scharfwinkligen Richtungsänderungen ohne vorherige Warnung und offenbar ohne Logik, die einen so sehr aus der Fassung brachten, und sie sagte: »Werden Sie sich auch nur ein Auto kaufen?« Offenbar hätte sie wieder zu der Annahme kommen können, er habe die letzte Frage nicht gehört, wieder einmal sei die Zeit für sie rascher vergangen als für ihn, denn er lächelte, er entspannte, er belebte sich und antwortete mit fast heiterer, rasch einfallender Stimme: »Einen Wagen? Ja, ich möchte schon... das heißt wegen des Photographierens, verstehen Sie, ich könnte dann leicht...«, dann aber wand er sich auf seinem Platz, senkte den Blick und hob ihn wieder mit einem unglücklichen, verlegenen Ausdruck darin. »Nur habe ich...«, sagte er, »ich konnte nie... wissen Sie, einmal hat eine Freundin meiner Mutter mir das Fahren beibringen wollen, aber ich habe einen Hund überfahren, und da... verstehen Sie...?« – »Sie haben...«, sagte sie, »und dann?« – »Sie müssen sich vorstellen«, antwortete er, »einen Hund, er hat so geheult...« – »Ich kann mir das vorstellen«, sagte sie, »und dann?« – »Nichts«, antwortete er, »aber dieses Heulen!... Ich... Ich glaube, ich würde immer das Gefühl haben, ich überfahre einen... Und da scheint mir doch...« – »Ja, es scheint Ihnen...?«, sagte sie – *mit noch größerem Verwundern nunmehr, noch größerer Ungläubigkeit, diesmal aber auch mit wahrem Zorn, kalter, tobender Wut, wiewohl sie weiterredete* – »Warten Sie. Gleich! Hier...«, worauf sie wütend in ihrer Handtasche wühlte und schließlich einen Brief daraus hervorholte, einen zerknitterten Umschlag, den sie glättete, mit zwei Schlägen der Hand flach drückte, während ein feiner Staub von blondem Tabak aus den Falten stäubte, und ihm mit den Worten übergab: »Da, nehmen Sie. Er ist für Sie. Papa hat ihn mir gegeben, damit ich ihn zur Post brächte, als ich gerade ausging. Aber ich mußte sowieso hier in diese Gegend, um... Nun, das ist ja egal. Da bringe ich ihn eben selbst.« Er nahm den Brief, aber riß den Umschlag nicht auf, sondern behielt ihn in der Hand, und jetzt war er es, der sie immer fassungloser anstarrte, während sie ruhig fortfuhr: »Kommen Sie, lesen Sie doch. Ich wette, er lädt Sie wieder zum Abendessen ein. Ich wette ...«. Dann aber, wiederum ohne Übergang und mit einem plötzlichen Wechsel des Tons, wobei sie zum dritten Mal eine jener jähen Wendungen vollzog, die das Geheimnis der jungen Mädchen sind, und wieder in das gleiche kurze, kühle, ungebändigte Lachen ausbrach, erklärte sie: »Nein. Das ist nicht wahr. Natürlich nicht. Niemals setze ich auch nur einen Fuß hierher. Ich führe vielmehr einen Auftrag aus. Ja, den Auftrag, Sie zu umgarnen. Als Papa gehört hat, Sie hätten den Verwalter entlassen ...« Er stand noch immer mit dem Brief in der Hand da und in seinem Trenchcoat, den er noch nicht aufgeknöpft hatte, seitdem sie eingetreten waren – der Gedanke war ihm nicht einmal gekommen –, sie aber spann ihren Gedanken nicht weiter, sondern brach ab und setzte hell auflachend hinzu: »Nein, ich mache nur Unsinn. Papa hat mich nicht ... Das heißt, er hat es nicht gewagt. Nein. Ich sollte ihn wirklich zur Post bringen. Aber es machte mir Spaß, selbst hierher zu kommen. Neugier, verstehen Sie?« Dann jedoch – *und auch diesmal war es wieder so, als habe sie mit dem Fuß auf den Boden gestampft, obwohl sie sich gar nicht gerührt hatte, nur ein unmerkliches Erschauern, eine Zusammenziehung der Muskeln, ein kurzes, kaum sichtbares Sichheben der Brust unter dem Jersey war da, was alles er aber bemerkte* – brach sie auch schon im gleichen Augenblick los: »He! Schlafen Sie? Ich habe Sie etwas gefragt. Ein Rebus, ein Rätsel, antworten Sie: Was halten Sie nun für wahr? Daß Papa mich geschickt hat, damit ich Sie in meine Netze ziehe? Daß ich nur die Briefmarke habe sparen wollen?

Daß ich zufällig in dieser Stadtgegend hier etwas zu tun hatte? Daß ich . . .« Er aber schien zu sich zu kommen, sich wach zu rütteln, zu lächeln, in Bewegung zu geraten, und endlich sagte er: »Mir scheint . . . Das heißt, ich denke mir, Sie wollen einfach Ihren Spaß haben, oder nicht?«

Gleichwohl folgte er der neuen Einladung nicht, die der Brief enthielt. Nicht aus Mißtrauen übrigens oder aus bösem Willen, sondern weil sich inzwischen, ein oder zwei Tage darauf, jene zweite Begebenheit zutrug, ein zweites Eindringen in seine Bezirke, dieses jedoch gleichsam interner Art, nicht nur auf Grund der Tatsache, daß der Kontrahent einer der Pensionäre des Hotels war, sondern auch weil er alles in allem nur als Auslöser, als Träger einer Offenbarung wirkte; die Persönlichkeit selbst, jener Maurice, der in der Folge eine so große Rolle in dieser ganzen Angelegenheit spielen sollte, eine äußerst fragwürdige Erscheinung, jedenfalls danach zu urteilen, wie Montès ihn mir beschrieb mit seinem gekräuselten und von Kosmetik duftenden, sorgfältig gekämmten Haaren und seiner ausgeklügelten, affektierten Eleganz. Einer dieser jungen Verkäufer von Parfümerieartikeln oder Novitäten, dachte er, als er ihn das erste Mal sah, das heißt, bemerkte oder vielmehr, von dem anderen gezwungen, seine Anwesenheit feststellte, denn, so erzählte er mir, es war gar nicht wenig Zeit vergangen, seitdem er das Hotel bewohnte und ihn gleichwohl noch nicht wahrgenommen hatte, oder sich wenigstens nicht erinnerte, ihn gesehen zu haben, obwohl jener seine Mahlzeiten nur wenige Tische entfernt von ihm einnahm und ihn zweifellos, wie ich mir denke, im Lichte dessen, was man später erfuhr, von Anfang an beobachtet, vielleicht sogar mit Blicken ausspioniert, jedenfalls aber, unter den anderen unbemittelten und zwanglos sich räkelnden jungen Leuten sitzend, die zur Stunde des Aperitifs auf der Caféterrasse mit den Stühlen wippten, ihm zugeschaut hatte, wie er, Montès, seine beiden Mädelchen vom Karussell zum Krapfenverkäufer und vom Krapfenverkäufer zu dem Lädchen schleppte, in dem Lakritzenstangen, Badepuppen und Windmühlen aus vielfarbigem Zelluloid feilgeboten wurden. Wahrscheinlich hatte er auch schon mehrmals hintereinander versucht, ein Gespräch anzuknüpfen, Montès aber darauf nur zerstreut mit Ja oder Nein geantwortet, ja möglicherweise sogar wie jedesmal, wenn ein Gesicht oder eine Person nicht speziell seine Aufmerksamkeit erregten, höflich einen jener langen Dialoge über das Wetter oder die Schwierigkeiten des Daseins aufrechtzuerhalten vermocht, ohne mehr mit seinen Gedanken dabei zu sein – das heißt, dem anderen mit mehr wachem Mißtrauen oder überhaupt mit Mißtrauen, Staunen oder auch nur soviel wie schlichter Neugierde zu begegnen, als er an die Hauskatze oder das bescheidene Gasthausessen wendete, das er auf seinem Teller vorfand und herunterzuwürgen sich beeilte, wobei er sich überhaupt nicht fragte, ob es gut oder schlecht war, da er vielmehr ganz darüber hinwegsah und zu etwas anderem überging.

Ich sah die Szene vor mir: das fast leere Gastzimmer, das Kommen und Gehen der Bedienerin, die die Tische abräumte, Montès, wie er mit dem Löffel in seinem Kaffee herumrührte, und den anderen, der schon seit einem Weilchen bemüht war, sich mit ihm über die zwei oder drei trennenden Tische hinweg zu unterhalten, während Montès ihm wie gewöhnlich antwortete, ohne zu wissen, was der andere sagte, dieser aber ihm heimliche, flinke Blicke zuwarf und in einem bestimmten Augenblick zwischen zwei Fragen und Antworten über die Temperatur und das Wetter rasch näherrückte – *die Untertasse mit dem Kaffee in der einen Hand, in einer Art von schneller Gewichtsübertragung, ohne aufzustehen, mit dem Hinterteil von einem Stuhl auf den anderen hinüberrutschend* –, so daß Montès ihn ganz plötzlich dicht neben sich entdeckte, ohne daß er hätte sagen können, wann und wie das geschehen sei, und, als sehe er nicht recht, den jungen Mann flüchtig gewahr wurde, wie er sich, bereits wieder vollkommen in seinem Element, mit dem Stuhl zurücklehnte und ganz als ob sie alte Bekannte wären, in einer Wolke von Virginiatabak, gesprächig, voller Munterkeit – *zugleich, sagte Montès, irgendwie fieberhaft, beunruhigt, allzu oft an seiner Zigarette ziehend und zu häufig mit dem Zeigefinger darauf klopfend, um eine gar nicht vorhandene Asche abzustreifen* – bereits mitten in einem Monolog, einem Bühnenvortrag begriffen war, bei dem die Worte manchmal kleinen kurzen, unecht klingenden und auch gewissermaßen fieberhaften Lachanfällen Platz machten, zum Beispiel wenn er sagte: »Wo wir nun schon so lange hier in nächster Nachbarschaft speisen ...« oder: »Aber verzeihen Sie, ich sollte wohl zuerst einmal ...« und dann in amüsiertem Ton hinzusetzte: »Wir übernehmen es wohl selbst, uns vorzustellen ...«, wobei er einen Namen murmelte, den Montès nicht hörte, niemals gehört hatte und an den er sich auch nie wieder erinnern konnte, obwohl der junge Mann großen Wert darauf zu legen schien und Montès' Gesicht mit beunruhigter und aggressiver Miene im Auge behielt, während er bemerkte: »Haben Sie zweifellos schon gehört, nicht wahr? Ich meine, der General!« Dann aber erklärte er, quasi entspannt, gleichzeitig erleichtert und gekränkt, wieder in dem früheren munteren, fast unverschämten Ton: »Er war mein Vater. War, jawohl, denn jetzt ist er tot. Sie werden mir sagen, ein toter General mehr oder weniger, heutzutage, was bedeutet das schon... Aber nicht alle sterben in ihrem Bett. Haha! Auch hier ist eine Legende im Untergang begriffen. Das heißt, nicht alle, denn es gibt immerhin welche... Aber das ist ja alles egal! Wenn man einmal tot ist, nicht wahr, kann es einem ganz schnuppe sein, auf welche Art... Haha! Sagen Sie selbst: ob man von einer Granate in Atome zerrissen wird, oder ob einem die Birne von einem Revolverschuß platzt... Tot ist tot, nicht wahr? Es gibt keine sechsunddreißig Arten, vermute ich, was? Sechsunddreißig Arten zu sterben inklusive derjenigen, die man ruhmreich nennt oder ruhmlos oder unehren... Haha! Das ist ein guter Witz. Aber wenn man erst einmal auf der anderen Seite ist... wie? Denn hinterher, nicht wahr, ist es für alle dasselbe: Würmerfraß, weiter nichts. Haha! So geht es jetzt auch ihm, denke ich: völlig aufgefressen von den lieben Tierchen, außer natürlich die edlen und nicht eßbaren Teile, über die jeder General verfügt: Knochen, Gebiß, der Säbel, Eichenlaub und Schwerter aus vergoldetem Blech. Haha! Sic transit...« Und als Montès ihn noch immer betrachtete, nachdem er etwas mit seinem Stuhl zurückgerückt war – denn er verspürte, so sagte er mir, ein vages Unbehagen, etwas Undefinierbares, das er vergebens zu präzisieren suchte, ohne daß er den Grund dafür hinter dem jungen, dreieckigen, blassen, nicht unsympathischen aber auch nicht sympathischen Gesicht zu entdecken vermochte, während er einen Satz nach dem anderen vorüberrauschen hörte, oder vielmehr nur Embryonen von Sätzen, die meist vor dem Ende und manchmal sogar mitten drin schon wieder fallen gelassen, manchmal auch nur eben begonnen wurden, als verfolge der Sprecher nacheinander Spuren, von denen er die eine immer gleich wieder aufgab zu Gunsten einer anderen, die ihm besser gefiel, bis er auch sie aus den Augen verlor, oder doch so tat, als sei ihm nichts daran gelegen, sie weiter zu verfolgen, da er ja seiner Unterhaltung einen vertraulichen oder gewissermaßen esoterischen Charakter gab wie unter Personen, die sich schon auf bloße Andeutungen hin verstehen, einen Ton, der zwischen Montès und ihm eine Art von Galgenbrüderschaft, von Gleichheit, von Verbundenheit, voraussetzte –, verstand er und sagte sich: ›Aber das sind ja alles nur Redensarten. Er muß irgendetwas haben, was er mir verkaufen will . . .‹ Weiter dachte er: ›Aber was? Auf jeden Fall kein Parfüm oder so etwas, er . . .‹ Im gleichen Augenblick sagte er laut: »Nein, ich rauche nicht« und setzte noch hinzu: »Nein, danke, ich . . . Nein wirklich, nicht für mich, nicht . . .«, der andere aber rief: »Rosa!« und er, Montès, wiederholte: »Nein, ich trinke nie . . .«

Dann aber stand auch schon das Serviermädchen vor ihnen, und obwohl er sie anzusehen vermied, erriet er doch, sagte er zu mir, den Ausdruck ihres Gesichts, während sie wartete und er noch einmal zu protestieren versuchte: »Nein, ich versichere Sie, nicht für mich, ich . . .«, worauf der andere trotzdem seine Bestellung machte: »Zwei Cognacs, Rosa, und zwar doppelte«, und der dunkle Fleck, der Schatten des Serviermädchens sich wieder bewegte, loslöste – er blickte sie noch immer nicht an – und sich entfernte, der Fremde aber sich zu ihm herüberbeugte und mit gedämpfter Stimme murmelte: »Das ist noch das einzig Anständige, was man in diesem Laden zu sich nehmen kann, den machen sie nämlich nicht selbst. Haha . . .« Lachend setzte er noch hinzu: »Ein toller Laden, was?« Montès aber hing mehr denn je dem Gedanken nach: ›Was will er mir verkaufen . . .?‹ Ich stelle mir die beiden dabei vor, kann mir auch gut denken, wie das alles kam, dieser Dialog – oder vielmehr Monolog –, und Montès ganz in der Defensive, voll unbehaglicher Gefühle mit seinem schwarzen schweren, unruhigen Blick den anderen fixierend, der sich weiter lässig auf seinem Stuhl wiegte und nach einem »Ah! endlich« bemerkte: »Der Cognac! Hat lange gebraucht, bis er kam! Was mag da inzwischen passiert sein? Ob der Wirt ihn erst ein bißchen verlängert hat?« Montès sah jetzt, wie Rosas Hände zwei Gläser hinschoben, sie mit gelblicher Flüssigkeit füllten, die Flasche wieder hoben, den Korken mit einem leichten Schlag hineintrieben. Eine Antwort gab sie ihm nicht. »Nicht recht in Form heute, Rosa?«, fragte Maurice, »Sie ...«

Das Serviermädchen jedoch kehrte ihm wieder ohne Antwort den Rücken, und Maurice ließ seinen Stuhl auf die vorderen Beine fallen, während er ihr mit den Blicken folgte, bis sie die Küchentür hinter sich zugemacht hatte. Darauf hob er sein Glas, wünschte: »Zum Wohl!«, lehnte sich wieder nach hinten, nahm einen zweiten Schluck und bemerkte: »Diese Rosa, das ist eine schicke Person, finden Sie nicht auch? Ich sehe Sie oft mit den beiden kleinen Mädelchen, sie sind wirklich ganz allerliebst...« Danach wartete er ab und beobachtete Montès über den Rand seines Glases hinweg; Montès aber hatte plötzlich ein Gefühl, als ob die Zeit mit einem Male entsetzlich schnell verrinne, als ob irgend jemand mit einem brutalen Schlag eine Schleuse geöffnet hätte, die fortan niemand mehr werde schließen können, und als ob er selbst das machtvolle Rauschen und Strömen eben der Zeit vernehme, die sich unwiderruflich und ohne daß man ihr Fluten noch hätte eindämmen können, mit einem tosenden Lärm wie von Unheil, von etwas Irreparablem ergoß. Er dachte: ›Jetzt wird er es mir verkaufen, jetzt ...‹ und im Geiste setzte er noch hinzu: ›Und wenn ich es nicht kaufen will, wird er es mir schenken, und wenn ich es um nichts in der Welt haben will, wird er mich noch zwingen, es ...‹ Im gleichen Augenblick aber drang wie aus weiter Ferne und wie durch wattierte Wände hindurch die Stimme von Maurice zu ihm: »Ich glaube, daß bei ihr irgend etwas nicht stimmt. Neulich habe ich sie durch Zufall dabei betroffen ... Ich glaube, es ist was mit ihrem Kerl, Sie wissen wohl schon?«, wobei er mit den Augen zwinkerte – *das alles stellte ja noch nichts anderes dar als die gewissen Reden, die auch sonst zwei Gäste des gleichen Hotels miteinander führen können, wenn sie beide zum Nachtisch sich einen Likör genehmigen, und doch verstummte und erstarrte Montès jetzt ganz, vermied, den anderen anzusehen und fixierte nur verzweiflungsvoll vor sich auf dem Papiertischtuch das mit Cognac gefüllte Glas, das er noch nicht einmal angerührt hatte, während jener in immer lässigerer Haltung einen Zug aus seiner Zigarette tat* –, einen weiteren Schluck aus seinem Glase nahm, einen kurzen Blick nach der Küchentür warf und dann hinter einer Rauchwolke verborgen murmelte: »Dieser Zigeuner, Sie wissen schon ..., der gewesene Boxer!« Darauf aber, die Stimme noch mehr dämpfend, beiläufig und auch jetzt noch mit dem Stuhl wippend, setzte er, wie in Gedanken, hinzu: »Ich glaube, er hat etwas ausgefressen. Eine ganz üble Sache. Sie verstehen schon. Und nun hat sie eine Heidenangst. Um sich und ihre Blagen ...«

V

Zweifellos sollte man versuchen, ihn sich vorzustellen, allein in diesem Land, in dem er niemand kannte und in das er niemals zuvor gekommen, nun aber ohne Übergang hinein versetzt oder besser gesagt verpflanzt war aus seiner achthundert Kilometer entfernten Heimat, einer kleinen Stadt irgendwo im Tale der Aube oder Yonne, einer Gegend, sagte er einmal zu mir, in der die Bäume gerade wachsen – und er brauchte sie mir gar nicht erst zu beschreiben, damit ich mir alles ausmalen konnte: eine jener Ansammlungen oder Aufreihungen oder Inselgruppen von Dächern, wie man sie vom Schnellzugfenster aus langsam über grünen Feldern dahinschwimmen sieht, auftauchend und wieder schwindend zwischen ebenso grünen Pappelvorhängen, die die grünen, trägen Windungen eines Flusses umsäumen, bestimmt auch mit einem alten Schloß dabei auf einer felsigen Erhebung, einer romanischen Kirche und einer Fabrik, die irgend etwas herstellt in den langen niedrigen Werkstätten unter zwei oder drei hohen Ziegelschornsteinen, die den Stempel des neunzehnten Jahrhunderts tragen und sich zugleich mit der ganzen Stadt drehbühnenartig im Mittelpunkt der langgestreckten Kurve bewegen, die der Schienenstrang macht: etwas Zeitloses haftet daran, etwas Unveränderliches und Unverwüstliches, dem sich auch die zwei oder drei nach der vorletzten Mode renovierten Fassaden von Geschäftshäusern, die Arbeiterstadt aus Mühlenkalkstein, die Gärtchen einfügen und der Bahnhof mit seinem schieppernden Läutewerk, den wir, ohne die Geschwindigkeit zu verringern, unter dem wilden Aufflattern von schmutzigen Papieren und Staub durchfahren und der kleiner wird und entflieht, als werde er in die grünen Tiefen der Zeit hineingesogen, bis ihn schließlich immer neue Folgen friedlicher, allgegenwärtiger und ewig gleicher Pappelvorhänge endgültig überdecken.

Und als ich daran dachte, meinte ich ihn dort bereits ganz und gar so zu sehen, wie er jetzt war, in Baskenmütze, Regenmantel und Schal – *mit dem alleinigen Unterschied, daß diese Stücke damals wahrscheinlich etwas häufiger gewaschen, zur Reinigung geschickt oder erneuert wurden –:* in einer Art von Uniform sozusagen, die er zweifellos seit seinem fünfzehnten oder sechzehnten Jahre trug, ohne daß er jemals auf den Gedanken gekommen wäre, daran etwas zu ändern, weil die Frau, seine Mutter, die sie erstmalig für ihn ausgesucht hatte, zweifellos selbst niemals auf den Gedanken gekommen war, daß er sich vielleicht auch auf eine Art kleiden könne, die, abgesehen von dem Übergang zu langen Hosen, sich merklich von einer Pfadfinderausrüstung unterschiede. Oder vielleicht stimmte auch das nicht. Vielleicht hatte alles sich ganz anders zugetragen. Vielleicht lag es an ihm, nicht an ihr. Und zwar nicht aus Mangel an Ideen oder Einbildungskraft, sondern ganz im Gegenteil in Auswirkung eines sehr entschieden gefaßten Entschlusses, eines Willens, einer Neigung oder einer Vorliebe vielmehr, möglicherweise auch einer Unfähigkeit, einer Unsicherheit bei dem Versuch, sich selber anders zu sehen – und das nun allerdings ein für allemal – und auch nicht nur sich selbst anders zu sehen, sondern ebenso alles, was um ihn war, seine Kleidung, seine Umgebung, die Dinge nicht nur, sondern auch die Personen, die Wesen, so wie er es mir denn selbst eines Tages gestand, als er mir erzählte, daß er dort in seiner Heimat ganz unvermittelt mit einem jungen Mädchen an dem Tage gebrochen habe, als er sich bewußt wurde, es werde unannehmbar für ihn sein, sie in einer anderen Haartracht oder sogar einem anderen als dem Kleide zu sehen, das er am Tage der ersten Begegnung an ihr gesehen hatte, wobei er dies mit halb verlegener, halb schuldbewußter Miene erklärte, als ob er sich zugleich entschuldige und über sich lustig mache, es spaßhaft finde und betrübt darüber sei, und als ob er von sich selbst überhaupt immer nur in einer Art von zugleich amüsierter und mißbilligender Befangenheit sprechen könne als von jemandem, der nur machtlos, kummervoll und ironisch dem Ablauf seines eigenen Lebens oder vielmehr eines Lebens beizuwohnen vermöge, das ein anderes Selbst ihm auferlegte, ohne daß man dabei unterscheiden konnte, ob es mit oder ohne seine eigene Zustimmung geschah und ob er nicht womöglich nach der Art eines jüngeren Bruders für den älteren oder den Mitschüler, der ihn peinigt, etwas wie geheime Bewunderung – der indessen durchaus auch Spott oder Kritik beigemischt sein kann – empfand, so daß man sich fragen konnte, welcher von den beiden – Folterknecht oder Opfer – eigentlich den anderen zu seinem Verhalten antrieb, ob es sich um eine Revolte oder um Mißbrauch der Macht handelte: sein erster Impuls, erklärte er mir, sei gewesen, während er das Cognacglas vor sich anstarrte, das er nicht einmal angerührt hatte – *und während an seiner Seite immer noch, wiewohl er ihm nicht zuhörte, dieser Maurice daherredete, dieser Kerl, der wie ein Verkäufer von Modeartikeln aussah, obgleich er, wie Montès später erfuhr, weder Krawatten noch Hemden unter die Leute brachte sondern, weit prosaischer, nur Düngemittel, die gewissen Pulver und Produkte für den Weinberg, für die er eine Vertretung hatte* –, sein erster Impuls also sei gewesen, aufzustehen, oben seine Sachen zu packen und das Hotel zu verlassen. »Ich hatte schon genug von allen sonstigen Widerwärtigkeiten, wissen Sie, seitdem ich angekommen war, ja schon, seitdem ich den Brief von dem Notar bekommen hatte – *und, dachte ich, zweifellos schon lange vorher, seitdem ein Mann und eine Frau, die nicht dafür gemacht waren, einander zu verstehen, sich dennoch genügend verstanden hatten, um ihn in einer einzigen Nacht ehelichen Verkehrs zu zeugen, worauf dann jedes von beiden wieder nach seiner Seite davongegangen war, während er selbst unter dem Einfluß einer tödlich gekränkten Frau aufwuchs, die für alle Zeiten die Gesamtheit der Männer in einem einzigen haßte und die sich wahrscheinlich mit allen Mitteln fieberhaft angelegen sein ließ, in ihm jede Spur einer verhaßten Erinnerung auszutilgen, um an ihre Stelle das zu setzen, was in ihr selbst an Eigensinn, Leidenschaftlichkeit und Unbeugsamkeit vorhanden war* –, und legte keinen Wert darauf . . .« – »Aber Sie sind doch geblieben«, sagte ich, »und Sie wußten auch schon ganz gut, daß Sie sich zum Bleiben entschlossen hatten.«

Er sah mich wieder mit seinem bestürzten, nachdenklichen, aufrichtigen Blick an. »Ja«, sagte er schließlich, »ich glaube, ich wußte es schon.« Und er fing an, von den Kleinen zu sprechen, dem älteren Mädchen, Theresa, der mit dem kleinen Gesichtchen unter straff gespannter Haut, die aussah wie die Mumie eines Inkakindes mit der kurzen, fast ganz auf die Knochenstruktur beschränkten Nase, den riesengroßen Augen und den fehlenden Vorderzähnen, dem glatten, schwarzen, glänzenden Haar; und dann, ohne Übergang, beschrieb er mir die Frau, Rosa, wie sie ihm in seinem Zimmer gegenübergestanden hatte – eines Vormittags, zwei Tage, nachdem Maurice mit ihm gesprochen hatte: achtundvierzig Stunden, solange hatte er gebraucht, um sich zu entscheiden, sich zu zermartern zwischen seinem Wunsch oder vielmehr seinem Willen, seiner Entschlossenheit, in Frieden zu leben, und dem, was ihn zu bleiben trieb. Er sagte mir nur, daß er etwas früher als gewöhnlich nach Hause gekommen sei; er äußerte sich mir gegenüber nicht darüber, ob es aus Absicht oder nur durch Zufall geschah; er war die Treppe hinaufgestiegen, hatte die Tür aufgestoßen und sie dort vorgefunden, wie sie sich gerade über den Eimer bückte und den nassen Scheuerlappen auswrang, und im Ausschnitt ihres Kleides, sagte er mir, konnte er den Schweiß in die weiße, perlmutterfarbene Vertiefung am Ansatz der Brüste rinnen sehen; er sah das Kleid mit den gelben und violetten Blumen auf einem schwarzen Grund, der nicht eigentlich schwarz war, sondern von jenem dunkelgrünen Ton, den solche billigen Gewebe beim Verblassen annehmen, und unter jeder Achsel zwei große tintenfarbene Halbmonde und unter dem schlaffen, abgetragenen Stoff dieses Etwas, das so unabnutzbar, so unzerstörbar war wie die friedvolle Unbesiegbarkeit des von der Zeit, der Ermüdung durch den Gebrauch verstümmelten und glattgeriebenen, aber nicht umzubringenden Steins. Er erzählte mir auch, daß er diesen Frauenkörper riechen, seine Ausdünstung einatmen und das geheime Pulsen des Blutes unter der durchsichtigen Haut mit den feinen blauen Adern wahrnehmen konnte, dazu aber drang durchs offene Fenster die strahlende Mittagshelle samt dem Wind, unter dem der Vorhang aus unechter Spitze klatschend auf und nieder schlug, als ob Licht und Wind ein und dasselbe seien oder vielmehr das gleiche Fehlen von Etwas: eine Leere, ein Nichts, eine Art von blendendem Vakuum, in dem er sich von allem entblößt, gestaltlos und sogar mehr als das, vollkommen desinkarniert, auf seinen einfachsten Ausdruck zurückgeführt zu fühlen meinte, nicht einmal als sein Skelett, seine Knochen, nur als ein kahler Nagel vielleicht, ein Halm, nichts; jenseits der Frau aber, deren Silhouette sich gegen das Licht in dem leuchtenden Rechteck düster abhob, jenseits der sich wiegenden Platanenzweige konnte er noch den sonnenüberfluteten Platz erkennen wie einen leuchtenden, hellgelben, flimmernden Bildschirm, auf dem gleichfalls flimmernde Flecke umhertanzten, und ganz mechanisch, wie er sich später erinnerte, hatte er dabei gedacht: ›Gut. Jetzt ist es Mittag. Da kommen die Leute, die Kinder . . .‹ Dann dachte er an die kleinen Mädchen, die jetzt aus der Schule nach Hause kommen würden, und im gleichen Augenblick wurde ihm bewußt, daß er sprach oder wenigstens doch wohl sprechen mußte, denn er hörte seine eigene Stimme wie losgelöst von ihm selbst, als käme sie von außen auf ihn zu, flimmernd auch sie, jenseits all der Bilder, als Echo wiederkehrend, als halle sie mit metallischem Klang in jener Art von Leere, in der sie sich alle beide befanden, jener ausgehöhlten Muschel, in der es nichts gab als Licht und Wind: nichts jedenfalls als den Ton seiner Stimme, nicht das, was er sagte, die Sätze, die Worte, der klebrige, der unselige Stoff, aus dem er sich offenbar nicht zu befreien vermochte, denn plötzlich vernahm er die Stimme der Frau, eine Stimme, die ihrerseits jäh aufklingend, hell und verständlich zu ihm drang und etwas Ungeduldiges, Gequältes ausdrückte wie: »Was sagen Sie da? Sie könnten wohl nicht aufhören mit diesem Gefasel?«

Er antwortete: »Doch. Gewiß. Warten Sie . . . Hören Sie zu. Ja, jetzt weiß ich, ich wollte nur . . .« Dann sah er, wie das Gesicht der Frau allmählich seinen Ausdruck wandelte, und obwohl er immer außerstande sein würde, die Worte zu wiederholen, die seine Lippen formten – oder auch nicht formten –, meinte er doch, es sei ihm gelungen, sie wirklich auszusprechen. Möglicherweise auch nicht, sagte er später zu mir, vielleicht war es immer nur dies jammervolle Gestammel, aber vielleicht brauchen die Frauen gar keine Worte, um zu verstehen, vielleicht können sie sogar ganz darauf verzichten ... Während er also in seiner Rede fortfuhr oder vielmehr sich ihrer in dem Maße bewußt wurde, wie auf Rosas Gesicht der Ausdruck von Staunen, von ungläubiger Bestürzung allmählich einem anderen wich, in dem nur Härte und Feindseligkeit lag, nahm er von neuem ihre auch jetzt noch harte und geängstigte Stimme wahr: »Unannehmlichkeiten? Ich? Wer hat Ihnen denn das erzählt?«

Darauf er: »Ich ... Das heißt ...«

Und sie: »Wer hat Ihnen das erzählt?«

Dann aber, verstehend, noch ehe er hätte antworten können, brach sie los: »Dieser kleine Schmutzfink, der! Ich habe es ja ge ...« Sie endete ihren Satz nicht. Sie sah ihn jetzt nicht mehr an, schien mit starrem Blick nachzudenken, als habe sie ihn vergessen. Draußen wiegte der Wind noch immer die Zweige der jungen Platane und kehrte träge die langgezogenen Staubfahnen von einer Ecke des Platzes in die andere, über den grauen, leicht bläulichen Niederschlag auf dem Fliesenboden hinweg, der langsam trocknete. Montès aber machte vielleicht eine Bewegung mit der Hand, räusperte sich und sagte: »Wenn ich ...«, dann erlosch seine Stimme wieder, brach ab; seine Hand bewegte sich, als ob sie etwas wegwischen wollte oder etwas auszudrücken versuche, auf dessen Formulierung die Lippen verzichteten; schließlich gab auch sie es auf und verharrte in Unbeweglichkeit; Montès stand da, einfältig, zu groß, mit schuldbewußter, unglücklicher Miene, und schließlich kehrte die Stimme der Frau, immer noch hart und feindlich, während sie selbst ihn anzublicken vermied, zurück: »Meinen Sie nicht, es wäre besser, wenn Sie sich um Ihre eigenen Angelegenheiten kümmerten, wie?« In diesem Augenblick drang von der Treppe her die Stimme des einen der kleinen Mädchen herauf: »Ma . . . maaa!«

»Ja!«, rief Rosa zurück.

»Hören Sie, ich . . .«, fing Montès noch einmal an.

»Beschäftigen Sie sich mit Ihren eigenen Angelegenheiten«, wiederholte Rosa.

Von neuem kam die Stimme von der Treppe her, das kleine Mädchen rief zum zweitenmal: »Ma . . . maaa!« Montès dachte laut, ganz töricht stellte er fest: »Sie sind von der Schule zurück, sie . . .« dann hörte er die Frau dicht neben sich, wie sie beinahe schrie, obwohl sie eigentlich nicht die Stimme hob, aber es lag eine große Heftigkeit und Verzweiflung darin: »Warum geht er denn dann nicht hin und erzählt es der Polizei, der Lausejunge, der . . .« Diesmal versagte ihr die Stimme, und etwas zweifellos auch in ihr selbst versagte, ließ sie im Stich, wie er, Montès, nach dem, was er mir erzählte, sich wohl bewußt geworden war, obgleich sie sich immer noch nicht gerührt, keine Bewegung angedeutet hatte: noch etwas anderes in ihrem Innern zerbrach, gab nach – ein unmerkliches Nachlassen der Muskeln, des Körpers gab Zeugnis davon – während zum drittenmal unten die Stimme des Kindes sich erhob: »Maa . . . maaaa!! . . .« Sie antwortete: »Ja, ich komme!«, rührte sich aber nicht, sondern stand immer noch mit gesenktem Kopf an die Wand gelehnt; dann hörte er von neuem ihre Stimme, klanglos jetzt, dumpf und hastig: »Schließlich, wenn Sie doch schon alles wissen . . . Warum sollte ich nicht zu Ihnen Vertrauen haben? Sie waren immer so nett zu den Kleinen. Und jetzt kann ich einfach nicht mehr. Es ist vielleicht Feigheit, aber ich kann nicht mehr. Ich habe es ihm gesagt. Ich habe ihm gesagt, er soll mich nicht in diese Diebstahlsache mithineinziehen. Es ist nicht meinetwegen. Es ist wegen der Kinder...«

In diesem Augenblick, erzählte er mir später, hatte er den Gedanken, sein erster Impuls sei doch der richtige gewesen, nämlich, daß er achtundvierzig Stunden zuvor besser daran getan hätte, den Kerl vor seinem Cognacglas weiter mit dem Stuhl wippen zu lassen und selbst geradewegs hinauf in sein Zimmer zu gehen, dort seine vier Hemden in den Koffer zu stopfen, seine Papiere zusammenzuraffen, alles, wie es gerade kam, in die Aktentasche und den Rucksack zu verstauen und so schnell wie möglich das Weite zu suchen, ohne seinen Weg durch den Speisesaal zu nehmen, wo er ihr am Ende hätte begegnen können. Er sagte mir nicht, ob er in diesem Augenblick an die schnurgerade aufwachsenden Pappeln gedacht hatte oder an jene junge Person, mit der es bereits zu einer Scheidung gekommen war, bevor er sie noch geheiratet hatte, weil er sich im voraus imstande und schuldig wußte, sie wegen einer nach der falschen Richtung aufgerollten Locke ihrer Haarfrisur zu verschmähen. Was ich aber verspürte, was er wahrscheinlich selbst in Wirklichkeit wußte, war, daß, ungeachtet seiner vernünftigen Einsicht, die ihm dauernd heftige Vorwürfe machte, weil er sich noch immer nicht in einem anderen Hotel der Stadt niedergelassen hatte – *oder besser noch, in einer anderen Stadt, oder noch besser bei sich zu Hause, achthundert Kilometer von hier entfernt, am Hange der grünen, friedlichen Hügel* –, der Ort, an dem er in Wirklichkeit sein wollte, an dem er zu sein verlangte und allein und ausschließlich zu verweilen vermochte, der war, an dem er sich befand.

»Aber was, hofften Sie, würde er tun«?« fragte ich. »Daß

er ...« Er sah mich an, und ich schwieg. »Ja«, sagte er, »ganz gewiß. Er war ja doch kein wirklicher Dieb. Er war nur ein Zigeuner. Ein ehemaliger Boxer. Es scheint, daß er ein paar Jahre zuvor, in Marseille, noch ganz gut gewesen war, nun aber taugte er nichts mehr, und das einzige Geld, das er noch verdienen konnte, waren ein paar tausend Francs, die er hier und da noch einmal für solche Scheinkämpfe einnahm, bei denen er nur als Attraktion auf den Plakaten der Amateurvereinigungen figurierte, wo junge Burschen vom Lande oder kleine Dreherlehrlinge sich gratis das Gesicht zu Brei zerschlagen lassen, weil das das einzige ist, wodurch sie hoffen können, nicht dazu verdammt zu bleiben, ihr Leben hinter dem Pflug oder an der Drehbank zu verbringen. Wahrscheinlich hatte er selbst auch so angefangen. Aber, verstehen Sie, er war kein richtiger Dieb. Der Beweis ist, daß er jetzt nicht einmal wußte, wo er mit den Schmuckstücken bleiben sollte. Er hatte das Kästchen bei ihr untergebracht und es dort gelassen. Bei ihr, das heißt bei sich zu Hause, in dem Zimmer, das sie in der ehemaligen Kaserne auf der anderen Seite des Platzes bewohnten, in dieser Art von halb verfallenem Alkazar, in das sie jeden Abend mit den beiden kleinen Mädchen zum Schlafen zurückkehrte, zweifellos, weil eben jeder sich wünscht, ein Zuhause zu haben, wenn es auch noch so verwahrlost ist, und auch, weil die Wirtin im Hotel niemals zugelassen hätte, daß der Zigeuner unter dem gleichen Dach mit ihr lebte. Gut. Nur ein bißchen gestöbert hatte er freilich doch in dem Kästchen. Das heißt, er hatte genommen, was er am leichtesten verkaufen zu können meinte: Gold, etwa zwanzig Louisdor, die er bei dem Schmuck gefunden hatte. Jetzt aber hatte er eine derartige Angst für seine Person, daß er zehn Tage lang schon nicht mehr dort geschlafen und sie ihn seither nicht wiedergesehen hatte. Sie aber hatte nun in ihrer Wohnung das Kästchen, das sie nicht einmal zur Polizei bringen konnte, denn es fehlte ja etwas darin, und sie wollte nicht auf ihre Kappe nehmen . . .«

»Aber schließlich . . .«, fing ich an, schwieg jedoch gleich wieder. Das war viel später, als er mir das alles berichtete, und das beste, das einzige, was ich tun konnte, war, ihm zuzuhören, weil das alles war, was er von mir verlangte, und auf keinen Fall konnte ich ja hoffen, jetzt noch durch Sprechen irgend etwas an dem zu ändern, was geschehen war, und selbst wenn ich zur rechten Zeit hätte sprechen können, hätte das auch nichts ausgemacht: zunächst einmal, weil er, wie ich mir vorstelle, mit der gleichen Aufmerksamkeit oder höflichen Unaufmerksamkeit mir zugehört hätte wie dem Notar, den er ruhig sich damit abmühen ließ, seine von Logik und Vernunft geprägten Argumente vorzubringen, während sein Entschluß schon feststand, noch bevor er die Kanzlei betreten, sogar bevor er den Zug bestiegen hatte, der ihn hierherbringen sollte, so daß keine Logik und keine Vernunft bei der Sache etwas vermochten; ferner weil es keineswegs feststand, daß Vernunft und Logik auf meiner Seite waren und nicht doch auf der seinen, mindestens – da es bei dieser Sache um Leidenschaft ging – die Logik und Vernunft der Leidenschaft, wenn auch nicht die Logik und Vernunft der Notare, die nach allgemeiner Übereinkunft für vernünftig und logisch gelten, weil Notare als gute Ratgeber angesehen werden, die über große Sachkenntnis und ein kluges, wohlabgewogenes Urteil verfügen – wenigstens bis zu dem Tage, an dem sie mitsamt ihren vernünftigen Ratschlägen und ihrer vernünftigen Logik unter Mitnahme der Depotgelder ihrer Klienten sich aus dem Staube machen.

VI

Später sollte er mir diese Periode seines Lebens beschreiben, in der er – *nachdem er erlebt hatte, daß er auf eine geradezu brutale Art, als ob alle Ereignisse mit der Heftigkeit dieser Gegend und dieses Windes, dieses Lichtes, maßlos und aggressiv über ihn herfielen, zum Erben eines ungeheuren Besitzes gemacht, den Versuchungen des Geldes, dann des Fleisches ausgesetzt, darauf angegriffen, vergewaltigt, halberwürgt, dann, als er glaubte, endlich eine Stätte der Zurückgezogenheit, scheinbarer Ruhe gefunden zu haben, ausspioniert, abgeschätzt und noch ehe er überhaupt Zeit gefunden hatte zu begreifen wieso, in eine zweideutige Geschichte hineingezogen worden war* – sich selber, wie er mir mit jener besonderen Sorte von Humor zu verstehen gab, die ihm eigen war, vorkam – *während er Tag für Tag seine mageren Ersparnisse dahinschmelzen sah, wiewohl mit diesem Besitz am Hals, den er praktisch nicht einmal betreten konnte, diesem Vermögen, das für ihn nur Ausgaben bedeutete* –, als sei er etwas wie ein Mythos, gleichzeitig wirklich und inexistent, ähnlich einem – *er selbst war es, der dieses Gleichnis fand* – jener babylonischen Wolkenkratzer der Neuen Welt, die völlig auf Kredit auf einem gleichfalls auf Kredit gekauften Terrain mit Hilfe eines dritten Kredits errichtet werden, der auf das Gebäude hin gewährt wird, das sich noch nicht einmal im Zustand der Planung sondern nur der Projektierung befindet, einem babylonischen Turm also, der jeden Augenblick von einer Katastrophe bedroht ist, für den Fall nämlich, daß zufällig einem Arbeiter, der es eilig hat, der Gedanke käme, auch nur einen Dollar vom Werkführer zu verlangen, um gegen bar beim Eisenhändler an der Ecke eine Handvoll Nägel zu kaufen.

Rings um ihn her aber zeichneten sich jene verschwommenen, nur halb wahrgenommenen, unvollständigen Silhouetten ab – *die beiden kleinen Mädchen, Rosa, Maurice, der Onkel und dazu noch das bubenhafte Mädchen, das ganz dreist, zwischen der Anprobe eines neuen Schneiderkostüms und der Teestunde in der Konditorei, bis in sein Hotel vorgedrungen war, um ihm ins Gesicht zu starren wie einem merkwürdigen Tier, zweifellos, bemerkte er lachend, anstelle eines Besuches im Zoologischen Garten, da die Stadt dergleichen nicht besaß* –, undeutlich in einer gleichfalls etwas verschwommenen, ungewissen Zeit, denn es bestand in seiner Erzählung keine Verbindung zwischen den verschiedenen Episoden oder vielmehr Bildern, die er heraufbeschwor, sowenig wie in Träumen, in denen man plötzlich und übergangslos von einem Ort zum andern, von einer Situation in die andere gerät, wobei das einzige Element der Kontinuität in seinem Fall jenes dunkle übermächtige Besessensein von irgend etwas war, das er absolut über alle Hindernisse und Hemmungen hinweg tun müsse, während er sich doch nicht vorstellen konnte, was es eigentlich war – *wofern er sich nicht irgend welcher Listen bediente in der Hoffnung, auf diese Weise sich selbst zu betrügen, oder ein Teil seiner selbst, den anderen zu hintergehen, ihn glauben zu machen versuchte, er wisse nicht, was er schon entschieden, beschlossen und infolgedessen im voraus bereits unwiderruflich vollzogen hatte* –, unaufhörlich gequält und verfolgt von jener wütenden, ohnmächtigen Empfindung höchster Dringlichkeit, einer erbarmungslos, drohend, unheilwirkend verrinnenden Zeit.

So sah ich ihn denn vor mir, ganz seiner Erzählung gemäß: hypnotisiert, fasziniert von dem Sonnenfleck, der bei seinem langsamen, aber unabwendbaren Vorwärtsgleiten über die Wand allmählich in Farbe und Form sich verwandelte, während der junge Vertreter für Phosphate, Düngemittel und Kupfervitriol zum zwanzigstenmale von neuem zu erklären begann, welche Sympathie er für ihn, Montès, empfinde. Er sagte mir nicht, wie er dorthin gekommen war. Er sagte mir nur, er sei eben dort gewesen. Zweifellos war der andere ihm begegnet, hatte – und vielleicht nur zufällig – seinen Weg auf dem Gang oder im Treppenhaus gekreuzt, ihn in einer Mischung aus Umgänglichkeit, Unverschämtheit und Unterwürfigkeit angerufen, überfallen, ihn energisch beim Arm genommen und in ein Zimmer gedrängt, das ungefähr demjenigen glich, in dem er selber wohnte, das heißt, ebenso armselig, ebenso winzig war, sich aber noch dazu in einem unaussprechlichen Zustand der Unordnung befand, unter Entschuldigungen schleunigst das Fenster geöffnet, um den Tabakrauch hinauszulassen, sich um ihn bemüht, einen Stuhl für ihn hingeschoben – *auf den Montès sich nicht setzte* –, ihm ein Päckchen Zigaretten hingehalten – *aus dem Montès sich keine nahm* –, sich wiederum entschuldigt, mit einer Handbewegung – *dabei Montès unausgesetzt scharf beobachtend* – eine Handvoll Krawatten, die wahllos über der Messinglehne des Bettes hingen, achtlos, mitsamt einem Paar Socken, einem Haufen schmutziger Wäsche unten im Schrank zugesellt, während Montès in dem Spiegel der einen, mit dem Fuß zurückgestoßenen Schranktür sich einen Augenblick inmitten des ganzen schäbigen Dekors erkennen konnte, mithineingezogen in eine aufblitzende meteorische Bewegung, die bei einer Tischdecke, einem jener in Cafés anzutreffenden Reklameaschenbecher, der bis zum Rande mit Zigarettenstummeln gefüllt war, und zwei an der Wand befestigten Postkarten haltmachte, auf denen Pinien am Meeresstrand abgebildet waren, wobei das Ganze ein paar Zehntelsekunden zitternd schwankte und endlich stillstand, während die Stimme dieses Maurice zu ihm drang: »... weil ich gleich gesehen habe, daß Sie nicht wie die anderen hier sind ich spreche gar nicht erst von diesem Loch hier ich meine diese ganze Saugegend in der alle mehr oder weniger Levantiner, Araber oder Spanier sind, mein Vater, denn ich muß Ihnen sagen wir sind nicht von hier wir sind eine alte bretonische Familie ist hierhergeschickt worden, ich werde Ihnen das erklären kurz er sagte sie behaupten Lateiner zu sein, sie sind derart stolz darauf, daß sie dieses Wort ständig im Munde führen die lateinische Kultur, das Erbe der lateinischen Gesittung und dabei sind sie hier rund ums Mittelmeer, um diese stinkende Pfütze herum alle nur Nachkommen von griechischen Händlern ob sie sich nun als Malteser, Korsen oder Neapolitaner bezeichnen, weil man ein griechischer Händler sein mußte um zugleich den pythagoräischen Lehrsatz und diese Religion von Göttern und Göttinnen und Heiligen zu erfinden, die ganz auf dem urewigen Prinzip des Tauschhandels basiert gibst du mir so gebe ich dir das heißt einer wie der andere stiehlt und wer am geriebensten ist gewinnt, kennen Sie zum Beispiel das berühmte Gebet des frommen italienischen Mädchens das da bittet Heilige Jungfrau die du ohne Sünde empfangen hast und die du alles vermagst mach daß ich gesündigt habe ohne zu empf ...«

»Hören Sie«, sagte Montès, »ich ... ich muß jetzt ...«

Und Maurice: »Sie müssen was? ...« Er hielt jetzt inne und sah den anderen offen an – *einmal nicht aus dem Augenwinkel, verborgen sozusagen hinter seiner Stimme, die sich allzu rasch, beinahe fieberhaft in einer Flut von burlesken Aphorismen ergoß, wobei eine Art von Grinsen ihn doch verriet, eine nervöse, ironische Muskelbewegung, die unaufhörlich in seinem Mundwinkel zuckte* –, während er hinzusetzte: »Aber Sie sind doch nicht so eilig, ich ...«

Montès jedoch erklärte: »Doch, ich muß ... das heißt, ich habe zu tun ...« Wahrscheinlich trug sich das alles am Spätnachmittag zu, denn er sagte mir, der Wind hatte sich gelegt. Die bereits tiefstehende, dunkelgelbe Sonne schien jetzt waagerecht ins Zimmer hinein und projizierte auf die Wand einen marmorierten Fleck, der langsam von Zitronenfarben zu Chromgelb überging, dann von Chrom zu Orange, während er sich unmerklich verschob. Von draußen drangen die Geräusche des Abends – Eimerklirren bei den Frauen am Brunnen und ein müdes, erschöpftes, vielfältiges Gemurmel – herein wie die Ausdünstung des verwelkten, abgelaufenen Tages. Dann durchfuhr ein Schwirren, ein langer Schrei gleich dem Reißen von Seide die Luft und kehrte noch einmal wieder, während Montès dachte: ›Schon die Schwalben. Sie sind schon da ...‹ Und nun schien das Sonnenband aus glühender Bronze immer schneller zu gleiten, so daß er fast seinem langsamen Fluß mit dem Blick folgen konnte, dem langsamen, grauenerregenden, unwiederbringlichen Sog der Zeit. Und immer war da diese Sache, von der er wußte, er müsse oder er wolle oder er werde sie tun, und nun wiederholte er: »Nein, ich sage Ihnen doch, ich muß gehen. Entschuldigen Sie mich, ich muß ...«

Und dann befand er sich – dies war ein weiterer fester Punkt in jener verschwimmenden Zeit im Rahmen einer neuen Dekoration – an einem anderen Ort – *er sagte mir, er habe in einem Kaffeehaus im Zentrum der Stadt ein Plakat gesehen, das auf einem Spiegel hinter dem Schanktisch oder an einem der auf die Terrasse gehenden Fenster zwischen der Ankündigung eines bevorstehenden Rugbymatches und der eines Tanzvergnügens in jener Stadtgegend klebte, »und zweifellos«, sagte er, »war es überall angeschlagen, und ich habe es drei oder viermal gelesen, bevor ich seinen Namen erkannte, und noch wiederum drei oder viermal, bevor ich jene zwei Zeilen in ganz kleinen Buchstaben unten darunter wahrnahm, durch die die Leute aufgefordert wurden, ihm bei der Trainingsarbeit zuzusehen; zweifellos machen sie das wie die Umzüge eines Zirkus: um das Publikum für das Match zu gewinnen, denn das Zusehen kostet nicht einmal Eintrittsgeld, und da erst habe ich begriffen, was für eine Art von Boxer er jetzt war ...«* – und wagte nicht einzutreten, sondern sah nur zwischen den Köpfen einer dichtaneinandergedrängten Gruppe im sinkenden Dunkel an der Tür von so etwas wie einer Remise die beiden Silhouetten, die im grellen Licht dreier an ihren Drähten hängenden elektrischen Birnen hin und her sprangen.

Darauf war er nicht gefaßt gewesen. Gewiß, er hätte nicht sagen können, was er dort zu finden gemeint hatte. »Aber jedenfalls nicht das«, sagte er. »Es war ganz einfach das Erdgeschoß unter einem Kino, keine Turnhalle, sogar nicht einmal ein eigens dafür hergerichteter Platz, wofern man als Herrichtung nicht bereits die vier Seile betrachten will, die offenbar einen Ring abgrenzen sollten, und den Dünger- oder Sulfatsack aus grober Leinwand, der mit vermutlich am Fluß aufgesammeltem Sand gefüllt war und auf den der andere derbe Kerl mit Faustschlägen losging, als sei er überzeugt, dieser Sand sei dasjenige, was ihn daran hindere, es im Leben zu etwas zu bringen, und ihn dazu zwinge, einen Zehntonner anstelle eines amerikanischen Wagens zu fahren, auf den er ein Recht zu haben glaubte…« Er beschrieb mir die Szene: es war ein Lokal, das auch als Unterstellraum für Fahrräder diente und mit Kisten, mit leeren Kartons, zur andern Hälfte auch noch mit einem Haufen Schutt angefüllt war, wozu noch, an die Wand gelehnt, zwei oder drei jener großen Gestelle kamen, auf die die Filmplakate geklebt werden, die man über den Kinoeingängen sieht; die Mauern selbst waren ebenso wie die vier Pfeiler, an denen die Seile befestigt waren, aus grauem, grobem Zement, der noch den Abdruck des Lattengerüstes trug, in dem er gegossen war; auf diesen Mauern zeichneten sich die schwarzen Schatten der kleinen Zuschauerschar ab. »Und niemand sprach«, sagte er zu mir, »weder die Boxer noch die Leute, diese Menschen, die gleich nach der Arbeit dorthingegangen waren, weil sie wohl die Ankündigung auf einem Plakat oder in der Zeitung gelesen hatten, oder weil sie zufällig ihren Weg durch diese Straße nahmen, während noch der Geruch ihres Schweißes, ihrer Müdigkeit an ihnen hing, da sie ja in ihren Arbeitskleidern und Overalls, einer auch mit seiner Trambahnschaffnermütze gekommen waren, und das einzige, was man hörte, war der Atem der beiden Männer, des Dicken, der immer weiter den Sandsack mit Schlägen traktierte, und des Zigeuners, der in der Mitte der vier Seile umhertanzte.« Denn er hatte ihn sofort erkannt: »Nicht am Gesicht«, sagte er zu mir, »da er das Kinn fest auf das Brustbein gepreßt hielt und das geizige, harte Licht der drei Glühlampen seine Stirn im Dunkel ließ, wohl aber am Haar, diesem dicken, in Locken gelegten, beinahe gekreppten Schopf, der an beiden Seiten über den Ohren herausstand und bei jeder seiner Bewegungen im entgegengesetzten Rhythmus vorschnellte, bei jedem der kurzen Schläge, die er ins Leere führte, begleitet einzig von dem Geräusch seines Atems, der in kurzen

Stößen ging. Weiter war da nichts. Gleich darauf sagte jemand, irgendein Kerl, der mit einer Uhr in der Hand in der Ecke stand, etwas zu ihm, und im selben Augenblick hielten der Zigeuner und der Dicke an; genau wie die Boxer aus Pappe, die von Straßenhändlern verkauft werden, übergangslos aus der Bewegung in Reglosigkeit übergehend, lehnten sie sich mit abwesendem, ausdruckslosem Blick an die Seile und warteten, während der Schweiß langsam an ihren Gliedern entlanglief« – und er, Montès, sagte, es sei ihm gewesen, als könne er diesen Schweiß riechen, den der beiden Männer wie auch den, der in den Kleidungsstücken der Zuschauer hing, jenen traurigen, trübseligen, kaltgewordenen Schweiß, der gleichsam der Geruch dieser Stätte selber war, des rohen Zements, der grellen, zerrissenen Plakate. Am Ende der kleinen Straße aber – sie lag ganz im Zentrum – konnte man die flimmernden Lichter der Geschäfte, die Wagen, die Leute sehen. Hier jedoch herrschte Schweigen und Schweiß: nur diese etwa zwanzig Leute in ihren schweißgetränkten Sachen waren da, die wortlos zusahen, wie Rinnsale an den nackten braunen Gliedern des Zigeuners niederliefen – er trug nur eine kleine violette Hose und einen blaugrauen, durchlöcherten Trikot –, und wieder war es, als könne man die Zeit spüren, wie sie ausbrach und strömte mit dem Schweiß und wie ihr Brausen sich mit dem des Blutes vermischte, das eilends unter der braunen Haut des Zigeuners und der übermäßig weißen des anderen dahinfloß und sich brodelnd in die verzwickten, komplizierten Verzweigungen der Arterien ergoß in der Form einer sich entfaltenden Pflanze, eines zartästigen blauen Baumes, auf Löschpapier gemalt.

Und auch später sah er immer das vor sich, sagte er zu mir – *diese zerbrechliche, strahlenförmig sich ausbreitende Vege-*

tation, dieses Kochen, diese übelverwendete, traurige, durch die Umstände erzwungene Nacktheit, das kurze weiße Aufleuchten der Wolfszähne und endlich die anspruchsvolle Kutte, das Wiederanlegen des alten königlichen, orangefarbenen Bademantels, immer unter den gierigen Blicken der kleinen Zuschauerschar. Mit undurchdringlichem, abwesendem, braunem Gesicht tauchte hinter einem der zerfallenden Gestelle hervor von neuem der Zigeuner auf, jetzt mit seinem verbrauchten, aber frisch gebügelten Anzug, einem vor Weiße strahlenden Hemd und gleichfalls blitzblanken Schuhen; immer noch ohne einen Blick auf die Anwesenden ging er davon, als ob er ganz allein eine leere Stätte verließe, hinter ihm aber wurden die Lichter gelöscht –, während er ihnen bereits in einer gewissen Entfernung folgte: dem Zigeuner, dem Dicken und einer dritten Person, wobei er sich zu verstekken trachtete – auch das hatte er früher nie getan – in den jetzt fast verlassenen Straßen, wo er oft lange bewegungslos verharren und die drei Silhouetten im Auge behalten mußte, wenn sie auf dem Platz vor dem Gerichtsgebäude stehen blieben, während der Himmel über ihnen allmählich von grünlichen zu rostroten, dann mauvefarbenen Tönen, endlich aber in das tiefe Blau der Dämmerung überging, auf dem sich bald in Schwarz die Bronzestatue und die schweren, unbeweglichen Palmen – der Wind hatte sich jetzt völlig gelegt – abzeichneten, dazu im zitronengelben Licht zweier symmetrischer Straßenlaternen die Fassade des Gerichtsgebäudes samt ihren beiden allegorischen oder mythologischen Figuren, die mit ihren pupillenlosen Kuhaugen reinen Abstraktionen, blinden, dummen, heiter-erhabenen Wesenheiten glichen im heiter-erhabenen Bewußtsein ihrer Inexistenz, ihrer marmornen, monumentalen, vom Griechentum hergeleiteten Absurdität.

Er erzählte mir, daß er sich dort hinter einem Zeitungskiosk aufgehalten und ihnen bei ihrem Palaver zugesehen habe, bis sie sich trennten. In diesem Augenblick begannen die ersten Sterne grünlich, diamantengleich, stechend zu blinken. Der Dicke entfernte sich nach der einen Seite, der Zigeuner und die dritte Person – *ebenfalls ein Zigeuner, Montès hätte nicht genau sagen könne, weshalb er es wußte, aber er wußte es: auf dreißig Meter Entfernung, und bei Nacht war er ebenso gut imstande, einen von ihnen als solchen zu erkennen, als wenn er ihm bei hellem Tageslicht und von vorn begegnet wäre* – nach der anderen. Dann befanden sich alle drei – er, Montès, immer etwa vierzig Meter hinter ihnen – außerhalb der Stadt oder vielmehr in jenen hybriden Bezirken, in die jede Stadt ganz allmählich wie in winzige Bruchteile auseinanderzufallen, zu zerplatzen, zu zerstäuben scheint: Fragmente von Straßen, an denen einstöckige Häuser stehen, dann aber haben sie auch diesen ersten Stock nicht mehr, die Folge der Häuser selbst lockert sich auf, sie trennen sich voneinander, lassen größere Lücken entstehen, so daß plötzlich zwischen zweien von ihnen ein unbebautes Terrain oder sogar ein Acker, ein Weinberg liegt, und ebenso plötzlich erscheint am Rande dessen, was schon keine Vorstadt mehr, wiewohl auch noch nicht die Landstraße ist, eine leuchtendrot angestrichene Tankstelle, die vom anreißerischen, schneeigen Licht der Projektoren überspült wird, dann ein schwarzes Loch, dann wieder eine Wegkreuzung, an der von neuem ein paar Häuser und Lichter eine Gruppe bilden, worauf wiederum nachtschwarzes Dunkel herrscht und mehr und mehr nur noch Gras die Stelle des Trottoirs vertritt, so wie man jetzt auch nur noch Baracken statt Häusern sieht und Wellblech statt Ziegeldächern. Dann schienen die Männer angekommen zu sein, das heißt er, Montès, sah oder erriet vielmehr, daß die beiden Silhouetten nach der Seite zu in einer Art von Straße verschwanden, die aus niederem, von spärlichen Leuchten zuckend erhelltem Mauerwerk gebildet wurde.

Für den Heimweg hatte er jetzt gut und gern drei Kilometer zurückzulegen. Dazu war es vollends Nacht geworden, und nur vereinzelte Fahrzeuge, die in rasendem Tempo vorüberfuhren, streiften für Augenblicke mit ihrem Scheinwerferlicht seine magere schwarze Silhouette, wie er so am Rande der Böschung dahinschritt. Dann kam wieder der Fluß – *zu dieser Stunde war von ihm nichts weiter zu sehen als ein paar zurückgebliebene Lachen zusammengeballten grünen, opalisierenden Lichts, die in dem düsteren, übermäßig breiten Kieselbett stagnierten* –, dann wieder Häuser in Gruppen, darauf in der sich lang dahinstreckenden Vorstadt das erste kümmerliche Lichtspieltheater – als er zuvor hier vorbeigekommen war, waren die Kinos noch nicht geöffnet gewesen –, über dessen schmaler, rotverschmierter Front eine einzige elektrische Lampe das grelle Plakat mit Personen in gewagten Posen und krassen, schreienden Farben beleuchtete, worauf dann ein weiteres Etablissement von der gleichen Art folgte, dieses aber mit strahlender Eingangshalle und spiegelnden Glasscheiben in der Tür. Dann befand er sich wieder mitten im Zentrum, in den hellerleuchteten Straßen mit ihren hellerleuchteten Schaufenstern, die von dem kurzlebigen Betrieb der Stunden nach dem Abendessen erfüllt waren, wo die mächtigen Wagen der Geschäftsleute, der großen Kommissionäre und der Söhne wohlhabender Familien lautlos vorüberglitten: Gestalten mit verschlagenen Bauerngesichtern oder mit Köpfen wie römische Zenturionen; Frauen saßen im Fond, die wie Vögel aussahen und auch vogelgleiche, unwirkliche, nur für den Augenblick geschaffene Kleider trugen und bei deren Anblick man hätte meinen können, sie seien mit ihren bezaubernden, eleganten, kalten Vogelgesichtern unter Glas gemalt oder vielmehr in Pastell gezeichnet, so illusorisch nur, als würden sie in Händen, die sie zu fassen versuchten, nichts als einen ungreifbaren, trügerischen Staub in weichen Mischtönen zurücklassen. Ich meinte ihn so dahinwandern zu sehen, durch Zonen von Dunkel und fluktuierendem Licht hindurch, ohne selbst etwas wahrzunehmen, mager, noch gebeugter als sonst, das durchfurchte Gesicht dem Pflaster zugeneigt, wie er irgendeiner unbekannten Vision nachhing, vielleicht immer nur der jenes staubigen ebenerdigen Raums, des Schweißes, der von den Körpern rann, der harten, jammervollen, brutalen, tragischen Körperlichkeit der Männer dort.

»So ein Schwindler«, sagte sie. »Was glauben Sie eigentlich? Stellen Sie sich etwa vor, er könne jetzt noch einen wirklichen Kampf bestehen? Bilden Sie sich ein, er würde heute noch bereit sein, sich in einen Ring zu stellen, ohne vorher zu wissen, wer Sieger sein wird? Ein Kerl, der in seinem ganzen Boxerdasein, sogar als er noch etwas taugte, vielleicht keine zehn Kämpfe mitgemacht hat, die nicht zuvor in den Garderoben abgesprochen waren . . .«

Sie schwieg und suchte im Dunkel sein Gesicht zu erkennen. Er erzählte mir, er habe nun mit dem Serviermädchen auf einer der Bänke des Platzes gesessen, wo die friedliche Frühlingsnacht sie umgab, während drüben die Hotelterrasse noch beleuchtet dalag und auf Gehsteig und Fahrstraße ein helles Viereck warf, wozu noch ein paar Fenster orangefarben im Dunkel sich abhebende Lichtflecke fügten. Manchmal rief eine Frau, die auf der Türschwelle stand oder auch unsichtbar blieb mit kreischender Stimme ein Kind, und dann und wann bewegte ein Hauch, ein Beben den zerflatternden Schattenriß der jungen Platanenblätter, den die Straßenlaterne auf die Mauer warf.

»Ein Schwindler!«, ereiferte sie sich, »ein ganz miserabler Schwindler, der nie im Leben eine Sache hat anständig durchführen können, nicht einmal einen Raub ...« Sie trug immer noch das gleiche geblümte Kleid wie am Morgen, nur hatte sie eine Strickjacke um die Schultern geworfen. Plötzlich aber hörte er sie mit jäh verwandelter, bitterer, beinahe böser Stimme höhnend fragen: »Das alles muß Ihnen komisch vorkommen, wie?«

»Komisch?«, fragte er zurück. »Ach, wissen Sie, ich ...« Er versuchte, ihr Antlitz zu erraten, konnte aber nichts unterscheiden, während aus dem Dunkel nur wieder von neuem das gleiche kurze, ironische, freudlose Lachen zu ihm drang: »Sie kommen hier an, sehen aus wie ein Stromer, spendieren den Kindern Bonbons, dabei möchte man Ihnen, wenn man Sie auf der Straße sieht, ein paar Groschen schenken, ich aber fange jetzt an ...« Noch einmal ließ sie das gleiche Lachen vernehmen. »Lieber Gott, ich frage mich ... Hören Sie, geben Sie mir eine Zigarette.«

»Eine ...?«

»Ach ja, richtig. Ich vergesse ja ... Als ob Sie eine Zigarette hätten! Mein Gott, haben Sie überhaupt jemals in Ihrem Leben geraucht? Wenigstens, als Sie noch ein Junge waren? Einfach deshalb, weil es verboten war? Aus gar keinem andern Grund, als weil man damit etwas Schlimmes tat, etwas, was man nicht durfte?« Er gab keine Antwort, sah, wie sie aufstand und über den Platz ging – *er sagte mir, wenn sie sich bewegte, sei sie wie eine Stute gewesen, nein, nicht wie eines dieser nervösen Tiere, die man an der Waage mit hochgewor-*

fenem Kopf rundherumtanzen sieht mit fast irrem Blick, während ein zwerghafter Pferdejunge ihnen am Halfter hängt: vielmehr eine Zuchtstute, wie man sie auf den Koppeln sieht, mit breiten Flanken, langbewimperten Augen, auf deren ruhigem, schwarzem Grund flüchtige Visionen von früheren Galoppritten, dem vorüberrauschenden Donner eitler Applause und eitler Triumphe noch zu ruhen scheinen, mit dem zugleich harmonischen und doch schweren, maßvollen, friedlichen Gang, bei dem sie das Körpergewicht abwechselnd verlagern, jenem langsamen, müden und doch unermüdlichen Wiegen –, dann im Hotel verschwand, gleich darauf wieder heraustrat und im Vorbeigehen unter der Lampe über dem Eingang eine blaue Rauchwolke hinter sich zurückließ, wieder zu ihm kam, sich setzte – in Dunkel gehüllt, so daß nur der kleine rote Lichttupfen der Zigarette sich in der Höhe ihres unsichtbaren Mundes befand – und zu ihm sagte: »Ich bitte Sie um Verzeihung. Ich weiß nicht, wie ich dazu komme, Ihnen all diese unangenehmen Sachen zu erzählen.«

Darauf er: »Oh, das macht doch nichts. Ich verstehe Sie. Wenn man . . .«

Und sie: »Ich hätte ja auf die Straße gehen können.« Es sah so aus, als habe sie ihn gar nicht verstanden, ihm überhaupt nicht zugehört, sondern nur für sich allein einen vor langer Zeit schon begonnenen Monolog fortgeführt. Von neuem ließ sie das bittere Lachen hören: »Aber selbst das habe ich nicht fertiggebracht. Dabei kann das doch jede, sollte man meinen. Aber ich offenbar nicht. Er ist nicht einmal imstande, ein richtiger Dieb zu werden, und ich bringe es nicht dazu, eine richtige Straßenhure zu werden. Nein, es ist nicht, wie Sie denken, er hat es nie von mir verlangt. Nicht er hat es gewollt, vielmehr ich selbst. Und wenn ich es könnte, dann täte ich es: ich nähme meine Kinder, machte mich aus dem Staube und ginge anderswo eben auf die Straße. Aber ich kann es nicht. Es gibt irgend etwas, was es mir unmöglich macht. Ich kann nur einem Mann gehören. Es graust Ihnen wohl vor mir, nicht wahr?«

»Nein«, antwortete er. Seine Stimme war fest, ließ keinen Zweifel offen. Von neuem versuchte sie, im Dunkeln sein Gesicht zu erraten. Aber er blieb regungslos im Schatten sitzen, aufrecht, etwas steif, und alles, was sie einwandfrei unterscheiden konnte, war sein Profil, das sich unbeweglich, wie tot, auf der Häuserfront schwarz abzeichnete. Später, als er mir diese Szene schilderte, konnte ich mir die beiden gut vorstellen: auf der Bank im Dunkeln sitzend, von dem Geriesel zerflatternden Lichts überstreut, das durch das junge, frischgrüne Laub auf sie niederrann. Sie saßen nebeneinander, mit mindestens soviel Platz zwischen sich wie für eine dritte Person, und sprachen nicht so, als ob eines sich ans andere wandte, sondern ins Leere, ins Dunkel hinein, das sich vor ihnen breitete, und noch einmal – *diesmal jedoch ihm zugewandt, obwohl sie noch immer nichts erkennen konnte, aber doch so, als zweifle sie, ob sie seine erste Antwort richtig verstanden habe* – fragte sie: »Es graust Ihnen nicht vor mir, wenn ich Ihnen sage, ich würde auf die Straße gehen, wenn ich es nur könnte?«

Worauf er wiederum sagte: »Nein.« Und obwohl er wußte, daß sie ihn jetzt ansah, wandte er noch immer nicht den Kopf, seine Stimme jedoch war auch weiterhin ebenso fest, ebenso kategorisch – ohne Schroffheit, ohne Brutalität, nur einfach ruhig – wie den Augenblick zuvor. Er setzte sonst nichts hinzu, sei es, daß es ihm zu kompliziert erschien, ihr eine Erklärung zu geben, ober aber doch unnötig, sei es, daß er keine Lust hatte, daß es ihm zu wenig oder zuviel ausmachte, es zu tun. So blieb er einfach da, während von Zeit zu Zeit ein leiser Windhauch die Blätter bewegte und die schimmernden Flekke verschob, die ihm über die Schulter und die unbeweglich ruhenden Hände glitten, bis die Stimme des Serviermädchens sich von neuem vernehmen ließ. Und ohne daß er nötig hatte, sie anzusehen, wußte er, daß sie ihn nicht mehr beobachtete, sondern wieder gewissermaßen parallel zu ihm sprach. Sie sagte: »Aber ich bin ja zu dumm dazu!«

Darauf er: »Er liebt sie sehr, nicht wahr?«

Sie: »Wen?«

Er: »Die Kleinen.«

Sie: »Ach wissen Sie . . .«

Er: »Und sie lieben ihn auch, oder nicht?«

Sie: »Wissen Sie, Therese habe ich schon gehabt, bevor . . .«

Daraufhin sprach er sehr schnell, aber sie auch, und alle beide sprachen und antworteten mit großer Schnelligkeit oder vielmehr gleichzeitig miteinander, immer so, als ob jeder von ihnen beiden sich nur an den öden Platz wende und als komme es nur darauf an, auf alle Fälle zu sprechen, als handle es sich um einen Wettlauf, bei dem jeder den anderen zu überholen suche:

»Er hat sie anerkannt deswegen trägt sie jetzt seinen Namen aber ich habe sie vor ihm gehabt ich«

»Was tut das schon«

»Ich sage Ihnen das ist alles«

»Aber er liebt sie alle beide oder nicht«

»Alle Zigeuner lieben Kinder es kommt darauf an was man lieben nennt«

»Er liebt sie also nicht«

»Doch um mit ihnen zu spielen oder Spaß zu machen oder um sie später auf die Straße zu schicken dann aber wirklich . . .«

»Aber Sie . . .«

»Was«

»Wieso was«

»Sie haben gesagt aber Sie«

»Ach ich weiß nicht mehr was es da jetzt eigentlich schlägt«

»Er und ich das war es doch was Sie sagen wollten«

»War es halb oder dreiviertel nein ich wollte sagen ich weiß nicht mehr«

»Was wollten Sie sagen«

»Es muß spät sein ich frage mich haben Sie eine Ahnung wie spät es sein kann«

»Weshalb führen Sie sich auf wie ein Idiot«

»Das tue ich nicht ich meinte nur«

Worauf sie ausrief: »O lieber Gott! Lieber Gott lieber Gott lieber Gott! . . .« Sie warf ihre Zigarette mit wütender Bewegung weg, und er, so erzählte er mir, saß noch immer da, ohne sich zu rühren, damit beschäftigt, zu ihrer beider Füßen den roten Punkt zu betrachten, der noch einen Augenblick weiterglühte und dann erlosch. Er gab sich sogar Mühe, sich nicht zu rühren, denn er wußte, daß sie ihn beobachtete, auf das geringste Zusammenzucken seines Körpers förmlich lauerte. Dann endlich sagte sie – *und am Klang ihrer Stimme, die jetzt wieder aus größerer Nähe zu ihm drang, erkannte er, daß sie nun ihm zugekehrt sprach, sich auf eine unmittelbare, eindringliche Weise an ihn wendete –:* »Was glauben Sie denn, was ich bin?«

»Ich glaube nichts«, antwortete er ihr. »Ich habe nichts zu glauben.« – *Vielleicht dachte er – er sagte es nicht, ich stelle es mir nur vor, weil ich ihn zu verstehen versuche –: ›Ich frage sie nichts. Ich habe sie nichts zu fragen, ich habe kein Recht dazu. Wer hätte das auch schon. Und selbst wenn ich es hätte.* Dann setzte er hinzu: »Hören Sie, es muß spät sein, wir...«

Sie protestierte: »Nein.«

Er: »Doch, ich bin müde, ich ...«

Und sie mit nunmehr harter, gleichsam erstarrter, widerborstiger, geradezu böser Stimme: »Ich weiß: eine Hündin. Da ist es heraus. Eine...«

Er: »Aber so gehen Sie doch!«

Sie: »Sie armer Kerl!«

Er: »Hören Sie mal ...«

Sie: »Armer Kerl!«

Er: »Wir täten besser nach Hause zu gehen, wir ...«

Sie: »Es ist mir ganz egal, ob Sie gut zu mir sind, wissen Sie. Ich habe Sie nicht darum gebeten. Niemand hat Sie um etwas gebeten. Wenn Sie nicht wollten, daß ...« Dann in jäh verwandeltem, abwesendem, ganz neutralem Ton: »Gehen Sie nur schlafen, Sie haben recht, es ist besser so.«

Er aber rührte sich nicht.

»Worauf warten Sie?«

»Sie wollen, daß ich gehe?«

»Ich dachte, Sie seien müde.«

»Sie wollen, daß ich Sie allein lasse?«

»Ganz wie Sie mögen. Ja. Nein, bleiben Sie. Hören Sie mir zu: Mein Gott! Können Sie denn nicht fünf Minuten aushalten, ohne etwas zu sagen oder sich auch nur zu bewegen?«

Gleich darauf zündete sie sich eine zweite Zigarette an. Aber, so sagte er mir, in dem Augenblick, als sie das Streichholz an ihr Gesicht heranbrachte, wandte sie den Kopf, nicht jedoch, um die Flamme vor dem Wind zu schützen, jenem schwachen Hauch, unter dem jetzt die jungen Blätter erschauerten, sondern auf eine Weise und in einer derart offenkundigen Absicht, daß er von selbst die Blicke abwandte. Schon nach ein paar Zügen warf sie die Zigarette fort. Dann klang wieder ihre

Stimme auf, aber jetzt ruhig, tonlos: »Sie würden das Ganze besser fallen lassen«, sagte sie.

Er aber antwortete: »Nein.«

Darauf sie: »Das sind keine Geschichten für Sie. Ich hatte unrecht, Ihnen ...«

Er: »Nein.«

Sie: »Was haben Sie denn vor? Meinen Sie etwa, Sie könnten irgend etwas ändern daran?«

Er: »Sie haben gesagt, wenn man die Sachen bei Ihnen fände, würden Sie verhaftet werden und die Kleinen in die Fürsorge kommen, Sie wissen, daß dann so etwas passieren wird, Sie haben es selbst gesagt. Also?«

Jetzt kam nur noch ein kaum merkbares Flüstern zurück: »Es ist mir alles egal alles was ich möchte ist krepieren.«

»Reden Sie doch keine Dummheiten«

»Sie wissen nicht wovon Sie sprechen Sie sind nicht arm ich meine nicht wegen dieser Geschichte mit der Erbschaft aber selbst vorher sind Sie nicht arm gewesen arm sein heißt unaufhörlich Lust nach etwas haben wenn ein Armer in der Lotterie gewinnt gibt er gleich das ganze Geld aus er kauft sich alles was er sich immerfort gewünscht hat aber ich wette wenn man Ihnen zehn Millionen vor der Nase auf den Tisch legte würden Sie sich nicht einmal einen neuen Regenmantel kaufen.«

»Es handelt sich nicht um mich sondern um Sie«

»Ich sage Ihnen ja es ist mir ganz egal mir ist alles egal glauben Sie ich weiß nicht wo er in diesem Augenblick ist nicht da in der Vorstadt wohin Sie ihm nachgegangen sind da geht er nur hin um seine Mutter zu besuchen er schläft da nicht und wo und mit wem er schläft weiß ich es ist nicht aus Angst hierher zu kommen aber ich würde deswegen keinen Finger rühren.«

Von neuem schwieg sie, saß unbeweglich da, während Fetzen grünen, flackernden, durcheinandergewirrten Lichts über sie hinspielten, über ihren Rücken und ihre reglosen Schultern glitten, ganz als wäre sie nur ein Ding, etwas Unbeseeltes, und ein schwarzer Hund mit hängenden Schlappohren, der keinen Laut von sich gab, in einer gewissen Entfernung die Bank umkreiste, dann näherkam, sie beschnupperte, ohne daß sie sich rührte, und in jener Mischung aus Neugier und zugleich ängstlicher, achtloser, frecher Umsicht, zu der ihn offenbar die ererbte Erfahrung von Tausenden von Fußtritten erzogen hatte, den Hals reckte, dann sich verzog und auf weichen Pfoten wieder in das Dunkel zurücktrottete, aus dem er hervorgekommen schien und das ihn gleich wieder verschlang. Montès aber hörte die Stimme der Frau, wie sie jetzt klangvoll und lachend hervorbrach: »Da haben wir noch Glück, daß der uns nicht angepinkelt hat wie zwei Stromer, die auf der Bank liegen und pennen. Er hätte doch ...«

Darauf er: »Wie, was? Sie ...«

Und sie, immer noch lachend: »Es hätte doch sein können, daß er sich irrt und uns ein bißchen begießt oder nicht?«

Und er: »Ja, das stimmt. Ich ...«

Sie: »Sie finden mich furchtbar vulgär, nicht wahr? Sie ...«

Im gleichen Ton, in dem er schon einen Augenblick zuvor geantwortet hatte, wiederholte er: »Nein.«

Darauf sie: »Ich bin nur ein Dienstmädel, wissen Sie.«

Er vermied es, Antwort zu geben. Irgendwo, von der Pumpe her, kam das Geräusch aneinanderklappernder Eimer, der lichte Fleck des Wassers lag da wie ein Stück zerrissenen, feuchten Gewebes, dann schloß sich eine Tür, man hörte gar nichts mehr. Auf einmal aber drang unvermittelt und ohne Beziehung zu dem, was sie vorher gesagt, ihre völlig veränderte

Stimme zu ihm: »Ich verabscheue ihn ich sollte den ganzen Plunder nehmen und in den Fluß schmeißen und tun wie ich gesagt habe: die beiden Mädels mit mir nehmen und auf die Straße gehen und ich tue und tue es doch nicht ich dummes Frauenzimmer ich aber glauben Sie nicht etwa weil ich Angst vor ihm habe er hat mir gesagt er würde mich umbringen aber das ist mir ganz egal jawohl ich«

»Aber hören Sie«

»Aber hören Sie ich bin dreißig was denken Sie sich worauf ich da noch hoffen soll«

»Dreißig Jahre das ist doch noch nicht«

»Und die zwei Mädels ach was gehen Sie lassen Sie mich allein.«

Doch selbst da rührte er sich nicht. Später erzählte er mir, daß er gespürt habe, wie in ihm etwas Seltsames vorging. »Es war, so sagte er zu mir, als ob ich – oder vielmehr mein Bewußtsein – abwechselnd einmal außerhalb von mir und einmal in mir sei. Das heißt, es war so, als hätte ich manchmal das Gefühl, wir wären zu zweit und säßen oder thronten einsam wie Statuen, während die äußere Welt zu einer fernen Kulisse zusammenschrumpfte, kleiner wurde, ins Nichts zu entweichen, zu verlöschen schien; gleich darauf aber ohne Übergang oder vielmehr im selben Augenblick schon konnte ich uns beide sehen, winzig, unbedeutend, elend und verloren auf der Bank jenes Platzes, dessen öde Oberfläche stellenweise von den Lichtkugeln der drei Straßenlaternen erleuchtet wurde, während ringsum, Fassade an Fassade, die Stadt dalag, und in den Häusern andere Menschen waren, wie wir, winzig und unbedeutend, mit den simplen Aufgaben des Abends beschäftigt, der Vorbereitung des Kaffees für den folgenden Tag, dem Ausziehen, dem Ausstrecken ihrer ermüdeten Körper;

oder sie lagen schon im Bett, vielleicht tot, andere wieder im Schweiße ihres Angesichts, mit Seufzen und Stöhnen leidenschaftlich einzig um Lust bemüht in jenem unmöglichen und widerspruchsvollen Versuch, sich zu verleugnen und sich selbst zu überleben; dann wieder jenseits der Häuser, der Stadt, das freie Feld, die Wege, die Eisenbahnzüge, und noch weiter fort andere Städte, und von alledem schien fast hörbar etwas wie eine Atmung auszugehen wie aus dem Leib einer Frau – das gleiche geheime, vielfältige, rätselhafte Auf und Nieder – denn der Leib der Welt ist weiblich allein durch die Tatsache, daß er befähigt ist, zu gebären und hervorzubringen, ohne daß er es gewissermaßen selber merkt ...« Er erzählte mir noch, er sei dageblieben und habe schweigend auf der anderen Seite des Platzes den letzten noch beleuchteten Laden angeschaut, wie er dalag, auffallend in all diesem Dunkel, zu weit entfernt, als daß er etwas anderes hören, in sein Bewußtsein habe aufnehmen können als das fast lautlose Weben des Daseins, das sich in das schimmernde, durch die Schaufensterscheiben begrenzte Rechteck einzeichnete, durch die er zunächst den Laden selbst erkennen konnte, das kräftige Grün der Gemüse, der Salatköpfe in den Lattenkisten, die schwere, hängende Bananentraube, die Zwiebeln, die gehäuften Blöcke von Kernseife und den enormen schneeweißen Kühlschrank, auf dem ein blaulackiertes Vogelbauer stand, dahinter aber einen Vorhang mit dunkelroten Streifen, der so oft gewaschen worden war, daß das Rot auf den weißen Grund in weinfarbenen Tönen abgefärbt hatte, und in der Öffnung des Vorhangs, ganz im Hintergrund einen anderen himmelblauen geblümten Vorhang, der eine Tür verkleidete, ferner eine Anrichte aus gelbem Holz, und eine Frau in marineblauem Kleid, die auf einem Stuhl saß mit einem kleinen roten Auto in der Hand, das ein ungeduldiger Bub, der vor ihr stand, ihr fortzunehmen trachtete, und rechts, vor dem Büfett ein runder, mit einer rot und gelb gemusterten Wachstuchdecke bedeckter Tisch, hinter dem eine andere Frau saß, von der man nur den Oberkörper in violettem Pullover und apfelgrüner Weste sah.

Das war es. Es sah aus, sagte er, wie eine Schachtel, eine kleine schimmernde Bühne inmitten des Dunkels mit lauter stummen Personen, die mit einer absurden, bis ins kleinste gehenden Genauigkeit in den Einzelheiten gemalt waren, wodurch sie unwirklich, atmosphärelos, ausgeschnitten wirkten. Dann, als er den Kopf zurückwarf und über der Gipfellinie der Häuser das langsame Dahinziehen des flockig durchwölkten, von einem unsichtbaren Mond silbern durchfluteten Himmels entdeckte, der ohne Eile, schweigend, beunruhigend, weitgestreckt und metallisch jenseits der Dächer, der düsteren Essen gleitend dahintrieb wie eine langsam wandernde Herde, die in trübseligen, kalten Weiten grast, verspürte er zum dritten Mal – *erstmals bei Maurice, als er mit den Augen dem gelben Streifen der schon niedrig stehenden Sonne folgte, dann während die Boxer verschnauften* – jenes Angstgefühl, erzählte er mir später, das bis zur Panik ging, zugleich mit einer Art von Entsetzen, von Grauen, von Revolte seines ganzen Körpers, von herzzerreißender Sehnsucht nach der entfliehenden Zeit, die man unmöglich festhalten konnte, so wenig wie Sand und Wasser, die durch Kinderhände rinnen, der Zeit, die unerbittlich, unwiderruflich entwich; und dann plötzlich überraschte, überrumpelte ihn seine eigene Stimme mit den Lauten: »Aber warum verlassen Sie ihn dann schließlich nicht, weshalb ...«

Doch er beendete den Satz nicht, hielt inne – *ja, es war mehr noch als ein Innehalten: als ob er wie toll mit Armen und Beinen im Leeren zappelnd wieder zu sich zu kommen, wie-*

der zurückzugelangen versuchte: »Sie können sich schon vorstellen«, sagte er zu mir: »wie diese Typen in komischen Filmen, die auf einem Fließband weggezogen werden und auf groteske Weise gestikulieren oder unter gewaltigem Armeschwingen, angstvoll in entgegengesetzter Richtung fortzulaufen versuchen, damit aber nur erreichen, daß sie auf den Boden fallen und umso rascher nach der Seite verschwinden –, während die nächtliche Stille dicht, schwarz und schwindelerregend weiter versickerte, und als sie sprach, sagte er zu mir, lag kein Zorn mehr, nicht einmal Nichtachtung in ihrer etwas dumpfen, ruhigen Stimme bei den Worten: »Und mein Bauch, stellen Sie sich vor, was meinen Sie ...« Dann zwang sie etwas, ein paarmal zu schlucken und zu würgen – in der Stille konnte er es deutlich hören –, bevor ihre Kehle von neuem die nun beherrschte, wieder ruhig gewordene, vielleicht etwas harte Stimme durchließ: »Hören Sie, es ist mir ganz egal ich liebe ihn nicht vielleicht verabscheue ich ihn sogar können Sie das verstehen aber er kann heute abend zurückkommen wenn er will oder morgen oder erst in zehn Tagen oder sogar ...« Sie stockte, ließ wieder das kurze Lachen hören, und plötzlich tat sich drüben ein Fenster auf, eine silhouettenhafte Gestalt beugte sich heraus, und bevor die Läden wieder geschlossen wurden, hatte Montès Zeit, neben sich das weiße, dem Dunkel entrissene Gesicht, dem Antlitz einer Toten gleich, mit zwei leuchtenden Streifen über den Wangen zu sehen, und da begriff er, was diese Brust verzweifelt herunterzuschlucken sich mühte. Er hatte sogar sehr gut Zeit, es zu sehen, denn sie rührte sich nicht, wendete sich nicht ab, suchte jetzt nicht mehr vor ihm zu verbergen, was sie verraten könnte, weil sie jetzt vielleicht jenseits von allem Verrat, aller Täuschung angelangt war. ›Oder vielleicht hat sie mich vergessen?‹, dachte er, als er sie von neuem wie zu sich selbst sprechen hörte, so wenig um die Wirkung, um den Zuhörer bekümmert wie diese tote Maske um die Blicke oder das Licht von außen her. »Wir nämlich wir sind nichts als unser Bauch entweder als Dirne oder um Kinder zu kriegen und das ist alles etwas anderes gibt es da überhaupt nicht es schadet nichts wenn Sie entsetzt darüber sind was glauben Sie so ist das Leben nun mal wenn man nur seine Hände hat um sein Fressen zu verdienen und nur den Bauch für das einzige Vergnügen das nichts kostet dann ist das eben so...« Diesmal versagte ihr die Stimme vollkommen, sie wurde zu einem bloßen Gegurgel, und wieder konnte er hören, was für verzweifelte Anstrengungen sie machte, um zu schlucken; dann zog sie die Luft durch die Nase, putzte sie ein paarmal geräuschvoll und rollte ihr Taschentuch zu einer kleinen Kugel zusammen, die sie in der Tasche verschwinden ließ. »Für was halten Sie sich denn«, fragte sie, »für einen Heiligen?«

Es lag jetzt keine Spur von Schwäche mehr in ihrer Stimme. Nicht eigentlich etwas Feindseliges, aber auch keine Sympathie. Er konnte jetzt spüren, wie sie ihn von oben bis unten betrachtete, während er selbst, mit brennendem Gesicht und in eine Art von ratlosem Schrecken verfallen, immer ärger stammelte, das Gesicht zu heben versuchte, im Halbschatten den blitzenden Reflex ihrer Augen erkannte, sofort den Kopf wieder senkte, schließlich aufgab, schwieg, einfach sitzen blieb und unrettbar verloren und einfältig auf die dunklen Schatten der schwach sich bewegenden Zweige zu seinen Füßen blickte.

»Heilige Mutter Gottes!«, sagte sie. Sie blickte ihn jetzt nicht mehr an. Einen Augenblick darauf stieß sie noch einmal das gleiche verzweifelte, freudlose, bittere Lachen aus: »Gut. Wie spät ist es denn? Seitdem wir hier auf dieser Bank sitzen wie zwei Idioten ...« Aber sie rührte sich nicht, und er sich ebenso wenig wie sie. Er hat mir später nicht gesagt, welche Art von Gedanken ihm in diesem Augenblick durch den Kopf gingen. Vielleicht war er an einem Punkt jenseits allen Denkens angelangt. Vielleicht aber war er auch entschlossen, darüber zu lachen, sich noch einmal wieder über sich selbst lustig zu machen, über diesen seltsamen Abend, dieses merkwürdige nächtliche Liebesduett, bei dem der schützende und begünstigende Schatten der wagnerischen Tanne – ebenso wie der Mond durch eine Straßenlaterne – durch den der mageren Platanen des Platzes ersetzt wurde. Denn zum endgültig letzten Mal sprach er nun zu mir mit jener Pedanterie auch im einzelnen, Unbedeutenden – oder wenigstens so, daß es jedem anderen unbedeutend erscheinen mußte – über die die Leute die Achseln zuckten, als er darauf bestand, mir das papierne Geräusch der vom Nachtwind bewegten Blätter zu schildern, die die Form von ausgeschnittenen Sternen gehabt hätten und das sporadische Hin- und Herschwingen der starren, steifen Äste. »Wie immer zu dieser Zeit des Jahres«, sagte er, »wenn sie noch fast gar keine Blätter haben, so daß die Belastung noch nicht ausreicht, um ihnen die Schwere, die Langsamkeit und friedliche Majestät der Bewegung zu geben, die sie im Sommer haben.«

VII

Ich hatte seine Bekanntschaft kurze Zeit zuvor bei dem Photographen gemacht, der die Klischees für die Illustrationen des Werkes vergrößerte, an dem ich in jener Zeit arbeitete, soweit mir meine Unterrichtsstunden am Gymnasium Muße dafür ließen, Landstraßen und Wege der Gegend mit dem Motorrad zu durchstreifen, um Bilddokumente romanischer Kapellen zusammenzutragen, wie sie überall auf grauen, steinigen Hügeln erbaut worden oder vielmehr zum Vorschein gekommen sind, unmittelbaren Auswüchsen des Bodens, des dürren Gesteins nicht unähnlich, manchmal im Schatten von ein paar mageren, grauen Mandelbäumen oder eines Korkeichenwaldes oder nahe bei einem Gießbach als Wegmarken gleichsam eines gespenstischen Zuges von Pilgern, längst umgekommenen Straßenräubern, Mönchen, Landsknechten oder wandernden Horden, deren Füße über diese gleichen kahlen Hügel, die gleiche ziegelrote Erde, das gleiche flache Flußufer dahingegangen sind, an denen jetzt zwischen dem Meer und den von Schnaken heimgesuchten Lagunen die Wagen der ›Compagnie Routière du Littoral‹ entlangfahren und hier und da in den Dörfern Halt machen, um ein paar Bauern mit durchfurchten Hethiter-, Römer-, Westgoten- oder Araberköpfen ein oder aussteigen zu lassen: alles Musterstücke, wie sie jeder Durchzug eines Volkes, jede Invasion zurückläßt, einbehalten gleichsam von der Erde – oder den Frauen, was dasselbe ist – von ihr – oder von ihnen – erhoben wie ein Wegerecht oder ein Zins, so daß jede Invasionswelle ganze Hektare des dem Sieger geöffneten Gebietes – oder den Schoß der Frauen – ur- oder fruchtbar machen mußte, ganz als läge dabei die Absicht zugrunde, sich der Lebenskraft des Kriegers in Gestalt seines in das Land eingebrachten Samens in einem weit wirksameren Prozeß, als Opferung und Einverleibung es sind, zu bemächtigen. Aus ihr also, der Erde, und mit ihr eng verbunden war ein menschliches Produkt hervorgegangen, das den größten gemeinsamen Divisor fast aller Völker des Mittelmeeres – aber auch anderer Gegenden – darstellte: ein kurzbeiniger, starkrückiger, dicknackiger und gleich sonngebranntem Ton von Rissen gefurchter Typ, heftig, wortreich, verstockt. Solche Leute sind es, die man samstags oder montags geduldig Schlange stehen sieht, Kerle mit neuen, sehr gerade über den erdfarbenen Gesichtern zurechtgerückten Mützen, einem enormen Kupferknopf vorn am Kragen des sauberen Hemdes, dazu die Frauen im schwarzen Umschlagetuch und die Mädchen in Kleidern aus zu grellfarbiger Seide. Sie sind schon längst vor dem Öffnen da, sie stehen vor den aus Plexiglas bestehenden Riesentüren der ›Galeries Modernes‹ mit den Schaufenstern, in denen hermaphroditische Mannequins ihre Konfektion aus Kunststoffen anbieten, Seidenwaren aus Kunststoffen, Geschirr aus Kunststoffen, Bestecke aus Kunststoffen, und das mit dem unverwüstlichen Lächeln, das ebenso aus Kunststoff zu bestehen scheint, und dem Charme und Sex-appeal für den Gebrauch, wie man annehmen muß, von Herzen, Geschlechtsteilen und Hirnen bestimmt, die ebenfalls aus Kunststoff gefertigt sind, so wie es zweifellos bei der neuen Menschengattung der Fall ist, von der diese Schaufenster, Mannequins und Konfektionsartikel montiert, fabriziert und verkauft werden, einer Art von weißem, weichem Wurm, der, samt Bauch, Gelüsten, Begierden, Unverschämtheit und Faulheit nicht aus der Geschichte, der Zeit, der Befruchtung von Leibern, sondern allem Anschein nach aus dem Koitus zwischen Automobilen und Zentralheizungsradiatoren hervorgegangen, völlig unfähig ist, sich anders als mit Hilfe eines Motors zu bewegen, sich ohne Technikolor zu zerstreuen oder anders als in Gestalt von Papiergeld sich selber zu begreifen.

Ich erinnere mich noch durchaus dieser ersten Begegnung mit Montès: wie der Photograph mir zuzwinkerte und mich zwischen Pinup-Girls in Badeanzügen, aus Venedig importierten Sonnenuntergängen und auf Kissen liegenden Babies mit einem Blick des Einverständnisses auf die Silhouette aufmerksam machte, die ich damals zum ersten Male sah, als dieser Mensch sich über den hell beleuchteten Ladentisch beugte und mit Hilfe einer ins Auge geklemmten Lupe die Negative prüfte, wobei er mit seinem langen mageren Körper, dem gefurchten Gesicht, den knochigen Händen ganz einem jener Briefmarkensammler glich, die, dem Typus Stelzvogel zugehörig, verstaubt und abgeschabt, von Daumier geschaffen scheinen; er richtete sich auf, entfaltete ein kariertes Taschentuch und wischte gründlich das Auge, das allzu lange mit der Lupe bewaffnet gewesen war, während er das andere über die ihn umgebende Dekoration schweifen ließ, das heißt – wie es schien, ohne sie eigentlich zu sehen – über die Pinup-Girls, die Babies und die Sonnenuntergänge für Hochzeitsreisende, sowie auch über mich selbst und meine vergrößerten Photographien; dann sah ich, daß er zusammenzuckte, als habe es eine Frist, eine gewisse Zeit gebraucht, bis sich durch eine ganze Serie von komplizierten Etappen hindurch die aufgenommenen Bilder seinem Geiste mitteilten; er stürzte sich auf mich, stammelte zerstreut ein paar unbestimmte Einführungsformeln, die er nicht einmal glaubhaft zu machen bemüht war, und beugte sich von neuem vor, doch diesmal nicht über seine Negative, sondern über die Aufnahmen, die er mir aus der Hand genommen hatte, richtete sich dann wieder auf, um mir Fragen darüber zu stellen, während er seinen glühenden Blick unter den über der Nase zusammengewachsenen Brauen über mich hingleiten ließ, und kurz darauf befanden wir uns draußen und blieben stehen – vielmehr veranlaßte er mich, stehenzubleiben, während es bereits Abend wurde; er fragte mich weiter nach meinem Buch aus, nach den romanischen Absiden, der Gegend hier, immer mit der gleichen Nichtachtung oder Ablehnung oder Unkenntnis aller Konventionen oder aller Konvenienz – *ich glaube, er hatte mich nicht einmal nach meinem Namen gefragt oder es für zweckmäßig gehalten, sich mir vorzustellen* –, blickte plötzlich auf seine Uhr, schwenkte seine enorme Aktentasche und sagte: »Einen Augenblick. Erlauben Sie bitte, ich bin gleich wieder da. Es dauert nur einen Moment, ich ...«, ließ mich stehen und lenkte seine Schritte zu einem erleuchteten Café, an dessen Tür er sich, bevor er eintrat, noch einmal umwandte und in Richtung auf mich eine gebieterische Handbewegung machte, die ohne Zweifel bedeuten sollte: ›Bis gleich! Ich komme. Rühren Sie sich nicht fort ...‹ Ich sah ihn mit seinem gebeugten Rücken und dem von langen schwarzen, unter der krumm und schief aufgesetzten Baskenmütze ringsum hervorschauenden Haaren umrahmten, abgezehrten Gesicht durch die Saxophonmusik, das Licht, die Gruppen junger Mädchen hindurchgehen, die sich um magische Tische scharten, auf denen Flugzeuge, Ballons oder auch Büstenhalter und bonbonfarbene Bikinis von Badenixen, die selbst wie Bonbons aussahen, abwechselnd blitzartig aufleuchteten oder erloschen, je nachdem die kleinen Kugeln aufprallten, während er selbst, immer noch ganz fühllos gegenüber der ihn umgebenden Welt und mit auch weiterhin abwesender Miene eine Telefonmünze kaufte, in eine Kabine trat, die er gleich darauf wieder verließ, und mit erleichterter, fast heiterer Miene, unter der sich seine Züge entspannten von neuem zu mir trat, indem er sagte: »So, das wäre gemacht, jetzt habe ich . . . haben wir soviel Zeit, wie wir wollen . . .«, wobei er im voraus so sicher zu sein schien, daß ich durchaus bereit sei, ihm die meine zu widmen – tatsächlich war ich es auch –, daß er keinen Augenblick, als er mich verließ, um zu telefonieren, gezweifelt hatte, er werde mich wieder vorfinden, wenn er herauskäme, und ihm keinen Augenblick der Gedanke gekommen war oder ihn auch nur gestreift hatte, ich könne die Gelegenheit benutzen, um ihm zu entkommen, könne ihn mitsamt seiner vergewaltigenden Eindringlichkeit, seinen Photos – er zeigte sie mir etwas später – und seinen Fragen einfach sitzen lassen. Aber er hatte mich schon durch seine Art gefesselt, an seine Person verhaftet, oder meine Neugier erregt oder mich unterworfen, ich weiß es nicht genau.

Vielleicht liegt darin gerade eine Erklärung für alles, was in der Folge geschah: ich meine in dieser unbegreiflichen Anziehungskraft, die er unbewußt auf die Leute ausübte, den Phasen von Staunen, Ungeduld, Faszination, die man nacheinander durchlief oder die man sogar gleichzeitig an sich erleben konnte von dem Augenblick an, in dem er zum ersten Male aufgetreten war, woraufhin sogar einige meinten, es wäre für ihn und die anderen besser gewesen, wenn es dieses erste Mal niemals gegeben, das heißt, wenn er seine Heimat niemals verlassen hätte, die kleine Stadt im Norden, die Gegend mit den gerade emporstrebenden Bäumen, wo – einen solchen Ort gab es wenigstens – die Leute sich an ihn von Jahr zu Jahr allmählich hatten gewöhnen können, so daß sie ihn nicht bewußter wahrnahmen als den Trunkenbold der Gemeinde oder den Brunnen auf dem Platz. Aber das war nur eine Vermutung: alles, das ferne, unbekannte Land ebenso wie hier die unbekannten Tage und Stunden, aus denen er vor unseren Blicken wie ein Schauspieler, der hinter dem Vorhang hervortritt, auftauchte und darauf wieder verschwand – manchmal sah ich persönlich ihn mehr als vierzehn Tage lang nicht –, um dann unvermutet wieder zum Vorschein zu kommen – *wie war es ihm inzwischen ergangen? wo war er gewesen? was hatte er getan, was erlebt? War es das, was das Gerede der Leute behauptete, was er selbst darüber erzählte oder meinte, darüber berichten zu können, oder als einziges sich ins Gedächtnis zurückzurufen vermochte?* –, sein immer erneutes Erscheinen, die Gerüchte, Erinnerungen, Berichte, mit deren Hilfe allein wir – *und ebenso erging es ihm bei den anderen: Rosa, den Kindern, dem Boxer, dem entlassenen Verwalter, seinem Onkel, dem Notar, Maurice* – eine Rekonstruktion der Wahrheit vornehmen konnten, für die, wie bei der eines Plesiosaurus, der aus zwei Wirbelknochen, einem Stirnbein, einem Intermaxillarknochen und drei Mittelfußknochen wiederersteht, die man aus dem grauen Schlamm der Zeiten herausgefischt und aufs Geratewohl je nach Neigung und Vorliebe des einzelnen zusammengefügt hat, nur Bruchstücke zur Verfügung standen. Vielleicht ist all das wirklich nur das vulgäre, idiotische Abenteuer eines vulgären Idioten, wie sie alle behaupteten, der nur gerade hinschreiben konnte: ›Angekommen den und den . . .‹ und ›Zugereist von . . . aus . . .‹, aber nicht einmal ›Hat sich verliebt in . . .‹ oder erst recht nicht: ›Hat die Absicht zu . . .‹ oder gar: ›Zum Zweck von . . .‹ oder ›Lehnt ab zu . . .‹ oder ›Will unter allen Umständen . . .‹, vor allem aber nicht: ›Ist sich klar darüber, daß . . .‹

Vielleicht. Warum nicht? Und kommt es darauf denn überhaupt so sehr an? Denn nicht um etwas zu beweisen war er da. Er existierte ganz einfach nur. Das ist alles, es hatte sich nun einmal so ergeben, und jetzt befand er sich ungefähr in der Lage eines Laufburschen, der Tortelettes austragen soll und plötzlich mitten in ein Rennen von Altwagen geraten ist, nur mit dem Unterschied, daß er, anstatt sich mit dem Versuch zu begnügen, sein Tablett möglichst über seinen Kopf zu erheben und dem wirren Treiben nach Kräften auszuweichen, sich geradezu als Verstärkung mitten hineinbegab, und das nicht einmal aus Sports- oder Widerspruchsgeist, vielmehr ohne sich überhaupt darüber klar zu sein: einfach, weil er nun einmal so beschaffen war, weil er zweifellos nicht anders konnte, als sich immer in der falschen Richtung, ja sogar der verbotenen Richtung zu bewegen, die er wahrscheinlich noch dazu für die richtige hielt, oder ohne überhaupt irgend etwas zu denken, vielmehr nur, weil er nicht anders konnte, es nicht besser verstand.

»Weil«, sagte mir der Notar, »selbst wenn ich einräume, daß ich vielleicht ein Dummkopf bin und daß so ein Kerl, der in seinem Leben niemals ein Stück Weinberg aus weniger als achthundert Kilometern Entfernung gesehen hat, imstande ist, Leute wie uns zu belehren, die wir hier geboren sind und immer hier gelebt haben und deren Väter hier geboren und zeitlebens geblieben sind, in einer solchen Gegend wie dieser hier, in der man von jeher Weinbau getrieben hat... Weil nämlich, wissen Sie: die, die jetzt von zwangsweisem Ausreißen der Reben reden... darüber kann ich nur lachen: sie sollen doch mal kommen und hier etwas anderes zum Wachsen bringen als...«

»Sie sagten, selbst wenn Sie einräumen, daß so ein Kerl imstande wäre, Sie zu belehren . . . worüber?«, fragte ich.

»Worüber? Hören Sie mal: Stellen Sie sich vor, daß man einen Besitz noch wieder in die Höhe bringen will, wenn er in dem Zustand ist, in dem sein Vater ihn hinterlassen hat? Gut. Mir ist es recht. Aber was hat er sich dabei gedacht? Daß wir ihn betrügen wollten? Daß ich... Hören Sie, Monsieur, die Anwaltskammer hat da Satzungen, die..«

»Aber sicherlich!« sagte ich. – Ich war mit ihm, dem Notar, ungefähr zum gleichen Zeitpunkt bekannt geworden – ich meine damals, als ich Montès in dem Laden des Photographen begegnete –, und zwar wegen eines Häuschens, einer ehemaligen Schäferei in den Bergen, die ich durchaus gern kaufen und herrichten lassen wollte, um mich an Sommertagen dort hinaufzubegeben. So kam es, daß ich periodisch etwas wie einen antiken Chor aufklingen hörte, denn der Notar hatte die Gabe oder, wenn man will, die Schwäche, gewissermaßen nicht an und für sich zu existieren, sondern nur eine Art von Medium zu sein, das nicht in seinem Namen zu sprechen schien, sondern im Namen einer ganzen Stadt oder wenigstens dessen, was – *ohne eigentlich eine Klasse zu sein, da gewisse Neureiche jüngeren Datums darin nicht anerkannt wurden, und auch keine Kaste, da alte, aber finanziell ruinierte Familien darin nicht mehr figurierten; eher war es schon ein gewisses ›Milieu‹ im wahrsten Sinne des Wortes, insofern darin ein Gefüge aus ziemlich dunklen Regeln über einen sorgfältig proportionsgemäß errechneten Durchschnitt zu wachen schien, bei dessen Festsetzung gleichzeitig die Anciennität wie auch die Bezifferung des Vermögens bestimmende Komponenten bildeten, und zwar so, daß das Ausmaß der einen die Schwäche der anderen auszugleichen imstande war und umgekehrt, was aber nicht unbedingt in Kraft zu treten brauchte* – sich als die Stadt betrachtete unter Ausschluß aller anderen Personen, die für nichts erachtet wurden, nicht einmal verachtet oder von oben herab angesehen, sondern einfach ignoriert und – ob es sich nun um Kaufleute, Postbeamte, Stubenmaler oder Klempner handelte – als Objekte, als raumfüllende Möbelstücke hingenommen wurden, weil ja ein Wohnkomplex aus Steinen, Ziegeln, Beton und Dachmaterial, der Raum für hunderttausend Menschen bietet, worunter allerdings auch Frauen und Kinder sind, außer von den zwanzig oder dreißig Familien, die, ihrer Meinung nach, den Kern bilden, noch von anderen bewohnt sein muß; die Stadt, das waren also nur die Leute mit Hektaren von Weinbergen, Büros, Lagerhäusern, Kellern, Fässertransport- oder Kühlwagen, Villen am Meeresstrand, Chalets im Gebirge, Autos, Segeljachten und Motorbooten, was sie entweder alles zusammen besaßen oder aber wenigstens teilweise, und zwar entweder völlig schuldenfrei oder im Gegenteil bis zum letzten Dachziegel mit Hypotheken belastet; ihre Großväter oder Urgroßväter waren wahllos entweder Generäle unter dem Kaiserreich, Präfekten oder Stiefelputzer gewesen – oder Schmuggler, oder Leute, die Wasser in Wein verwandelten, dann aber darauf verzichtet hatten, bei Wind und Wetter den Anis del Mono über die Grenze zu paschen oder bei Kerzenlicht ein paar Faß Wein zu taufen, um stattdessen lieber die gleichen Operationen auf weniger handwerkliche, dafür aber rentablere Art vorzunehmen, nämlich am hellichten Tage, vor aller Augen und mit dem Wissen aller und gleich tonnen- oder hektoliterweise.

Dem Augenschein nach gehörten sie der gleichen Gattung an wie andere Lebewesen, die mit einem Kopf, zwei Armen und zwei Beinen versehen sind, und wurden wie jene in ganz uniformer Weise von einer Generation zur anderen zwischen zwei Bettüchern gezeugt, aber zweifellos nicht unter dem keuchenden Stöhnen leidenschafterfüllter nackter Leiber, sondern eher mit einem Geräusch, wie es ein Geldstück verursacht, das man durch den Schlitz einer Sparbüchse fallen läßt, weshalb es zweifellos jetzt als feststehend gilt, daß die Weltgeschichte sich nicht in dem fernen Widerhall der Schlachten und des unsinnigen Hurrageschreis der Menge aufgezeichnet findet, sondern in den staubigen, himalajagleichen Bergen von Verträgen und Akten, die unter dem Diktat unzähliger Père-Goriot-Typen durch die unbekannte, doch ungeschlagene Armee zahlloser Notare redigiert worden sind, welche alle diesem speziellen hier glichen, zugleich aber auch seinem Vorgänger und wieder dem Vorgänger von diesem, also dem Vorgänger des Vorgängers des Vorgängers desjenigen, dem ich jetzt in dem Sessel gegenüber saß, in den auch Montès von Zeit zu Zeit zurückkehrte und in den sich zweifellos auch sein Onkel zu setzen pflegte, jener dicke Mann, der sich Montès gegenüber als Onkel bezeichnete und den er am zweiten oder dritten Tage nach seiner Ankunft in der Stadt in das kleine Zimmer des ersten Hotels, in dem er abgestiegen war, in der Absicht hatte eindringen sehen, ihn zum Abendessen in sein Haus einzuladen, in dem offenbar die Innenausstattung mindestens seit dem Zweiten Kaiserreich nicht mehr verändert worden war, das Haus mit den ehemals roten, jetzt aber verschossenen und von Motten befallenen Wandbespannungen und den verstaubten Wandarrangements aus krummen Reitersäbeln, in deren Gestalt, von Rost und Zeit verzehrt, der Ruhm einstiger – oder nur vorgeblicher – Reiterattacken sich ebenfalls ganz allmählich abzunutzen schien wie eine sogar dekorativere, aber auch vergessene und eigentlich törichte Spur, die dort nur als Andenken noch vorhanden war, denn seit langem schon gab niemand mehr acht darauf außer vielleicht Neuangekommene, die sich möglicherweise noch einmal nach ihm umwandten und ihn anschauten –, ihn, den Hausherrn, den Onkel – in einem seiner ewigen landjunkerlichen Tweedanzüge, mit seinem Bauch, dem rotangelaufenen Gesicht eines starken Essers, seinem Schnauzbart, seinem dicken, bürstenförmig geschnittenen grauen Haar und vor allem mit der gleichzeitig groben, anmaßenden und feigen Miene aller derjenigen, die vielleicht eine vage Vorstellung von der schreckenerregenden Künstlichkeit der Art von Nabelschnur haben, die ihnen nicht nur durch Nahrung, Bett und Dach in der rein physischen Bedeutung des Wortes zu leben erlaubt, sondern ihnen auch gestattet, sich ihr eigenes Existieren überhaupt vorstellen zu können: das Geld. So wenigstens berichtete darüber die Chronik der Stadt. Sie behauptete sogar, daß er, oder vielmehr an seiner Stelle sein Vater, denn selbst diese Fähigkeit erkannte man ihm nicht zu, die letzten Reste seines Prestiges, die Säbel, die nach Damaszenerart eingelegten Waffen, die Ahnenporträts, das Adelsprädikat, das alte verstaubte Stadtpalais, dazu benutzt habe, um die Einwilligung weniger der in erster Linie Interessierten, nämlich des jungen Mädchens, sondern der Eltern zu erlangen – *ehemaliger Gärtner, so hieß es, die mit ihrer Hände Arbeit im Laufe eines Menschenalters der Erde ungefähr das Entsprechende dessen abgerungen hatten, was die säbelschwingenden Generäle, ihre Sprößlinge und Verwalter in hundert Jahren im Spiel, mit Pferden, Frauen oder mit noch größerer Sicherheit in mirakulösen Geschäften vergeudet hatten.* – So habe er, der Vater, zwei Menschen zusammengebracht, von denen die bösen Zungen behaupteten, es müsse am Tage ihrer Geburt dem Standesamt ein Irrtum unterlaufen sein, da sie von einer Gräfin, er aber von irgendwelchen Kotsassen abzustammen schien, wobei sie, die selben bösen Zungen, auch später noch einen Vergleich zwischen ihm und den Töchtern und Vermutungen darüber anstellten, in welchem Verhältnis das Blut, das durch ihre Adern rollte, das des Vaters und der Mutter wäre, ob nicht vielmehr der Mutter und eines anderen, wie manche noch behaupteten, als sie – diese Gärtnerstochter, die wie eine mit einem Stallknecht vermählte Gräfin gewirkt hatte – bereits unter den drei oder vier Tonnen Marmor begraben lag, die auf dem Friedhof seit längerem schon die Gebeine des Generals der Kaiserlichen Armee und seiner Nachkommenschaft bedeckten: die Leute flüsterten sich sogar einen Namen zu, sie erzählten sich die Geschichte von dem alten Doktor, der vom Spieltisch aufgestanden war, als der Witwer erstmalig wieder im Klub erschien, und von einer eisigen Winternacht, während der manche auf einem der Balkone des alten Hauses vor dem geschlossenen Fenster die schemenhafte Silhouette einer nur mit dem Hemd bekleideten Frau hatten erkennen wollen.

Aber das alles war nur Gerücht. Denn in der Folge fand man nichts gegen ihn vorzubringen, jedenfalls nichts von der Art der Dinge, die gewöhnlich den Stoff solcher mündlich weitergegebenen Chronik bilden, das heißt über die allgemein bekannten Dinge hinausgehen. Sogar die, die man ihm zugebilligt hätte, erlaubte er sich nicht, oder vielleicht besaß er nicht die Kühnheit dazu, vielleicht auch nur keine Neigung. Man wußte nichts davon, daß er etwa Mätressen unterhielt, man ertappte ihn sogar nie dabei, daß er sich etwa verstohlen in eines der vier oder fünf schlechten Häuser der Stadt geschlichen hätte, die von da an aufgab, sich mit ihm zu beschäftigen, und nur mitansah, wie von Jahr zu Jahr seine Silhouette umfangreicher wurde, sein überhebliches Gesicht röter anlief und gleichzeitig damit seine fettwanstigen, schwerfälligen Massen sich immer mühsamer in die einander ablösenden, aber immer gleichen großen schwarzen Wagen schoben, die pünktlich alle zwei Jahre erneuert wurden und auf deren Rücksitzen zunächst zwei Kinder saßen, dann eine junge Dame und ein kleines Mädchen, dann, als die ältere geheiratet hatte, eine junge Person allein, und noch später, als diese alt genug war, um zu tun, was sie wollte – *von ihr hieß es, wenn die ältere zugleich mit der Schönheit der Mutter den Hochmut des Vaters geerbt habe, so habe sie, die zweite, überhaupt nichts von ihm* –, niemand mehr. Wenn man sich die modernen Kostüme, das Auto, das Telefon, den kleinen amerikanischen Schnurrbart des Notars fortdachte, so erinnerte alles übrige – das alte Stadtpalais, die massive Eingangstür mit den blankgeputzten Messingbeschlägen, die verschwiegene Fassade, das rostige Gewaffen an der Wand, das Rätsel, das die Tote umgab, der Witwer, die beiden Töchter – stark an eines jener Stücke im spanischen Stil, an die Erfindungen eines Calderon oder Lope de Vega, eine jener Tragikomödien, die sich über viele Tage erstrecken im Rahmen einer unbestimmbaren Zeit oder vielmehr, aus dieser unbestimmbaren Zeit exhumiert, aus ihr emporgetaucht, sich über eine von burlesken und maccaronesken Episoden pointierte Dauer hinziehen: eine Sache, bei der es im Hintergrund viele Arme gibt, ewig psalmodierende Bettler, die mit dem Bettelnapf in der Hand im Schatten eines Kirchenportals hocken, rings umgeben aber von dieser fatalen Stadt mit ihren verschimmelten, verstaubten Außenbezirken, den Läden, den neonblitzenden Cafés, den gelbbraunen Mauern, dem allzublauen Himmel, den Straßen, über die zweihundertfünfundsechzig Tage im Jahr der verdammte Nordwind hinfährt und die an den übrigen hundert Tagen nach Nässe, Moder, Verwesung und verfaulten Ziegeln stinken. Im ersten

Akt würde man auf der Bühne einen Platz sehen mit einem schweren, glattgehobelten barocken Kirchenportal zur Linken, zur Rechten aber das Haus des Don Eusebio, des reichen Witwers, worauf dann zunächst, schwarz gekleidet und einem Geistlichen nicht unähnlich, der Notar auftritt und dringend den Witwer wegen einer Angelegenheit von höchster Wichtigkeit, das heißt, einer Geldaffäre, zu sprechen wünscht – was sonst könnte für einen Notar oder für Don Eusebio Wichtigkeit haben außer Geld? – einer Erbschaft etwa; wenn er dann die Bühne in Begleitung des Verwalters oder vielleicht Pächters verläßt, treten die jüngste Tochter des Witwers und ihr Verlobter von der anderen Seite her auf, werden jedoch bald, in der folgenden Szene, von der älteren Tochter, der gehorsamen, abgelöst, derjenigen, die schon den väterlichen Wünschen gemäß verheiratet ist und viele Kinder zur Welt gebracht hat, einer junonischen Erscheinung von imponierender und edler Haltung; dann erscheint der arme Vetter oder vielmehr der nunmehr reiche Vetter, denn er hat eben geerbt, was den Hauptgegenstand aller Unterhaltungen und des allgemeinen Interesses ausmacht, und zwar nicht nur des reichen Witwers und seiner Familie, sondern auch noch einer gewissen Zahl von anderen Personen, die einander begegnen oder sich verfehlen, einander aus dem Wege gehen oder nachlaufen, und das durch mehrere aufeinanderfolgende Akte, Szenen, Chassés-croisés und Mißverständnisse hindurch – wobei auch die schwankhafte, gepfefferte, derbe und sogar unanständige Episode nicht fehlen darf, eine Episode, die, eher elisabethanisch als kastilianisch, eines Ben Jonson würdiger wäre als eines Calderon und von der jedermann in der Stadt zu berichten weiß, von der Freundin an, der sie – *die Juno, die stolze Göttin der Fruchtbarkeit, neben der Montès bei dem berühmten und ein-*

zigen Abendessen zu sitzen gekommen war, zu dem ihn sein Onkel eingeladen hatte und die, so sagte er mir, mit ihm, ohne ihn anscheinend auch nur zu sehen, mit distanzierter, eisiger Höflichkeit gesprochen hatte, mit ihrem ausdruckslosen Göttinnenantlitz und dem im siebenten Schwangerschaftsmonat angelangten Leib, was, wie man erriet, für sie kein nur gelegentlicher, vorübergehender Zustand war, sondern gewissermaßen ein Zweck an sich, eine sozusagen geheiligte Funktion – es war jetzt das vierte Mal in den fünf Jahren ihrer Ehe –, die in unausgesetztem Empfangen, Austragen, Gebären, Stillen und Wiederempfangen bestand, das alles in einem Zustand hochmütiger, strenger und unzerstörbarer Beglücktheit – es selbst erzählt hatte, bis zu den Jünglingen, die in den Frisiersalons tätig waren und die es von ihren Kundinnen erfuhren, wenn diese von einer Kabine zur anderen beim warmen Dröhnen der Trockenhauben es einander laut zurufend vertraulich mitteilten, und ich versuchte sie mir, so wie Montès sie mir beschrieben hatte, mit ihrem unter dem langen Nachthemd hochmütig vorgeschobenen Leib vorzustellen – *vielleicht stand irgendwo eine Lampe, so daß sich gegen das Licht, als Schattenriß, die Umrisse ihres Körpers in ihrer seelenruhigen, überheblichen Schamlosigkeit unter der dünnen Seide abzeichneten* – wie sie unbekümmert um ihre Nacktheit ebenso wie um ihren Zustand, die Lächerlichkeit des Ganzen, sowie auch die Tatsache, daß sie den aufs Geratewohl ergriffenen Schürhaken immer noch ganz zwecklos in der Hand hält, so daß er, während sie spricht, an ihrem Schenkel herunterhängt, immer von der gleichen Ruhe beherrscht, einem völligen Fehlen von Furcht zweifellos, einer Ruhe, die offenbar nicht dem Mut entspringt, sondern der durchaus unexplosiven Gewißheit, physisch und moralisch jedem Angriff entrückt zu sein, und die ihr gestattet, in dieser Weise, beinahe – oder mehr als – nackt in einem Zustand daherzukommen, der für jedes andere Wesen ein Grund zur Scham sein würde, und das noch dazu mitten in der Nacht, in der Kammer des Dienstmädchens, die an das Kinderzimmer stößt, in die folgenden Worte ausbricht: »Wer sind Sie? Was machen Sie denn da?« und blicklos auf den Körper starrt, den vollkommen nackten Körper eines Mannes, der ihr gegenübersteht, braun, mit Muskeln bepackt und in der Mitte mit jener Art von Henkel, von Galgen, von fleischlicher Knospe versehen, die sich aus einem feuchten Dickicht reckt, dazu das Mädchen, die Dienerin, die sich unter dem Laken zu verstecken versucht, wobei aber zweifellos sie, Helene, die junge Person ebensowenig sieht wie den Mann – *das heißt, beide gleich wenig in ihrer physischen Realität mit den Merkmalen heftiger, priapischer Erregung* –, vielmehr zweifellos einzig bei sich dachte: »Dabei also sind sie gerade gewesen. Sie hat einen Liebhaber, und das unter meinem eigenen Dach, nur ein paar Meter von meinen Kindern entfernt, und noch dazu ist es ein Zigeuner . . .«

Sie hatte freilich nicht eigentlich die Rasse desjenigen erkannt oder identifiziert, den sie nicht einmal als Mann, ja kaum als menschliches Wesen zur Kenntnis genommen hatte und von dem sie hinterher nur eine jener vagen und auf jeden passenden Beschreibungen hätte geben können, wie sie gewöhnlich die Zeugen eines Diebstahls oder Mordes liefern, vielmehr war ›Zigeuner‹ für sie nur eine generelle Bezeichnung für alle diejenigen, die imstande sind, nächtens in Hühnerställe oder bei den Leuten selbst einzusteigen, um das Silberzeug zu stehlen oder mit dem Dienstmädchen zu schlafen oder alles beides zu tun. Sie war auch nicht einmal empört oder wütend, erst recht nicht aus allen Wolken gefallen, als sie entdeckte, daß das Mädchen einen Liebhaber hatte, sondern hatte sich nur gesagt: ›Ich ahnte es ja, ich habe es gar nicht anders erwartet!‹, so selbstverständlich kamen ihr diese Dinge vor und so sehr gehörten sie in ihren Augen zu den Eventualitäten, auf die man gefaßt sein muß, da ja Dienstboten wie alle Personen unterhalb eines gewissen sozialen Niveaus von Natur faul, diebisch und verdorben sind, das heißt Faulheit, Diebstahl und Laster genau so in sich schließen wie die Wolke den Regen oder das Ei den Dotter in seinem Inneren. Es handelte sich gar nicht darum, daß man sich darüber aufregt, daß ein Dienstmädchen einen Liebhaber hat oder einen bestiehlt, sondern nur darum, darauf bedacht zu sein, die Unzuträglichkeiten, die sich daraus ergeben, daß man wohl oder übel aktiv lasterhafte und unehrliche Leute im Hause anstellen muß, um bedient zu werden, nach Möglichkeit einzuschränken. Vielleicht war der Kerl nur einfach der Metzgergeselle aus dem Laden an der Ecke oder irgend ein Bote. Für sie aber war er auf alle Fälle ein Zigeuner, und auf alle Fälle hatte das Mädchen nicht nötig, Tränen zu vergießen, so wenig wie sie sich zu bemühen brauchte, ihre Brüste oder den Leib mit dem Laken zu bedecken, weil sie auf alle Fälle schon gar nicht mehr existierte, das heißt, nicht mehr in ihrer Eigenschaft eines in ihrem, Helenes, Dienst befindlichen Mädchens.

Das Mädchen war bereits in dem Moment entlassen, als die Herrin in das Zimmer eingetreten war und die beiden entdeckt hatte, wie sie splitterfasernackt zwei Schritte vom Kinderzimmer entfernt solche Dinge trieben. Aber das alles dachte sie ganz ohne Zorn, ohne Indignation, ja zweifellos sogar ohne den geheimen Triumph auszukosten, daß sie das Böse vereitelt, entlarvt und aufgestört hatte, so wie sie auch keine Scham empfand, sich im Zustand ihrer siebenmonatigen Schwangerschaft einem Manne im schlichtesten Ur- und zudem sozusagen faunischen Zustand gegenüber zu finden, denn – *so, erzählte man, habe sie es selbst der Freundin berichtet oder dieser zu verstehen gegeben, zu vermuten, sich auszumalen gestattet, jener Freundin, die es wiederum anderen Freundinnen erzählt hatte, welche es sich wechselseitig unter den mitraförmigen Trockenhauben mitteilten* – dieser schien keineswegs befangen, ließ ruhig das Mädchen unter dem Bettlaken schluchzen, stand seinerseits hochmütig, unverschämt Rede und streckte keineswegs die Waffen – *sagten sie, schrien sie einander in der schwülen Atmosphäre des Frisiersalons zu, wobei sie mit bizarrem Nachdruck in der Stimme gerade auf diesem zweideutigen Ausdruck bestanden* –, ja benahm sich recht trotzig gegen sie, so daß schließlich der Gatte sie in dieser Situation vorfand, der Gatte, von dem Montès in dem Tone fragwürdigen Humors, den er an sich hatte, zu verstehen gab, es müsse ja wohl einen solchen geben, da man bisher noch nicht außer für das Rindvieh ein anderes legales und durch den Gebrauch geheiligtes Mittel gefunden habe, einen Leib zu schwängern – *offenbar müsse sie sich dazu doch wohl hergeben, sich dazu herablassen, ihre Würde so weit ablegen, daß sie sich in der gewissen gefügigen, danaehaften Stellung des Empfangens, des Aufnehmens auf den Rücken legt und – entdeckt doch sogar die Gattin, die erhabene und wohlberechnende Matrone die Gebärde der Hure in dieser Phase, die auf der Höhe der Leidenschaft, im tumultuarischen Aufruhr des Fleisches die beiden Partner zwingt, das wütende Anstürmen der Leiber zugunsten einer Art von richtiger Einpassung aufzugeben, bei der die Frau – gewöhnlich ist sie es – sich in eine aufmerksame und exakte Ausführerin einer Art von Schlosserarbeit verwandelt, wenn sie den urewigen blinden Widder zu ihrem Schoß hinlenkt.* Wie aber soll man erklären, wenn nicht durch diese gewisse Nichtachtung oder Verachtung – *ja sogar mehr noch: Unwissenheit oder gar Vergessen gleichsam eines eitlen, zwecklosen und außerhalb seiner nutzbringenden, aber begrenzten Bestimmung hinderlichen Objekts* –, daß entgegen dem, was jede andere Frau in der gleichen Lage getan hätte, diese hier unterließ: ihren Gatten zu wecken, sondern aufgestanden war und sich ganz allein und nur mit dem lächerlichen, absurden Schürhaken bewaffnet zu dem Ort begeben hatte, von dem her sie ein Geräusch vernahm? Es sei denn, es habe irgendeine Besorgnis dahinter gesteckt, ein mütterlicher oder Beschützerinstinkt, der freilich ganz ebenso beleidigend, demütigend wie das Vergessen gewesen wäre, wenn nicht noch mehr, den er wohl spüren mußte, ihn und noch etwas anderes: Staunen, Zorn, Empörung, als er sie so einander gegenüber sah wie zwei jener Negerstatuetten, die an eindeutiger, wilder Obszönität nichts zu wünschen übrig lassen, beide kraß und barbarisch, sie wie eine der archaischen Fruchtbarkeitsgöttinnen, er mit seinem unbezähmbaren, stolzen, triumphierenden Glied, das schon als bloße Idee, als vorgestelltes Bild bewirkte, daß die salbungsvollen Stimmen der Frauen in der von Lastern und Düften saturierten Luft sich geschmeidig dämpften, wenn sie zueinander sagten: »Aber was hat er … was war denn …« oder: »Aber nein, er hat nicht die Polizei gerufen«, während eine andere berichtete: »Mit einem einzigen Schlage, ja, einem einzigen. Noch dazu …« Die Ehemänner aber, die Weinmakler, die Kommissionäre, die Händler, die zur Stunde des Aperitifs um den Tisch herum saßen, oder die lange Reihe unjugendlicher junger Leute zwischen zwanzig und siebzig Jahren, die sich ewig auf dem Klubbalkon langweilten, wußten es genau: »Einen rechten Schwinger. Wenn es nicht ein Leberhaken war ...«

»Nein, wirklich? Er? Und ich dachte, er wäre ein Ehemann, der zu nichts weiter taugt als ...«

»Gerade deswegen. Deswegen zweifellos hat er das eingesteckt. Und deswegen haben sie wahrscheinlich auch keine Anzeige erstattet. Sicher hat sie gemeint, so ein Faustschlag von einem Zigeuner ...«

»Ist es bestimmt ein Zigeuner gewesen?«

»... oder Konditorburschen oder Botenjungen nicht zählt, keine Folgen hat, so wenig wie der Blick eines Zigeuners oder Hundes auf ihren Leib oder wie ein ...«

»Aber sie haben doch das Mädchen entlassen?«

»Ob sie ... Ja, was denken Sie denn? Sie haben wohl gedacht, sie hätten ihr noch eine Lohnerhöhung gegeben?«

VIII

Ich erinnere mich, daß es damals plötzlich, ohne Übergang, heiß zu werden begann. Noch bevor die Bäume richtig grüne Blätter hatten. Gleichzeitig aber mit der Hitze, den Fliegen war auch wie infolge plötzlicher Urzeugung alles andere da: schwarze Wolken stiegen in Wirbeln empor, dazu erhoben sich nicht mehr unterscheidbare, grauenhafte Gerüche von Dingen, die in Zersetzung und Verwesung begriffen waren – *verwelkte Blumen, Kohlstrünke, Abfälle in den Abflußrinnen des Marktes, saure, zäh haftende, schwere, stagnierende Ausdünstungen in der gleichfalls unbeweglichen, schwergewordenen Luft, eine plötzliche Lähmung aller Dinge. Ich sehe noch den alten Kasernenhof, die Stätte, wo Rosa wohnte: die unbewegliche, gleichsam geronnene Sonne, die durch das durchsichtige Laub der Backsteinarkaden stach, die rotviolette, abgenutzte Ziegelmauer selbst und die vielfarbigen Wäschestücke, die an den zwischen den Pfeilern ausgespannten Leinen trockneten, und vielleicht in einer der Ecken eine Frau beim Wäschewaschen, dazu die Rinnsale schwarzen, fauligen Wassers, und irgendwo in einem Käfig ein Kanarienvogel, der dann und wann seine Triller durch die tote, undurchlässige, stagnierende Zeit entsandte, und die beiden Mädelchen in ihren ausgewaschenen Kleidern mit straff zurückgekämmtem Haar, den kleinen öligen Zöpfen, die wie die zwei Henkel eines Korbes aussahen und von Bandschleifen zusammengehalten wurden – ihrem einzigen Luxus, so erzählte Montès mir: Rosa habe davon eine unerschöpfliche Sammlung gehabt, deren einzelne*

Stücke ständig am Fenster trockneten. Mit den Knien unter dem Kinn hockten sie in jener affenartigen Haltung, in der nur Neger und Kinder stundenlang verharren können, völlig vertieft in ihr schweigsames Spiel, bei dem sie Phantasiegärten aus Stücken blauen, schwarzen, rosenfarbenen und blaßgrünen Glases zusammenfügten. Bald darauf bemerkte die Kleinere dann, daß die Große nicht mehr spielte, obwohl diese sich gar nicht gerührt, nicht ihre Affenpose aufgegeben, noch ein Wort gesagt hatte, und hob den Kopf, sah ihre Schwester an, blickte dann in die Richtung, nach der jene schaute, und entdeckte auf diese Weise Montès, der auf sie zukam, mit seinen kohlschwarzen Augen, seinem ungeachtet der Sonne zugeknöpften Regenmantel, seinem wunderlichen Gebaren und dem furchenreichen, schmerzbewegten Lächeln eines altgewordenen Augustus.

Er sagte mir nicht, ob er oder Rosa auf die Idee gekommen waren, daß er sich von dem Kind begleiten ließe. Er sagte mir auch nicht, ob er für das kleine Mädchen Bonbons gekauft hatte. Vielleicht war es wirklich so, wie mir der Notar erzählt hatte, und er trug immer einen Vorrat in seinen Taschen mit sich herum. Während er also die Hand des Kindes in der seinen hielt, ging er in entgegengesetzter Richtung den Weg, den er bei der Rückkehr am Abend zuvor zurückgelegt hatte, das heißt, er stieg von der höher gelegenen Stadt in die neueren Viertel hinab, durchschritt die Straßen des Zentrums, die zu dieser Stunde von der langsam dahinflanierenden Schar der Landfrauen erfüllt war, die lange vor den Schaufenstern verweilten, während die ewig gleichen jungen Leute sich an den Tischchen der Kaffeeterrassen räkelten und auf den Bänken der kleinen Anlagen in abgeschabten Mänteln Gruppen von Alten saßen, die die beiden vorübergehen sahen, ihn und das kleine Mädchen, das sein kleines, braunes, dem einer Inka-Mumie gleichendes, unbeeindrucktes Gesicht zeigte, den düsteren Blick über Schaufenster und die Leute gleiten ließ und sich damit begnügte, verneinend den Kopf zu schütteln, wenn er sich mit der Frage zu ihr niederbeugte, ob sie müde sei, wohl aber von Zeit zu Zeit die Hand freimachte, die er in der seinen hielt, um einen Bonbon zum Munde zu führen, den sie aus dem klebrigen Amalgam des Täschchens herausgelöst hatte, das die andere Hand umschloß, die sie gleich darauf wieder in die von Montès schob.

Jetzt waren sie bei den Wäscherinnen angelangt, die von Licht übersprüht am Rande des Wasserlaufs knieten, der sich durch das breite weiße Kieselbett wand. Dann begann von neuem, aber diesmal in hellem Tageslicht, das fortschreitende Zerbröckeln der Stadt, Pavillons mit Gärtchen tauchten auf, Tankstellen und neu angelegte Friedhöfe teils für Menschen, teils für Automobile, wüstenhafte Weiten, die von verrosteten Gerippen oder nach Katalog gekauften Gräbern bedeckt waren, auf denen nicht einmal eine Zypresse stand, weil zweifellos mehr Zeit dazu gehört, einen Baum wachsen zu lassen, als maschinell eine Tonne Marmor zu verarbeiten, zurechtzuschneiden, mit einer Aufschrift zu versehen und einen Toten darunter zu betten, und nachdem er gebettet ist, ihn zu vergessen; zwischen Friedhöfe, Tankstellen und Häuser aber schob sich immer wieder in Flecken, in sich weitenden Fetzen die verknöcherte, flache, harte, ausgedörrte, kieselbesäte Erde.

Sie hielten im Gehen inne. Am Tage zuvor, bei Nacht, hatte er ein zur Landstraße rechtwinklig verlaufendes, straßenartiges, von niederen Bauten eingefaßtes Gebilde zu erraten vermeint. Jetzt sah er das Ganze im hellen Tageslicht vor sich: es handelte sich nicht etwa um Baracken oder Buden, sondern um eine aus Hohlziegeln aufgeschichtete Mauer – die Ziegel selbst waren ungleich, schlecht gebrannt, angeschlagen, kurz gesagt, die Sorte, wie man sie im Schutt der Bauplätze auflesen kann –, in der sich nicht eigentlich Türen auftaten oder einfach offenstanden, sondern karieshafte Höhlungen, schwarze Löcher von unregelmäßiger Form, die meisten sogar nicht einmal durch Vorhänge abgesperrt, und in der Nachmittagssonne flimmerte der wellig festgetretene Boden der Straße – *denn, so sagte er mir später noch immer aufs höchste erstaunt, es gab da sogar ein Schild mit einem Namen, stellen Sie sich vor! Administrativ gesehen, war dies also eine Straße, jedenfalls etwas, das einen Namen trägt, und wenn es einem Spaß machte, konnte man diesen Namen auf einen Briefumschlag schreiben und diesen dann zur Post bringen, nur um zu sehen, ob er wirklich ankäme* – in der Sonne, und als er sich näherte, entdeckte er, daß diese blendende, blitzende Wirkung durch Tausende von Glasstückchen zustandekam, ganz als ob jemand, ein verrückt gewordener Dekorateur oder ein Idiot, geduldig Flaschen auf Flaschen gehäuft, sie zerschlagen und die Scherben dann sorgfältig ausgebreitet hätte, offenbar einzig zu dem Zweck, daß die Scharen schmutziger Kinder, die dort barfuß und mit nacktem Hintern umherliefen, sich auf ganz natürliche Weise zu Fakiren und Degenschluckern entwickeln konnten. Auch hier hing Wäsche an einem Draht, der zwischen zwei Pfählen ausgespannt war: rosa Fetzen hoben sich durchscheinend von dem grüngelben Himmel ab, und auf einer Art von viereckigem Platz, auf den die Straße mündete, standen drei oder vier alte Zigeunerwagen mit verfärbtem Anstrich und Rädern, die lange schon keine Straße mehr gesehen hatten, oder sogar ohne Räder, nur von einem Ziegelhaufen oder von bockartigen Gestellen unterstützt, wobei diese Räder oder Böcke in Haufen von Schmutz, von Flaschenscherben oder verrosteten Konservenbüchsen halb eingesunken waren.

Dann fand er sich auf dem Boden liegend wieder vor, jenen alten Fuhrwerken ähnlich – und lachend sagte er zu mir: »Es war, als wenn ich schon seit ewigen Zeiten dort gelegen hätte, denn zu Anfang konnte ich mich absolut nicht erinnern, was ich dort eigentlich tat...«, – der Länge nach ausgestreckt zwischen Scherben und Abfällen, über ihm aber gegen den Himmel zeichnete sich – *mit dem Unterschied freilich, daß dieser nicht mehr grünlichgelb war, wie er ihn gleichwohl noch eben gesehen zu haben sich zu erinnern meinte, sondern jetzt ins Orangefarbene spielte, verfinstert, fast bräunlich war* – eine Art von Barriere ab, die aus kleinen nackten zwischen Schmutzflecken braun durchschimmernden Beinen und darüber den kleinen runden Bäuchen von Mädelchen und Buben bestand, die nur mit nicht einmal ihren Nabel bedeckenden Hemden oder Schürzen bekleidet waren, und noch weiter oben aus den zottigen Haarmähnen, die nie ein Kamm berührt hatte und unter denen eine Reihe schwarzer Augen mit phosphoreszierendem Weiß ihn neugierig staunend anschauten, während er sich daran zu erinnern versuchte, wie das alles gekommen war, und – noch ohne Schmerz zu empfinden – die Bilder in Gedanken zusammenfügte, die ganz allmählich wieder vor seinem inneren Auge sich verdeutlichten: zuerst der Zigeuner, Jep, derjenige, um den sich, wie Rosa ihm erzählt hatte, früher die Leute in schicken Bars gedrängt hatten, um das Recht zu haben, ihm auf die Schulter zu klopfen und ihn ›Champ‹ zu nennen, und der da vorhin in seinem eleganten, aber abgetragenen Anzug – jedoch mit immer makellosem Hemd – auf dem Trittbrett eines alten Vehikels mit verbeulten Blechteilen und frisch angestrichenen Kotflügeln gesessen hatte, so einem Ding von fünfundzwanzig oder vierzig PS, das noch imstande war, etwa dreißig Kilometer auf ebener Strecke zurückzulegen, wobei es wie eine Lokomotive rauchte, mit einem Karren als Anhänger und im Inneren, auf den mit Filetdeckchen versehenen Bänken, einer vollen Ladung dunkler Gesichter – *das Ganze jetzt ebenfalls halb versunken in der dicken Unratschicht, die den Boden bedeckte, während der eine Türgriff als Befestigung für eine Wäscheleine diente* – und neben Jep auf dem Trittbrett, im Begriff, eine seiner kleinen braunen Zigarren zu rauchen, ein anderer Kerl mit dem gleichen sonnenverbrannten Gesicht, den gleichen blitzenden Zähnen, dem gleichen krausen Gelock hinter den Ohren und, an den Rücksitz gelehnt mit dem auf dem Filetdeckchen ruhenden Kopf, als drittes Exemplar der gleichen Gattung einer, der auf einer Gitarre herumfingerte und vor sich hinsang. Auf den Knien des zweiten saß ein vollkommen nacktes Kind: »Einer dieser kleinen braunen Götter, Sie wissen schon, die aussehen, als kämen sie direkt irgendwo von Indien oder von sonstwo aus diesen Gegenden her, gerade aus dem Ofen geholt von einem anderen größeren Gott, der beauftragt ist, sie mit ein wenig Erde herzustellen und bis zu dem Grad von Bräunung auszubacken, in dem sie wie rundliche kleine Honigkuchen wirken, weil sie alle gleich, weil sie in Lumpen gekleidet sind und diese fauligen Ziegellöcher bewohnen, den ganzen Tag mit nacktem Hintern und bloßen Füßen auf Flaschenscherben umherlaufen, wobei ihnen aber nichts abgeht, wenigstens nicht das tägliche Brot – nur Kleider und ein Dach über dem Kopf muß man freilich bezahlen –, während der Rest ihnen vermutlich vom Himmel zufällt wie Manna, so daß die einzige Arbeit dieser Kerle darin besteht, sich zu bücken und es aufzuheben und vielleicht noch zu kochen, weil man sich – wenn man von den Frauen absieht, die ihre ganze Zeit mit dem Waschen und Trocknen der Lumpen zu verbringen scheinen – nicht vorstellen kann, daß auch nur einer von ihnen einen Finger rührt für etwas, was auch nur entfernt ihn zum Schwitzen bringen könnte, und zweifellos . . .«

»Ich weiß«, sagte ich. »Ich selbst habe nie recht begreifen können, wie sie eigentlich sind. Zweifellos ist es so, wie Sie sagen: Manna. Zweifellos etwas von der Art. Aber wenn diese Erkenntnis auch noch so umwerfend ist, so war es doch sicher nicht das, was Sie wie ein Faustschlag zu Boden gestreckt haben kann?«

»Nein«, antwortete er. »Sicherlich nicht. Der Faustschlag freilich kam doch vielleicht daher. Ich meine, das Ganze hat mir wohl den Faustschlag versetzt und nicht eigentlich er. Ich will damit sagen, er konnte gar nicht anders als mich schlagen, und ich an seiner Stelle hätte vielleicht dasselbe getan, wenn ich gesehen hätte, daß da so ein Kerl daherkommt und mit mir von dem zu sprechen versucht, was er, Jep, wahrscheinlich als Manna oder doch als etwas von der gleichen Art betrachtet . . .«

Er fuhr nun in seiner Erzählung fort oder schilderte mir vielmehr den Ablauf, die sich überstürzende Folge von verworrenen, bunten, disharmonierenden Bildern, die sich ganz allmählich in seinem Kopfe in dem Maße ordneten, in dem der Schmerz erwacht war, während er sich bemüht hatte, sich vom Boden zu erheben, schwankend wie ein Betrunkener, immer noch unter den Augen der ihn im Kreise umstehenden honigkuchenbraunen kleinen Götter mit den ganz gleichen nackten, runden Bäuchlein, dem gleichen grünlichen Rotz unter der Nase sowie den Mähnen, an die nie ein Kamm gerührt hatte und die sich struppig von dem Dämmerungshimmel abhoben. Dann tauchte wieder die blitzende Zahnreihe im Gesicht des Boxers vor ihm auf, als dieser Theresa bemerkte, dann das gleiche Gesicht, wie es dunkelrot wurde, nachdem der Mann ihn, Montès, hinter dem kleinen Mädchen entdeckt hatte, und er sah wieder vor sich, wie dann übergangslos der noch eben ausgestreckt in lässiger Haltung sich räkelnde Körper aufschnellte, zum Sprung ansetzte und das Ding – *nicht eine Faust: Montès hatte gar keine Zeit, dieses Ding auf sich zukommen zu sehen, um ihm auszuweichen, ja auch nur es zu identifizieren* – schnell und schwarz, das heißt, gleich darauf wurde alles schwarz, ihm ins Gesicht fuhr, und das war alles, denn hinterher fand er sich wieder, im Begriff, den Staub abzuklopfen, und nachdem es ihm gelungen war, seinen Körper ins Gleichgewicht zu bringen, dasselbe auch mit seinen Gedanken zu tun.

Hinter dem Kreis, den die Kinder um ihn bildeten, konnte er ringsum die Frauen hin und herlaufen und ihren abendlichen Tätigkeiten nachgehen sehen. Sie schritten an ihm vorbei, anscheinend ohne ihn zu sehen, ohne den Kopf zu wenden, ja ohne zu wissen, daß er existierte. Zwei Rauchsäulen stiegen lang und parallel, schnurgerade, friedlich in den rostroten Himmel auf, der in Glut überging, und schon hoben sich Flammen vor dem Dunkel ab.

Er suchte Theresa mit dem Blick, aber sah sie nicht, ebensowenig Jep. Auch das große verbeulte Auto, das vor wenigen Augenblicken noch, in seinem Bett aus Unrat versunken, dagestanden und als Befestigung für die Wäscheleine gedient hatte, war fort. »Es war ihnen offenbar gelungen, es in Gang zu bringen«, sagte er. »Ich glaubte, es habe dort Wurzel geschlagen und würde von ihnen mit ganzen Tonnen von Unrat gedüngt, in der Hoffnung vielleicht, sie würden erleben, daß es wüchse und zunähme, bis es genügend Raum böte, um einen Schornstein darauf zu stellen und eine ganze Sippe darin unterzubringen; aber sie hatten doch fertig gebracht, es in Gang zu setzen.« Erst einen Augenblick später kam es ihm zum Bewußtsein, daß er noch keinen einzigen der Männer wiedergesehen hatte. Zuerst meinte er, sie hätten sich vielleicht alle vor den alten Vierzig-PS gespannt, um eben die vierzig Pferde zu ersetzen und Jep in einer Art von Apotheose, von antikem Triumphzug fortzuführen, ja, die ganze Zigeunerschar habe am Ende unter großem Geschrei die alte Blechkiste hinter sich hergezogen, drinnen aber, auf den deckchengeschmückten Polstern, habe der siegreiche Champion gethront. Dann dämmerte ihm die Wahrheit.

Er setzte sich in Bewegung. Die Kinder wichen ihm wortlos aus. Er überschritt den Platz und ging die Straße entlang, wobei das Gefolge von nackten Hintern und struppigen Mähnen nicht von ihm wich. Endlich aber blieb auch der letzte der Buben zurück und ließ sich von seinen bloßen Füßen mit den eingezogenen Zehen lautlos durch den Staub zu den abendlichen Feuern zurücktragen.

Etwas weiter fort entdeckte er sie. Unbeweglich stand sie aufrecht an der Straßenböschung und hielt noch in einer Hand die Bonbontüte. Einen Augenblick lang sah er, wie ihre schwarzen, tiefen, rätselhaften Augen aufblitzten, als sie ihn kommen sah, dann war sie nur noch ein winziger, schmächtiger Schatten in der Dämmerung. Er versuchte zu sprechen, räusperte sich, brachte schließlich hervor: »Da bist du ja. Du warst ... Du hast mir ...«, dann wurde seine Stimme von neuem heiser, brachte die Kraft nicht mehr auf, aus seiner Kehle aufzusteigen. Wortlos wandte das kleine Mädchen sich ab, setzte sich in Richtung nach der Vorstadt zu in Bewegung, ohne auf ihn zu warten, und dann gingen beide weiter und wechselten kein Wort, bis sie in der Stadt angekommen waren. Als sie an der Stelle waren, wo es zu dem alten Viertel hinaufging, blieb er stehen und sagte: »Ich denke ... das heißt ich glaube, ich gehe noch nicht gleich nach Hause. Du kannst gewiß ... Ich meine ich denke du kannst jetzt allein bis zum Hotel zurückgehen, ich ...« Das Mädchen war ein paar Meter von ihm entfernt stehen geblieben und sah ihn an. Er sagte: »Gut. Dann geh nur schnell ...«, und als sie ihn noch immer anstarrte, setzte er hinzu: »Geh jetzt, geh. Wir sehen uns nachher ...«. Sie aber rührte sich noch immer nicht. »Höre«, sagte er, »sage deiner Mama, daß ich zum Abendessen nicht komme, ich sehe sie morgen wieder. Du ... Ich meine, du brauchst ihr das alles nicht zu erzählen, verstehst du? Es hat nichts zu bedeuten. Er hat nicht gewollt, daß ... Das heißt, er hat es schon gewollt ... Aber es war nur Spaß, nicht wahr ... er ...« Dann schwieg er, trat einen Schritt zurück und bemühte sich, seine Hand freizumachen, über die das Kind sich gebeugt hatte, und dann fühlte er ihre Lippen, den ganz kurzen Kontakt auf dem Rücken seiner Hand, die sie jetzt fahren ließ, bevor sie sich von ihm wandte und mit raschen Schritten davonlief.

IX

Er sagte mir nicht, was für Überlegungen ihm durch den Kopf gegangen waren während der drei Stunden, die er hinterher auf einer Bank auf dem Platz verbrachte, bevor er sich wieder in das Hotel begab. Im allgemeinen sind das Dinge, die selbst ein Mensch wie er nicht allzu gern anderen anvertraut. Man kann allenfalls ohne übermäßige Scheu erzählen, daß man k. o. geschlagen worden ist; schwieriger aber ist es, und wäre man selbst ein Heiliger, einzugestehen, was man in seinem Gehirn in den darauf folgenden Stunden denkt. Man kann sich vorstellen, daß er in einer der dunkelsten Ecken, die er finden konnte, drei Stunden lang gesessen hatte und sich nicht allzu belustigende Gedanken durch den Kopf gehen ließ, vielleicht auch, daß ihm wie jedem beliebigen anderen Mann in seiner Lage, der Versuch schwer gefallen sein mag, ganz gerecht zu sein; nicht, daß er in diesem Augenblick Zorn oder Haß gegen Jep empfand – *»Denn, wissen Sie«, sagte er später, »wahrscheinlich war das alles, worauf er sich überhaupt verstand, war es das einzige, was man ihn jemals zu tun gelehrt hatte: zuzuschlagen und dann schleunigst davonzulaufen. Es war idiotisch von mir, da ja für ihn die einzige Lösung in schwierigen Situationen, ob er sich nun mitten in der Nacht in einer Mädchenkammer überraschen ließ oder ob . . .« – »Er war es also«, sagte ich. »Sie hatten mir nicht gesagt, daß Sie auch diese Geschichte kennen. Hat vielleicht Rosa . . .« – »Ach, darauf kommt es ja jetzt nicht an. Wenn Sie das gesehen hätten: diese Frauen in alten, zu großen Männerjacken, deren Är-*

mel ihnen über die Hände fielen, und diese Scharen von nackten Kindern, wie er selbst einmal eines gewesen sein muß; da aber war es ihm eben nur durch Geben und Nehmen von Schlägen möglich . . .« – »Nicht durch Nehmen«, sagte ich. »In seiner guten Zeit war er berühmt für seine fabelhafte Verteidigung.« – »Gut, dann meine ich eben, daß er nur durch Faustschläge, die er selber ausgeteilt hat . . .« – »Aber er hat eben niemals ernstlich versucht, wieder heraufzukommen, ebenso wenig wie alle die anderen, die Sie damit beschäftigt sahen, die Gitarre zu zupfen, und einzig darum bemüht, nicht etwa Schweiß zu vergießen. Womit die Burschen weiß Gott nicht einmal unbedingt unrecht haben. Aber stellen Sie sich nur nicht vor . . .« – »Ich stelle mir gar nichts vor. Wenigstens versuche ich, mir gar nichts vorzustellen. Außer eben, daß das einzige, was er gelernt hat, das Austeilen von Fausthieben ist.« – »Und daß man zuerst zuschlagen muß«, setzte ich hinzu, »unversehens obendrein und so kräftig wie möglich. Das haben Sie zu spüren bekommen, stelle ich mir vor?« –, nicht also, daß er Zorn oder Haß empfand, aber Schläge sind eben Schläge, und das schwache Fleisch, ob es nun begehrt oder leidet oder noch so sehr sich zu verleugnen trachtet, bleibt immer das gebrechliche, jammervolle, sich empörende Fleisch.

Als er sich dann entschloß, nach Hause zu gehen, als er sich erinnerte, daß man die Nacht, wenn auch nicht schlafend, so doch wenigstens liegend im Innern eines Hauses ausgestreckt verbringen sollte oder zu verbringen pflegt – *wobei er sich antrieb, sich einen Ruck gab, seinem Körper, der es als Zumutung empfand, daß er sich bewegen sollte, großen Zwang antat, da er sonst, so stellte er sich vor, noch im Morgengrauen dort auf der Bank sitzen würde wie eine jener Vogelscheuchen, vor denen sogar die Spatzen keine Angst haben, auf denen sie viel-*

mehr schilpend herumsitzen und sich gegenseitig stoßen, »*was*«, *wie er mir später gestand,* »*vielleicht alles in allem nicht einmal so übel sein müßte, denn wenn man es recht bedenkt, so kann sogar der Zustand, daß ihn Vögel als Sitzstange benutzen, ein ganz beneidenswerter Daseinszweck für einen bloßen Punchingball sein, nicht wahr?*« –, war es auf alle Fälle schon ziemlich spät, so daß er einigermaßen sicher sein konnte, Rosa werde ihren Dienst beendet haben und er nicht länger Gefahr laufen, ihr im Hotel zu begegnen.

Diese Heimkehr meine ich deutlich vor mir zu sehen: das gelbliche Licht der einzigen und zu schwachen Glühlampe im Treppenhaus, wie sie von unten her das Treppengeländer erhellt und zugleich mit dessen in die Länge gezogenem Schatten auch den grotesk verzerrten von Montès auf die Wand projiziert, der ins Grenzenlose vergrößert, schräg gerichtet, deformiert, mit ihm von Stufe zu Stufe wandert, wobei in der nächtlichen Stille nichts weiter hörbar ist als das Knarren der Stufen, vielleicht auch noch das ungewohnte Geräusch seines stoßweisen Atems, der geräuschvolle, schwierige Durchgang der Luft durch die von Blutgerinnseln verstopfte Nase, vielleicht auch, von außen hereindringend, auf dem Dach das seidige Rascheln der ersten Stöße des wieder aufkommenden, düster drohenden Windes, der sich erprobt, dennoch zaudert und endlich unter seinem eigenen Gewicht wieder in einem langen Stöhnen des Sparrenwerks und der abgenutzten Balken in sich zusammensinkt.

Darüber aber, auf dem im Dunkel daliegenden Treppenabsatz jener andere, vor Kälte zitternd in seinem dünnen Pyjama – *denn er war eben erst jäh aus dem Bett gesprungen, als er die Eingangstür gehen hörte, und mit der Geschmeidigkeit einer Katze hinausgeschnellt, nachdem er das Licht in seinem*

Zimmer ausgelöscht hatte, ohne sich auch nur die Zeit zum Überstreifen seiner Pantoffeln zu nehmen –, jetzt halb vornübergebeugt mit angehaltenem Atem und immer in dem gleichen Maße zurückweichend, wie auf der Wand der unförmige Schatten seinen einsamen Aufstieg vollzog in einer Art von rührendem, langsamem, zähem Bemühen, von ganz und gar starrköpfigem, tragischem Eigensinn. Dann, auf dem obersten Treppenabsatz angekommen, machte die Gestalt eine Wendung, und Maurice konnte nunmehr das Gesicht erkennen, von unten her erhellt wie ein Schauspieler im Rampenlicht, und auch das Clownhafte, Bizarre in diesem alterslosen, trostlosen, jetzt von zwei dunkeln Streifen, die unter der Nase ihren Anfang nahmen, durchzogenen Antlitz, bei dessen Anblick er dachte: ›Sieh da, Grock als Boxer! Allerhand! Diesmal scheint er sein Teil abbekommen zu haben! Allerhand! Ich frage mich . . .‹; dann aber besann er sich, schnellte in ein paar großen Sprüngen in sein Zimmer zurück, immer lautlos wie eine Katze, und verhielt sich dort ungeachtet des Fröstelns, das ihm unter dem dünnen Schlafanzug über den Körper lief, unbeweglich, aufmerksam das Ohr an die Holzwand gepreßt, während das Geräusch der Schritte nunmehr auf den letzten Stufen näherkam, im Korridor ganz in seiner Nähe ertönte, kurz darauf verstummte und dann dem eines im Dunkeln umhertastenden Schlüssels wich. Darauf folgte der Ton der sich schließenden Tür, dann gar nichts mehr, während er, Maurice, immer noch zitternd, wieder das Licht anknipste, in Eile den Schlafrock anzog, der am Fußende des Bettes heruntergeglitten lag, in ein paar Pantoffeln schlüpfte, ein Seidentuch um den Hals wand und von neuem lautlos auf den Korridor schlich.

Zweifellos hatte er sein Haar in Ordnung gebracht, bevor er anklopfte, denn, so sagte mir Montès, als er im Türspalt erschien, sah er aus wie ein Mann, der gerade den Frisiersalon und keineswegs sein Bett verlassen, erst recht aber nicht zehn Minuten zuvor das Auge ans Schlüsselloch gepreßt und dabei aus Geräuschen und bruchstückweise wahrgenommenen Bildern sich vorzustellen versucht hatte, was das enge Gesichtsfeld ihm nicht zu sehen gestattete. So, erzählte mir später Montès, war es nämlich gewesen: die Stimme des andern hatte mechanisch, fast achtlos – oder vielmehr, als ob ihr Besitzer acht darauf gab, daß sie achtlos wirkte – etwas Unbestimmtes hervorgestammelt, eine jener als Vorwand dienenden Formeln, von denen keiner der beiden Gesprächspartner voraussetzt, daß der andere überhaupt hinhört, geschweige denn ihnen einen Sinn unterlegt, wofern es nicht möglicherweise sogar einen Akt willentlicher Unverschämtheit darstellte, daß er absichtlich diese völlige Unbeteiligtheit zur Schau trug, eine vorsätzliche, eine schamlose Frechheit, als er bemerkte: »Sind Sie etwa krank? Ich hatte geglaubt ... Es kam mir so vor, als ob ich ein Stöhnen hörte ...«, worauf Montès antwortete: »Ein Stöhnen?«, während Maurice fortfuhr, ganz beiläufig das Inventar des Zimmers aufzunehmen, wobei er das rote Handtuch am Rande des Waschbeckens ebenso wenig ausließ wie den noch laufenden Wasserhahn und den blutbefleckten Regenmantel, um dann schließlich zu sagen: »Aber was ist Ihnen denn passiert? Haben Sie einen Unfall gehabt?« Montès bemühte sich immer noch, die einen Spaltbreit geöffnete Tür gegen den geduldigen, beständigen Druck seines Besuchers zu verteidigen. »Es war gar nichts weiter. Ich danke Ihnen, Entschuldigen Sie bitte, wenn ich Sie gestört habe. Gute Nacht. Ich ...« Dann jedoch – *es war Maurice nicht eigentlich gelungen, die Tür weiter aufzudrücken, aber, sagte Montès, man hätte niemals für möglich gehalten, daß ein erwachsener Mann durch einen so en-*

gen Spalt gleiten, sich hindurchschieben könne wie den, den er offen gelassen hatte – muß er sich umdrehen und ihm ins Auge blicken, denn jetzt ist der andere nicht mehr draußen auf dem Korridor, sondern steht hinter ihm aufgepflanzt mitten in dem winzigen Zimmer in seinem anspruchsvollen und doch armseligen auberginefarbenen Schlafrock, dem elegantseinwollenden Cachenez, mit dem pomadisierten Haar, nimmt aus seiner Tasche ein Zigarettenetui, das er Montès hinstreckt, worauf er jedoch nicht einmal eine Geste der Ablehnung vonseiten seines Wirtes abwartet, um sich selbst eine herauszunehmen, in den Mund zu stecken und anzuzünden, und dann zwischen zwei Zügen oder vielmehr mitten in einem Zug, während er mit einer Hand auf das blutige Wäschestück hinweist, bemerkt: »Aber sagen Sie mal, Sie hätten mich rufen sollen, ich . . .«

»Hören Sie«, beginnt Montès jetzt, er hat die Tür nun ganz weit geöffnet, und seine Stimme zittert vor Zorn, »ich . . .« Dann spürt er, wie ihm von neuem etwas Heißes, Süßliches über die Oberlippe läuft, und sieht, wie vorn auf seinem Hemd plötzlich ein roter Fleck entsteht. Er geht zum Waschbekken, taucht einen Handtuchzipfel ein und beugt sich tief hinab. Als er sich wieder umwendet – wobei er sich noch immer das Handtuch unter die Nase hält –, ist die Tür wieder geschlossen, und von seinem eigenen Bett aus mustert ihn, mit den Beinen baumelnd, Maurice ohne alle Scheu. »Allerhand«, sagt er dann. »Es würde mich nicht wundern, wenn Ihr Nasenbein gebrochen wäre. Daher also haben Sie, als Sie die Treppe heraufkamen, wie ein Seehund geschnauft . . .« Er steht wieder auf, wirft seine kaum angerauchte Zigarette in den Eimer, bläst den Rauch durch die Nase und fragt dann ganz brutal: »War das der Boxer, der Sie so zugerichtet hat?«

»Der . . .«, will Montès sagen. Aber er stammelt nur. Dann plötzlich ändert sich seine Stimme, während seine Stirn sich mit Rot überzieht: »Hören Sie, ich erlaube Ihnen nicht . . .« Er hat fast geschrien. Doch er beendet seinen Satz nicht, hält wie erschrocken inne, fast als schäme er sich, und steht nun schweigend da mit dem Handtuch in der Hand, die eben noch energisch eine Geste des Hinausweisens beschrieb, steht da im nackten Licht der elektrischen Birne mit seinem unglücklichen und empörten Gesicht, dem auf der mageren, unbehaarten, seltsam weißen Brust geöffneten Hemd und einem zitternden Blutstropfen am Rand der rotverschmierten Oberlippe.

»Sie werden die Leute aufwecken«, meint Maurice. Seine Stimme ist ganz neutral, unpersönlich; die Stimme stellt nur fest. Dann plötzlich wandelt sie sich – sie ist nicht mehr ironisch, eher etwas gereizt, aber ohne Grobheit – und sagt: »Wenn Sie meinen, daß Sie auf diese Weise das Blut stillen können . . .«; gleichzeitig springt er auf: »Warten Sie, ich werde . . . ich weiß, was man tun muß . . .«, und fügt noch hinzu: »Kommen Sie, so seien Sie doch vernünftig!«, als Montès sich wehrt, sich auf welche Weise auch immer freizumachen versucht, wobei er unaufhörlich unter seine Nase das feuchte Handtuch hält, hinter dem unartikulierte, wie ein wirrer, aber heftiger Protest klingende Laute hervorkommen, und den Händen, die nach ihm tasten, auszuweichen trachtet. Dann aber, als seine Beine den Bettrand berühren, geben die Knie nach, er verliert das Gleichgewicht und fällt sitzend ungefähr auf den Platz, den vorher sein Besucher eingenommen hat, aber doch nur für einen Augenblick, da die Zimmerdecke über ihm sich plötzlich bis zur Senkrechten neigt und rundum kreist, während gleichzeitig seine Füße sich vom Boden lösen und seine Knöchel den festen Zugriff von Händen verspüren, die sie mit einer halben Drehung nach oben schwenken, so daß er ausgestreckt liegt, geblendet von der elektrischen Birne, die von oben her wie ein stechendes Auge auf ihn niederschaut. Dann schiebt sich dazwischen, wie aus dunkelbrauner Pappe ausgeschnitten, der über ihn gebeugte Oberkörper und Kopf von Maurice; im gleichen Augenblick hört er von neuem, jetzt aber von oben her, als werde sie von einem jener auf hohen Masten angebrachten Lautsprecher ausgespien, die jupiterhaft aus Wolken dräuend und keinen Widerspruch duldend die Sportplätze säumen, die Stimme, die zu ihm sagt: »So, gut nach hinten zurücklehnen. Jetzt! Vor allem nicht rühren, absolut still liegen, das ist das einzige, was hilft ...«

Er gab den Widerstand auf. »Denn«, sagte er zu mir, »die einzige Sache, der man unmöglich widerstehen kann, ist das Wort, jedenfalls, wenn es wie Fliegengift angewandt wird. So lag ich also in mein Schicksal ergeben machtlos da, fragte mich, was er wohl von mir wolle, und sah ihm zu, wie er in seinem anspruchsvollen und doch schäbigen Schlafrock und dem Seidenschal um den Hals – wahrscheinlich hatte er in Magazinen gesehen, daß Modeschriftsteller sich in ihrem Heim so kleiden – auf und abging. Das einzige, worauf ich hoffte, war, daß das Blut zu fließen aufhören würde und ich aufstehen und ihn hinauswerfen könnte. Aber noch lief es immerfort. Außerdem war ich sehr müde und ganz ohne Kraft. Sie verstehen, es war zuviel für mich. Ich hatte schließlich einiges an diesem Tage erlebt und war nun in dem Zustand, in dem man, was auch immer, über sich ergehen läßt, wenn man sich nur nicht zu rühren oder sonst irgendeine Anstrengung zu machen braucht. Zweifellos wußte er das und wußte auch, daß er diesen Augenblick wahrnehmen mußte, und er nahm ihn wahr; aber alles, was ich tun konnte, war, mich so ruhig wie möglich zu verhalten und zu hoffen, daß auf diese Weise, wie er mir sagte, das Blut bald aufhören würde zu fließen. Ich ließ ihn also reden, und selbst heute noch frage ich mich, ob es nicht an jenem Abend das nur war, was er eigentlich wollte, ob er nicht an Schlaflosigkeit litt oder sonst irgend etwas und sich ganz einfach auf die erste beste Ablenkung stürzte, als er mich heimkommen hörte. Auf alle Fälle gelang es ihm, in mir zunächst einmal diesen Glauben zu wecken, und vielleicht war es auch im übrigen doch wenigstens teilweise wahr, so wie Männer, die wissen, daß man einer Frau gegenüber fürs erste vermeiden muß, von der einzigen Sache zu sprechen, die sie, die Männer, interessiert und um derentwillen sie sich bei ihr aufhalten, anstatt Billard zu spielen oder mit ihren Kumpanen große Sprüche zu machen, dann aber doch, während sie eigentlich von etwas anderem nur sprechen, um später zur Hauptsache zu kommen, an dem Spiel Gefallen finden und sich selber an den Reden, die sie führen, erwärmen. Denn so etwas muß es ja geben, sonst könnte man nicht verstehen, was ein Mann so lange einer Frau erzählen kann, bevor sie sich entschließt, ihm das zu geben, was er ...«

»Nun, nun«, antwortete ich. »Sie sehen mir ganz so aus, als wüßten Sie selber mehr darüber, als man ...«

»Oh, es ist ja nicht schwierig, sich das vorzustellen.« – Ich sah ihn von der Seite an, aber es regte sich kein Muskel in seinem Gesicht, er zuckte nicht einmal mit den Augenbrauen; er schien gar nicht zu ahnen, daß er soeben zu verstehen gegeben hatte, was ich als letztes von ihm erwartet hätte. ›Aber zweifellos‹, dachte ich, ›wäre er imstande, eine gesalzene Geschichte, mit der man eine ganze Wachstube zum Erröten bringen könnte, in dem gleichen natürlichen Ton zu erzählen, in dem er völlig unterschiedlos von der geeignetsten Blende für das

Photographieren eines Gewitterhimmels, den Abenteuern des Helden eines Comic strip oder der jüngsten Schlacht im Rathaus wegen der richtigen Placierung einer Bedürfnisanstalt, angeregt durch die Lektüre eines Berichtes in der Lokalchronik der Zeitung, hätte reden können.‹ Aber schon fuhr er fort: »Oder aber er war eben ganz besonders schlau . . .«

»Wer?«,- fragte ich.

»Er«, sagte er, »Maurice. Seine Stimme nämlich hatte etwas Wehleidiges in diesem Augenblick, etwas Rührseliges, während er zu mir von einer alten Tante sprach, die immer dafür gesorgt habe, daß sein Nasenbluten aufhörte, als er noch ganz klein war, und von seiner Kindheit und dem alten historischen Schloß in der Bretagne, und dann . . . Ja, er war vielleicht ganz fabelhaft gerissen, und doch . . .«

»Die Leute sind nicht einfach«, sagte ich. »Aber im allgemeinen kann man sagen, daß sie niemals so ungemein schlau sind, wie wenn sie nicht daran denken, es zu sein, noch so ungemein dumm wie dann, wenn sie gerissen sein wollen.« Ich konnte sie mir gut beide vorstellen, wie sie da ganz isoliert mitten in der Nacht in diesem Zimmer saßen – es mußte zu jenem Zeitpunkt schon nach Mitternacht sein, und draußen tobten die mit Unterbrechungen aufkommenden Windstöße über die Mauern – unter dem bleichen Licht der Glühbirne, und wie der andere, dieser Beau Brummel in Taschenformat, immer wieder die drei Quadratmeter Fliesenboden durchmaß, die zwischen Bett und Schrank freigeblieben waren, während Montès ihm mit den Blicken folgte, und wie sein Gesicht dabei einen zugleich ohnmächtigen und empörten Zug trug, soweit man es über dem Handtuch erkennen konnte, das er noch immer mit seiner mageren Hand auf den Mund preßte, und auch das darauf folgende Gespräch – in jenem Augenblick war dies gewiß das einzige Fenster, das noch beleuchtet war als ein Protest gleichsam, ein letztes Zeugnis von Leben, die hochmütige, unüberwindliche Behauptung eines unüberwindlichen Bewußtseins inmitten von soviel gefügigem Schlaf, soviel gefügigem, allnächtlich sich wiederholendem Tod, diesem erstaunlichen Dialog, von dem er, Montès, mir berichtete – *denn der andere hatte jetzt erreicht, was er wollte – wer allerdings kann sagen, wer wußte, was er eigentlich wollte, und wußte er es überhaupt selbst? – nämlich das eine: daß Montès ihn duldete, seine Anwesenheit ertrug, auf alle Fälle sich damit abfand, ihm zuzuhören und ihm Antwort geben zu müssen, und daß sie beide nunmehr nebeneinander auf dem Bettrand saßen und Maurice sich von Zeit zu Zeit erhob, ihm selbstherrlich das Handtuch fortnahm, im Waschbecken ausspülte und von kühlem Wasser durchfeuchtet wieder zurückbrachte und dann den Dialog an genau der Stelle wieder aufnahm, an der er ihn einen Augenblick zuvor unterbrochen hatte –:* »Dieser brutale Kerl«, sagte er, »aber sie sind alle brutal hier. Man wird Ihnen sagen, es war eben ein Zigeuner aber die anderen und auch diese Frauen die kein Wort hervorbringen können ohne zu schreien so daß man immer meint sie sind im besten Zuge sich zu streiten oder zu beschimpfen oder eine große Tirade aus einer griechischen Tragödie zu deklamieren in der das Leben der Götter oder das Geschick verflucht wird während sie ganz einfach ihre Bälger zur Abendsuppe ins Haus rufen oder der Nachbarin erzählen was sie am Vormittag auf dem Markt für die grünen Bohnen haben zahlen müssen ...« – »Ich wiederhole Ihnen«, warf Montès ein, »ich bin nur ganz einfach beim Aussteigen aus der Trambahn gestürzt und ...«, worauf der andere einfiel: »Aber ja doch ich hatte zunächst nur geglaubt daß so ein Kerl wie der imstande wäre aber ich denke doch Sie können sich vorstellen daß ich nie auf den Gedanken gekommen bin es wäre Ihre Art sich auf der Straße mit dem erst . . .«.

»Jetzt rinnt es nicht mehr«, sagte Montès, »ich glaube, ich kann jetzt . . .« – »Nein, hören Sie auf mich«, unterbrach ihn der andere, »bleiben Sie noch einen Augenblick ganz still liegen es könnte wieder anfangen hören Sie ich bin Ihr Freund ich habe es Ihnen schon gesagt aber ich weiß ja nicht was man Ihnen möglicherweise über mich erzählt hat Sie haben unrecht mir nicht zu glauben schon das erste Mal als ich Sie gesehen habe spürte ich gleich daß Sie nicht einer von denen sind wie man sie sonst ausschließlich in dieser Kneipe antrifft . . .«, worauf Montès lachend erwiderte: »Ach wissen Sie, die hier ist schon fast teurer als ich es bezahlen kann ich . . .«, und Maurice sagte darauf: »Aber das liegt ja nicht am Geld das liegt daran daß Sie . . . weil eben alle hier nur an das eine denken alle die Landstreicher hier die hinter vier Groschen her sind ebensogut alle die die gar nichts haben wie auch die anderen die soviel haben daß sie nicht wissen was sie damit anfangen sollen und dabei doch bereit sind was auch immer zu tun um noch mehr zu bekommen die Frauen sich zu verkaufen und die Männer auch alles was man nur will zu tun sage ich und wenn sie des Teufels Großmutter heiraten sollten Geld könnte ich haben soviel ich will aber ich schweige lieber . . .« – »Was meinen Sie damit?«, fragte Montès. »Nichts«, gab Maurice zurück, »das ist nicht meine Art hören Sie das alles ist widerwärtig es ist eine Schweinerei nichts für mich mein Vater – aber denken Sie nur ja nicht daß ich mir etwas darauf einbilde der Sohn eines Generals zu sein ich kenne mich zu gut aus um noch Illusionen zu haben aber mein Vater war immerhin . . .« – »Wovon sprechen Sie eigentlich?« fragte

Montès jetzt. »Sprechen?«, antwortete er, »ich brauchte nur den Mund aufzumachen aber das alles kann Sie ja gar nicht interessieren solche Sachen sind ja nichts für Leute wie Sie und ich ...« Montès blickte ihn jetzt mit ungläubig staunenden Augen an, als sähe er ihn zum ersten Mal, wie er da in seinem lächerlichen, anspruchsvollen Aufzug umherstolzierte. Aber bei der augenblicklichen Situation mindestens hatte das gar keine Bedeutung, wie er mir später sagte: denn offenbar konnte er es nicht lassen, nicht darauf verzichten, so wenig wie es ihm möglich war, nicht im Vorbeigehen einen Blick in den Spiegel zu werfen und seine Krawatte gerade zu rücken, ehe er irgendwo eintrat oder das Wort an jemanden richtete, ob es nun ein Straßenmädchen oder ein Kunde für seine mutmaßliche Kunstdüngermarke war. Sein von fahlem Haar gekröntes, schmales, dreieckiges, unter dem bleichen Licht der Glühlampe noch blasser wirkendes Gesicht trug in diesem Moment einen unglücklichen, ängstlichen Ausdruck: etwas Glühendes, Pathetisches und Flehendes lag darin, ganz als wolle er für irgend etwas sammeln, irgend etwas betteln. ›Aber nicht etwas, was ich ihm in Form von Geld geben könnte‹, dachte Montès, und er erinnerte sich auch: ›Das erste Mal habe ich geglaubt, er wolle mir etwas verkaufen, und vielleicht, gewiß sogar, hat er mich auch heute auf dem Treppenflur abgepaßt und ist hier in mein Zimmer eingedrungen in einer derartigen Absicht, und bevor er es wieder verläßt, kommt er vermutlich darauf zurück. Aber im Augenblick denkt er nicht daran, obwohl er ganz offenbar etwas bei mir erreichen will, nur muß es sich um etwas anderes handeln. Doch was?‹, fragte er sich von neuem. Mit etwas wie Staunen, fast wie Verlegenheit, ja beinahe mit dem Gefühl, er solle barmherzigerweise sowohl aus Scham wie aus Zartgefühl den Kopf wegwenden, als ob er

Zeuge eines zum Zuschauen ungeeigneten Schauspiels geworden sei, dachte er auch noch: ›Er ist unglücklich. Er leidet. Aber woran leidet er?‹, während er dem anderen zuhörte, als dieser fortfuhr, ohne alle Rücksicht auf die späte Stunde von allem Möglichen durcheinander zu reden, der griechischen Tragödie mit ihrem undurchsichtigen, unbegreiflichen Doppelsinn, seinem Vater, dem General, wobei seine Stimme abwechselnd weinerlich, leidenschafterfüllt, heftig, dann wieder ganz unbefangen, geradezu zutraulich wurde, als unterhielten sie sich unter Kameraden in einem Ton gesellschaftlicher Konversation, wie er zwischen zwei Männern des gleichen sozialen Ranges herrscht, die sich schon auf halbe Andeutungen hin verstehen, wenn sie durch ein Mißverständnis an einen Ort, in ein Milieu geraten sind, das des einen so gut wie des anderen absolut unwürdig ist.

Denn er schien in der Tatsache, daß sie beide in diesem Stadtviertel, diesem Hotel wohnten, etwas ebenso Entwürdigendes zu sehen wie in seinem Beruf eines Reisenden in Düngemitteln, zu dem er sich offiziell bekannte. Es schien für ihn etwas darin zu liegen, was in ihm eine Art von Haß, von unerklärlicher Bitterkeit hervorrief, obwohl er sich bemühte, über diesen Nebensächlichkeiten zu stehen, sie zu ignorieren, als handle es sich nur darum, die Flecke zu übersehen, die auf seinem anspruchsvollen Schlafrock waren, und ganz ostentativ auch den Preis der kostspieligen Zigaretten aus blondem Tabak, von denen er eine nach der anderen rauchte, wobei er sie nachlässig zwischen Zeige- und Mittelfinger hielt und ebenso nachlässig von Zeit zu Zeit mit einem leichten Schnippen eine nach der anderen in den Toiletteneimer beförderte, in welchem sie mit kurzem Zischen erloschen.

Und dann später, gegen ein Uhr morgens vielleicht, war die

Situation die folgende: Maurice stand im Augenblick, und Montès saß immer noch, führte aber das Handtuch nur noch in großen Abständen und ganz automatisch unter seine Nase, als wolle er bloß nichts versäumen, denn die Blutung hatte vollkommen aufgehört; er war jetzt so erschöpft, so erledigt, daß es ihm vorkam, so erzählte er mir später, als schwebe oder schwimme er vielmehr zwischen zwei Wassern, da das Zimmer ihm wie ein meergrünes Aquarium erschien, das langsam eine ungeheure Weite von düsterflutender Zeit durchmaß, in deren Unendlichkeit völlig sinn- und ziellos plötzlich auftretende Stöße düsteren Windes umherfegten – nur Leere, Gewalt und Unordnung brachten sie mit – und dazu sie, die beiden selbst, er und Maurice, mit ihren wie aus Papiermaché hergestellten Gesichtern von Leuten, die schon über allen Schlaf hinaus ermüdet waren und ihm selbst wie zwei tote Fische vorkamen, die immer noch, obwohl sie schon mit dem Bauch nach oben herumschwimmen, den Eindruck erwecken, als lebten sie. – »Denn alles in allem war er ebenso schlecht in Form wie ich«, sagte er. »Sicherlich nicht aus den gleichen Gründen, aber es kam doch ungefähr auf dasselbe heraus.« – Er nämlich, Montès, wischte sich unaufhörlich wie ein Idiot die Nase ab, und der andere war damit beschäftigt, ihm zu erklären – *er war jetzt wieder selbstsicherer geworden, seine Stimme hatte von neuem den hochmütigen, prahlerischen und verächtlichen Ton angenommen, und bei ihrem bloßen Klang, mehr noch als durch Begreifen dessen, was jener sagte, wurde Montès klar, daß er auf die Sache zurückkam, die eigentlich und ursprünglich sein Anliegen gewesen war* –, daß dieses Mittelmeer, dieser See, dieser Teich, diese Wasserlache – so drückte er sich aus – es müde sein müsse, als Kloake, als kollektiver Abfluß der Weltgeschichte zu dienen, überfüllt wie dieses Gewässer seit den zweitausend Jahren sei, in denen bereits die alten Völker der Welt ihre Fäkalien hineinergossen hätten, so daß es bereits – so sagte er – über die Maßen stänke, aus welchem Grunde wahrscheinlich die Weltgeschichte, angezogen von der Verpestung, immer wieder dort ihre schmutzige Wäsche wüsche – dieses Bild gebrauchte er – inmitten der stinkigen Bevölkerung, die sich dort auf den vordersten Plätzen dicht am Ring niedergelassen hatte – Neapolitaner, Levantiner, Zigeuner, Griechen, Katalanen, Malteser –, um die ausgeteilten Schläge zu zählen und den Kerlen die Taschen zu leeren, die aus Texas oder von noch weiter her kommend einen Ozean oder einen Kontinent überquert hatten, um hierherzugelangen – *wo dann die Weltgeschichte sie in den Morast hineintrieb, zu dem sie immer wieder zurückkehrt wie ein Hund zu seinem Erbrochenen* – und in dem herumzuwaten und seine Eingeweide auszuschütten, was das Meer oder die Mutter – *›la mer‹, ›la mère‹ – er unterstrich das üble Wortspiel durch ein kurzes, bitteres, unangenehmes Lachen* – aller Menschen und Götter sei, da die geschäftstüchtigen ihm anwohnenden Völkerschaften darauf verfallen waren, gleichsam als Exportartikel neben Smyrnateppichen und Hirtenfiguren aus carrarischem Marmor auch eine komplette Typensammlung von Göttern zu produzieren, die allen Geschmacksrichtungen entgegenkamen, von verhurten Göttinnen bis zu den düsteren Eremiten und Propheten der Wüste.

Als er soweit gekommen war, hielt er einen Augenblick die Stimme an, während er einen raschen spähenden Blick auf Montès warf, in der Hoffnung zweifellos auf eine Bewegung der Abwehr, eine Reaktion, ein Dementi, eine Äußerung der Empörung, denn jetzt hatte er ganz offenbar ein neues Stadium erreicht: das der Vergewaltigung, der Aggression sozusagen;

das alles aus einem gierigen Trachten heraus nach der einzigen Sache, die Montès unfähig war, ihm zu geben, nicht daß er sie ihm ausdrücklich verweigert hätte, jedenfalls nicht ohne weiteres, a priori, wäre er in der Lage gewesen, sie ihm zu gewähren – er, der keinem Hunde, selbst einem räudigen, eine Liebkosung verweigert hätte –, sondern weil er es nicht konnte, und zwar aus dem guten Grund, daß sie ihm, selbst wenn er ihren Namen kannte, so wie man von der Existenz der Milchstraße, von Rockefeller oder den Viren etwas weiß, mindestens etwas davon in Büchern gelesen hat, so fremd war, ihm, der sich nicht im allergeringsten darum kümmerte oder auch nur einen Gedanken daran wendete, ob es ihn kümmern sollte, was irgend jemand, Mann oder Frau, von ihm denken mochte.

In dem Maße aber, wie er mir die Szene schilderte, glaubte ich sie selbst fast deutlicher als er zu durchleben oder sie mir wenigstens nach einem Schema rekonstruieren zu können, das, wenn es auch nicht ganz den Tatsachen, wie sie sich entwickelt hatten, so doch unserem unverbesserlichen Bedürfnis nach vernünftiger Einordnung entsprach, und dachte: dieser kleine Schwindler, dieser armselige Kerl, dieser Abschaum, wie ihn jeder Krieg zurückläßt und neben dem die Toten sich als vom Glück begünstigt betrachten können, dieser Deklassierte, – dafür wenigstens hielt er sich selbst – unter seine Stellung Herabgesunkene, der gleichzeitig zu gescheit war, um sich nicht selbst dafür zu verachten, daß er diese Art von Scham empfand, und doch nicht gescheit oder stark genüg, um sich einfach nicht darum zu scheren; stattdessen heimgesucht, zernagt von dem Bedürfnis, dem sinnlosen Verlangen nach einer Beachtung um jeden Preis, um derentwillen er, wenn er sie erlangt hätte, wahrscheinlich seine elenden Machenschaften aufgegeben, diese Kombinationen eines verfehlten Macchiavelli, mit denen er sich vielleicht nur abfand, weil er sein Bestreben verzweifelnd aufgeben mußte; denn gerade das, die Achtung, war ihm zweifellos in diesem Augenblick notwendiger geworden als Nahrung sogar oder Geld, und wenn er sich schließlich dennoch für dieses Vorgehen entschied, so nur, wie man mit einem Notbehelf vorlieb nimmt: nicht Zweck und Ziel sah er darin, sondern nur ein letztes Mittel, sich das zu verschaffen – da ja schließlich alles käuflich ist –, was er selbst mit Hilfe von Ermüdung und Schlafbedürfnis nicht aus der einzigen Person zu ziehen vermocht hatte, die offenbar diese Ware nicht in Vorrat hielt: dumm freilich war er, insofern er sich ausgerechnet unter allen gerade diesen einen ausgesucht hatte, oder vielleicht nicht einmal so dumm: genügend einsichtsvoll hingegen, um den Versuch – und das eventuelle Gelingen – richtig einzuschätzen, nämlich zu wissen, daß, wenn er das, was er suchte, von diesem da, Montès, erlangte, bei dem das Unternehmen von einem Maximum an Schwierigkeit begleitet war, er es in der Folge leicht von jedem beliebigen anderen erhalten würde – *nicht weil dies eine Bürgschaft dafür war, wohl aber eine Art von Test darstellte* –, so daß er also nun nacheinander alle Mittel – *Ehrlichkeit, und nicht einmal geheuchelte, inbegriffen, da er ja seine wirkliche Angst, seine wirkliche Ratlosigkeit sich anmerken ließ* – spielen ließ, die große Tour sozusagen, die schottische Dusche, das Brio, die Unverfrorenheit, um dann dem anderen wieder weinerlich zu kommen, Beteuerungen, und darauf noch einmal Unbefangenheit, Munterkeit zu markieren, bis er dann bei seinen letzten Ressourcen angelangt war: dem Skandal, der moralischen Aggression.

Nach einer unmerklichen Pause sagte er: »Aber glauben Sie etwa nicht, daß ich hier ein atheistisches Glaubensbekenntnis ablege, sapristi, nein...«; dann, nachdem er wieder abgewartet, eine halbe Sekunde gezögert hatte – *diesmal aber war Montès in seiner Stellung unter ihm zusammengezuckt, hatte den Kopf gehoben, und sah ihn mit bestürzten, traurigen Augen an wie jemand, der aus dem Schlaf geschreckt, nun von der nackten Birne geblendet ist, und fragte verstört: »Wie?...«* –, fuhr Maurice fort: »Natürlich, wo doch soviele Menschen an ihn glauben, wie sollte er da nicht existieren?«, und Montès fiel ein: »Sie wollen sagen, daß es einfach...«, worauf der andere fortfuhr: »Natürlich. Ich habe unrecht. Auf alle Fälle habe ich mich falsch ausgedrückt, es kommt nicht auf die Zahl an: auch wenn nur eine einzige Person an ihn glaubte, würde es bereits eine unleugbare Tatsache sein...« – »Eine Tatsache?«, fragte Montès. »Ein Glauben? Nichts als...« – »Ist das nicht klar?«, fragte Maurice zurück, und Montès wiederholte: »Nicht kl...«, aber er kam nicht weiter. Schweigend, sehr rot jetzt, mit seinerseits unglücklicher Miene fixierte er Maurice mit immer noch dem gleichen verstörten Blick, und ich stelle mir vor, wie dieser im gleichen Augenblick eine Wärme, die beschwingende Flut des Triumphes in sich aufsteigen, die Brust schwellen fühlte, während er wahrscheinlich dachte: ›Getroffen!‹ und vielleicht auch noch: ›Ein Punkt! Endlich!‹, sodann aber – *zweifellos in einer Täuschung befangen in Bezug auf den immer noch mit finsterer, stummer, bekümmerter Beharrlichkeit auf ihn gerichteten Blick* – sich entschied: ›Jetzt der Ausfall!‹ und mit frischgewonnener Kraft in seinem Sermon fortfuhr: »Aber natürlich, das läßt sich nicht belegen, nicht beweisen. Ebensowenig wie der Glaube an das Glück, den Fortschritt und die anderen noblen Erfindungen. Deshalb sind alle diese Typen ja so lächerlich. Nein, nicht die Politiker, von denen spreche ich nicht: das ist eine Möglichkeit, sein Brot zu verdienen, wie jede andere auch, und man hat deswegen nicht das Recht dazu ... Nein. Ich meine alle die, die mit Macht beweisen wollen, daß sie recht haben, wissen Sie, alle diese Professoren mit ihren Komplexen, diese Kerle, die ihre Lehrsätze auf dreihundert Seiten auseinandersetzen, um wissenschaftlich zu beweisen, was so wissenschaftlich ist wie die Existenz des Jesuskindes oder das Recht des Arbeiters, alle Tage sein Huhn ... Aber darum geht es nicht. Alles in allem habe ich nichts gegen das Jesuskind oder das Huhn im Topf, und persönlich finde ich sogar, daß der Arbeiter verdammt recht hat, wenn er ... Aber darum geht es nicht, ich ...« Montès wandte jetzt den Blick nicht mehr von ihm. »Hören Sie«, sagte er, »ich ... Aber ... Also um was geht es denn?«

Da war Maurice brüsk herumgefahren, so daß die Zipfel seines Schlafrocks flatterten, und dann war er plötzlich stehen geblieben, hatte Montès ins Gesicht gestarrt, sich leicht vorgebeugt in der gesammelten Haltung eines sprungbereiten Tieres und gesagt: »Um was ...«, dann aber einen langen Zug aus seiner Zigarette getan, den Rauch durch die Nase geblasen, und noch immer den anderen fixierend, immer noch Auge in Auge mit ihm, den Arm, als wenn er das Zimmer auswendig kenne, tastend nach dem auf dem Tisch stehenden Aschbecher ausgestreckt, den Montès als Briefbeschwerer benutzte, und diesmal seine Zigarette, anstatt sie in den Eimer zu werfen, sorgfältig, obwohl sie noch nicht halb aufgeraucht war, mit kleinen Stößen aus dem Handgelenk ausgedrückt, bis sie nur noch wie eine kleine Harmonika aus Papier aussah, darauf seine nunmehr freigewordene Hand in die Tasche seines Schlafrocks versenkt und jetzt mit fest an den Körper gelegten Armen in dieser theatralischen Pose verharrt – *weil er vielleicht tatsächlich ein paar Sekunden noch zögerte, schließlich doch nicht ganz sicher war, sich etwa in der moralischen und physischen Verfassung eines Mannes befand, der sprungbereit auf dem Brett steht und sich zum Losschnellen anschickt.* Endlich hatte er mit veränderter, von neuem fast flehender Stimme, als suche er zu seinen eigenen Gunsten zu intervenieren, vor dem Wagnis noch eine Versicherung abzuschließen, gefragt: »Ich habe Ihnen doch gesagt, daß ich Ihr Freund bin, nicht wahr? Aber Sie wollen mir nicht glauben, Sie ...«, und dann – *»Jetzt hatte er zum Sprung angesetzt«, berichtete später Montès. »Er hatte es vielleicht nicht einmal mit Absicht getan; vielleicht zögerte er noch in dem Augenblick, als er den Mund schon aufgetan hatte, vielleicht suchte er da sogar noch nach einem anderen Ausweg, einem Bluff, aber er mußte sich wohl verrechnet, sich zu weit vorgewagt haben, und es genügte nun, daß er den Mund aufmachte, damit er das Gleichgewicht verlor, und so fiel er endgültig, und alles, was ihm jetzt noch zu tun übrig blieb, beschränkte sich auf den Versuch, zwischen der Plattform und dem Wasser sich so schnell wie möglich in die beste Position zu bringen, um möglichst sicher zu landen«. Daher nun kam es, daß, als er den Mund wieder öffnete, seine Stimme sich noch einmal verwandelt hatte und jetzt beinahe unverfroren war, mit etwas Protegierendem, ostentativ Mitleidgetränktem darin, das fast bis zum Hohnlachen ging, als er sagte –:* »Um was es geht? Sie wollen es wissen? Sie ...«. Dann hob er mit der gleichen jähen Bewegung die Schultern, drehte sich noch einmal auf dem Absatz um, durchmaß das Zimmer, bückte sich, zog unter dem Schrank Montès' alte Reisetasche hervor, bediente den Verschluß, öffnete sie, richtete sich wieder auf und hielt Montès, dem er sich wiederum zugewendet hatte, mit weit ausgestrecktem Arm ein in alte Zeitungen eingehülltes Paket entgegen, während er mit der gleichen schneidenden, sarkastischen, mitleidigen Stimme sagte: »Sind Sie am Ende nicht ganz richtig im Kopf? Hat diese Person Sie so dumm gemacht, daß Sie dieses Zeug an die erste beste Stelle legen, auf die jeder Bulle als erstes losgehen würde, um es zu su ... Teufel auch, Sie haben wirklich Glück, daß ...«.

Montès blickte auf das jetzt hoch in die Luft gereckte, von Zeitungen umhüllte Bündel, das eine klargezeichnete Kurve beschrieb und dann neben ihm auf dem Bett landete, wo es eine Drehung machte, so daß die Zeitungen sich lösten und das dunkle Metall eines Schmuckkästchens zum Vorschein kam, auf das er mit einer Art von Verzweiflung, von stummem Gram niederblickte, während die triumphierende, mit unergründlicher Verachtung und dem gleichen unergründlichen Mitleid geladene Stimme weitersprach: »Schmuckstücke für fünf- oder sechshunderttausend Francs in einem Landstreicherkoffer, in einem Landstreicherhotel, auf die Art natürlich riskiert weder sie noch ihr Kerl ... Nebenbei bemerkt: wie kommt es denn, daß er gerade dort an der Trambahnhaltestelle war?«, worauf Montès – *er löste jetzt seinen Blick von dem Kästchen und sah noch elender, noch verstörter, noch mehr wie ein eben geretteter Ertrunkener aus* – stammelte: »Wie ... Was sagen Sie da? Wovon sprechen Sie denn, ich ...« Er machte eine Bewegung, als wolle er noch einmal das Handtuch an die Lippe führen, besann sich dann aber, ließ die Hand heruntersinken und starrte, ohne weiterzureden, das Leere, die Wand an, die sich senkrecht vor ihm erhob, während der andere sich eine neue Zigarette anzündete, ihn durch den Rauch hindurch von der Seite her prüfend ansah, das Streichholz fortwarf ohne jedes Bemühen, richtig in den Eimer zu zielen, sich aufrichtete und, ohne auf eine entsprechende Frage zu warten, rasch antwortete: »Was meinen Sie? Wie ich ... Aber da braucht man doch bloß den Schlüssel zu nehmen. Sie hängen ja alle unten am Brett, und an der Reisetasche brauchte ich gar nicht erst lange zu probieren ... Lieber Gott, wo kommen Sie denn her? Alle Tage werden Leute wegen weniger als hundert Franken ermordet, und Sie lassen Ihr Zimmer ... Lieber Gott! ... Also werden Sie mir jetzt endlich glauben, daß ich Ihr Freund bin?«

Was Montès aus seiner Erstarrung riß, war, wie er mir später erzählte, das Geräusch, mit dem schon wieder eine Zigarette im Toiletteneimer verzischte; erst jetzt wurde er sich darüber klar, wieviel Zeit inzwischen vergangen war, und als er die Augen hob, sah er Maurice, der immer noch mit seinem Schlafrock drapiert dastand, beide Hände in den Taschen, aber nunmehr an die Wand gelehnt. »Zweifellos hatte er mich während der ganzen Zeit prüfend im Auge behalten, und in diesem Augenblick sah ich sicher ganz jammervoll aus, völlig k. o., wie man sagt, zum zweiten Male an diesem Tage oder vielmehr innerhalb von einigen Stunden, denn es mußte ja nun schon der nächste Tag angebrochen sein – diesmal aber endgültig, denn sonst, vermute ich, hätte er niemals gewagt ...«

Denn nun ging alles sehr schnell: die Stimme von Maurice erhob sich in der Stille, ohne daß er eine Bewegung machte, sich auch nur rührte: eine lässige Stimme, die sich völlig im Einklang mit seiner lässigen Haltung befand und lässig über die Worte hinstreifte, eher müde als dreist, so schien es, als er sagte: »Aber lieber Gott, weshalb schlafen Sie denn da nicht wenigstens mal mit ihr? ...«, und als Montès zusammenzuckte, den Kopf hob und fragte: »Was? ... Weshalb ich ...«, dann verdutzt innehielt, weil er immer noch nicht begriff, sich zögernd fragte, ob er recht gehört habe, und schließlich ablehnte, es zu glauben, erhob Maurice seine Stimme schon wieder von neuem – *jetzt hatte er sich auch gerührt, sich von der Wand gelöst; immer noch in der gleichen lässigen, gelangweilten Weise nahm er eine neue Zigarette aus dem Etui, klopfte sie, schob sie zwischen die widerwillig verzogenen Lippen, ganz als ob er sich der Gegenwart, des Stammelns von Montès gar nicht bewußt wäre* – und sagte wie zu sich selbst, in dem gleichen beiläufigen, gelangweilten Ton: »Ein bißchen abgenutzt ist sie ja allerdings. Ich meinerseits ziehe vor...«, dann aber, ohne Übergang, in einem ganz anderen Ton: »Hallo, was haben Sie denn? Was...?« Montès, der jetzt auf den Füßen stand, rief nur: »Machen Sie, daß Sie hinauskommen!« »Aber was...«, fragte Maurice, doch Montès rief zum zweiten Male: »Hinaus!« – »Aber so hören Sie doch«, versuchte es Maurice, »mein guter Freund, Sie...«, um dann rasch hinzuzusetzen: »He Sie, passen Sie doch auf. Zum Kuckuck, das war das letzte Mal. Sie sind ja wohl ganz verrückt... Mein Gott, woher hat sie denn... Gehen Sie weg, damit ich...«, und dann: »He! Das geht ja über allen Spaß, Sie...«, und dann folgte das wortlose Geräusch eines Ringkampfes, wobei beider Atem immer rascher ging, und Maurice mit den Händen durch die Luft fuhr und manchmal etwas Mageres, Hartes traf, dem anscheinend überhaupt kein Leben innewohnte, etwas, das der Gewalt so fremd wie ein Stock, aber auch ebenso unüberwindlich war – *ich hatte selbst diese Erfahrung gemacht, als ich eines Tages Montès zu mir mithinaufgenommen hatte, um ihm ein paar Photographien zu zeigen, und zur Seite getreten war, damit er als erster durch die Tür gehen konnte, worauf sich einer jener lächerlichen Wettkämpfe der*

Höflichkeit ergab und diejenige meiner Hände, die ihn an der Schulter hineinzudrängen versuchte, unvorhergesehen auf eine zerbrechliche, aber unbeugsame und starre Kraft traf, gegen die es, wie ich rasch begriff, keinen Widerstand gab –, und woran er sich zunächst festzuklammern versuchte; dann bemühte er sich, den Arm von sich abzuwehren, seine schlafrockbewehrte Schulter aus der Umklammerung zu lösen; vorgebeugt, verkrampft stand er, während er Schritt für Schritt zurückwich, nachgebend unter dem unnachgiebigen Druck, in der grotesken und wenig ruhmvollen Pose eines Kindes da, das man ins dunkle Zimmer schleppt. Schließlich schlug er wild aufs Geratewohl mit Händen und Füßen um sich, aber er traf nur auf jenes anscheinend ganz fühllose Knochengestell, dann aber, ohne daß er recht wußte, wie es gekommen war, schlug er nicht mehr auf die Rippen, den mageren Thorax, der unter den Streichen hohl geklungen hatte, sondern auf bloßes Holz, die verschlossene Tür, auf die er jetzt, in der Dunkelheit des Korridors fluchend und schimpfend, einhämmerte unter Rufen wie: »Dummkopf!« oder »Sie armer Narr! Die hat Sie schön drangekriegt. Die beiden lachen sich ja ins Fäustchen über Sie! Jawohl: er und sie, alle beide. Ich habe sie gesehen, vor einer Stunde erst. Er war da. Und er hat ...«, bis aus einem Zimmer der Ton einer protestierenden Stimme drang, auf die Maurice mit einer Flut von Schimpfworten antwortete, um dann noch einmal zu schreien: »Sie Hahnrei, Sie!« Dann kam gar nichts mehr, man hörte ihn nur noch seine Tür zuschlagen. »Man hörte nichts mehr«, sagte Montès, »nur noch den ewigen Wind, den ich vergessen hatte, der aber nun unter meinem Fenster die Platanen wie Zwetschenbäume schüttelte und unter dem die Lampen an dem Kandelaber auf dem leeren Platz draußen hin und herschwankten. Ich frage mich, was über mich gekommen war. Schließlich hatte er vielleicht wirklich nur Spaß machen wollen. Es kommt am Ende daher, daß ich an so etwas gar nicht gewöhnt bin. Denn ich weiß ja, unter Männern werden solche Dinge ... ich meine nur, das sind so Scherze, die ich ...«

»Scherze?«, fragte ich. »Das glauben Sie doch wohl selber nicht! Und was er dann getan hat ... nennen Sie das auch einen Scherz?«

»Nein, das heißt, ich frage mich, ob ich nicht selber schuld war. Mindestens zum Teil. Sie verstehen: dadurch, daß ich ihn hinauswarf, habe ich ihn in Wut versetzt. Vielleicht, wenn ich stattdessen ... Aber ich war eben in einem merkwürdigen Zustand, wissen Sie, ich war am Ende, und nicht nur mit den Nerven, mit allem. Ich erinnere mich, daß ich hinterher geschlafen habe, als wäre ich aus Blei. Ich glaube, ich hatte nicht einmal mehr die Energie, mich auch nur auszuziehen. Und dann ganz plötzlich, ohne Übergang, war es auch schon Tag, ich rasierte mich gerade, und da stand sie da, an derselben Stelle, an der zuvor er gestanden hatte ...«

»Wen meinen Sie mit ›sie‹?« fragte ich. »Rosa?«

Er sah mich an mit einem leeren, wie verdutzten Blick: »Rosa?« sagte er. »Nein. Sie wissen doch, das junge Mädchen: Cécile.«

X

Nein, es lag nicht an der Art seiner Erzählung noch an der offenbaren Lückenhaftigkeit seiner Erinnerung: alles hatte sich vielmehr meiner Meinung nach sicherlich für ihn selbst auf eine fast unwirkliche Weise zugetragen, bei der die Zeit abwechselnd in die Ferne rückte, stillstand oder sich dehnte, und das nicht nur wegen seiner Müdigkeit, wegen der schlaflosen Nacht – *tatsächlich hatte er geschlafen, sogar ziemlich lange: er wurde sich darüber klar, als er einen raschen Blick auf seine Uhr warf, während seine Wangen noch halb mit Seifenschaum bedeckt waren: schamhaft, wiederum stammelnd, deckte er das Bett zu; es war zwölf Uhr mittags* –, sondern mehr noch wegen seiner fundamentalen Unfähigkeit, bewußt von den Dingen des täglichen Lebens, Sachen wie Ereignissen, auf andere Weise Kenntnis zu nehmen als durch die Vermittlung der Sinne oder des Herzens, einer Unfähigkeit, der wir gemeinhin durch eine geistige Bemühung abhelfen, vermittels deren wir die Zeitabläufe, die unserer Beobachtung entgangen sind, in der gleichen Weise vervollständigen, wie es in den Sprachübungen für die Unterklassen bei einer Übung geschieht, die darin besteht, innerhalb eines Satzes die mit Punkten bezeichneten Lücken durch das passende Wort auszufüllen, so daß je nach Trägheit, Mangel an Einbildungskraft oder momentaner äußerster Müdigkeit das gleiche Ereignis, nachdem die Zwischenräume einmal geschlossen sind, sich ebenso gut unter dem beruhigenden Aspekt einer glanzlosen Banalität, des ›Déjà vu‹, oder im Gegenteil eines chaotischen Grauens präsentieren kann. Dazu kommt noch folgendes: die konstante Gewohnheit, die er hatte, ohne Präzision immer einfach die Fürwörter ›er‹ oder ›sie‹ zu verwenden, um irgendeinen beliebigen Mann oder irgendein beliebiges weibliches Wesen zu bezeichnen, und dadurch eine unaufhörliche Konfusion in Bezug auf die Identität der Personen zu schaffen, als sähe er die ganze Welt wie ein Kurzsichtiger, das heißt nur mit unscharfen Silhouetten von einzig durch das Tragen eines Rockes oder einer Hose sich unterscheidenden Zweifüßlern bevölkert – *so wie uns die Schwarzen nur als nackte dunkle, identische Gestalten mit dem gleichen Körperbau, den gleichen wolligen Köpfen erscheinen, als wären sie bei hoher Temperatur alle in der gleichen Form gegossen oder vielmehr durch Urzeugung als deren Komplement, deren Gegenteil, aus der zum Schmelzen gebrachten Luft, dem blendenden Stäuben des Lichts hervorgegangen; so jedenfalls sehen wir sie auf den Photographien und Filmen der Afrikaforscher, wo sie sich nur durch das treuherzige, stolze Zurschaustellen ihrer Geschlechtsorgane – Brüste und Genitalien – unterscheiden, die sie schamlos sehen lassen oder noch schamloser durch rituelle, symbolische Hinzufügungen betonen, wenigstens so lange, bis Missionare und Händler kommen, sie taufen und sie gleich noch in den Wassern eines schamhaften und geschäftsfördernden Jordan mit formlosen Baumwollwaren umhüllen, die mit den endlos laufenden Wechseln des Schweißes und der Gebete abgezahlt werden müssen* –, als ob die feindselige und gefährliche Außenwelt in zwei grammatische und esoterische Prinzipien, das männliche und das weibliche, aufgeteilt sei, von dem ein jedes Träger oder Alleinverwalter einander entgegengesetzter und sich ergänzender Tugenden wäre, oder auch nur von außen her mit ihnen begabt, Tugenden, die weniger mit den verschiedenen Individualitäten als vielmehr mit ihrer Zugehörigkeit zu einem Genus, einer Wortendung zu tun hatten.

Mehr noch: es handelte sich hier um eine Reduktion des Menschengeschlechts – reduziert, zurückgeführt, klassifiziert, unentrinnbar beschränkt durch ihn – auf eine Reihe von Mythen, in denen das Männliche wie das Weibliche zunächst vertikal unterteilt erschien, nämlich in Kindheit, Reifezeit, Alter – *daher kam es auch vielleicht, daß seine Photos eine mit leidenschaftlichem Interesse zusammengetragene Sammlung von Kindergesichtern bildeten, jener glattlinigen Skizzen künftiger Erwachsenengesichter, noch unberührt und frisch, milchig hell oder vom Hagel der Sommersprossen übersprüht, oder aber dunkelbraun und dicklippig wie die, die er hier angetroffen hatte, alle jedoch noch jungfräulich, rein, wenn auch nicht von brutalen, primitiven Instinkten wie Grausamkeit, Gewalt, Inbesitznahme, so doch wenigstens von jedem Bewußtsein dieser Dinge und folglich auch von Bösem frei* –, in der anderen Richtung aber wahrscheinlich nach Kasten – Priester, Richter, Soldaten, Händler –, bis schließlich die Gesamtheit der menschlichen Wesen – einschließlich sogar von Dieben und Henkern – auf Fächer verteilt, etikettiert und numeriert, mit Funktionen, mit genau umschriebenen Rollen versorgt war, und die zufallsreiche, komplizierte Welt aufhörte, ohne Rast lautlos zu kreisen, vielmehr sich organisierte, sich ordnete und zur Unbeweglichkeit erstarrte.

Während ich seiner Erzählung lauschte, betrachtete ich dieses durchfurchte Antlitz, die Augen, die sanft und unglücklich waren wie die eines geprügelten Hundes, und dachte: ›Irgend etwas gibt es, was dieser Mensch über alles verabscheut... doch was?... Nein, nicht verabscheut, denn er ist ja unfähig zu allem Haß. Nicht einmal das Böse haßt er. Aber schlimmer als verabscheuen: etwa, was er fürchtet, mit Angst heraufkommen sieht... Aber was? Nein‹, dachte ich weiter, ›auch fürchten genügt noch nicht, er vergeht förmlich vor Angst. Deshalb ist er alt vor der Zeit und sieht mit fünfunddreißig Jahren aus, als ob er fünfzig wäre, obwohl er, wie es scheint und wie er selbst bekennt, niemals im Kriege gewesen ist, niemals einen gefährlichen oder ungesunden Beruf ausgeübt hat noch jemals ernstlich krank war, jedenfalls nie an einer dieser Krankheiten gelitten hat, bei denen man mit Hilfe von Spritzen, Seren oder durch Anwendung des Skalpells geheilt wird – oder stirbt, und doch lebt er beständig in einem Zustand des Schreckens wie jemand, der eine weder zeitlich noch räumlich fixierte Gefahr fürchtet, von der man sich augenblicksweise entfernen oder die man möglicherweise zu vergessen imstande wäre, sondern eine ihm anhaftende Gefahr, die untrennbar von ihm ist wie ein Schanker, ein Krebsgeschwür, so daß seine fixe Idee sich auf das bezieht, was das Gegenteil von ihm selbst ist, wie etwa Diebe von Redlichkeit träumen, Dirnen von Ehrbarkeit oder dieser kleine Schmutzfink Maurice von Hochachtung, die er einflößt. Denn sie sind ja von alledem genau das Gegenteil, so wie er – *›er‹, dachte ich jetzt, ›von vagem Ingrimm erfaßt, er, seine Sanftmut, seine katastrophale Arglosigkeit, sein katastrophaler guter Wille, seine katastrophale Gabe, die schlimmsten Ungelegenheiten auf sich zu ziehen, wie andere die Hunde auf der Straße oder das Geld, rings um sich her Chaos, Verwirrung weiterzutragen oder zu verbreiten, seine Art, nicht nur sich selbst in alledem zu bewegen, sondern einen mit hineinzuziehen – ähnlich einem verlorenen Schwimmer, der seinen Retter mit sich in die Tiefe reißt –, nämlich in diese üble Atmosphäre, in seine* *ausweglosen Affären, seine verwickelten, langatmigen Erzählungen* –, wie er, sage ich, genau das Gegenteil von seinem Willen zur Ordnung und zu stabilen Verhältnissen, von seinem eigensinnig pfadfinderhaften optimistischen Weltbild ist, auf das er sich versteift, das er mit aller Macht festzuhalten und gegen allen Augenschein als wahr zu erachten versucht ...‹

Und dann war ich wieder ganz darin, von neuem gegen meinen Willen hineingezogen wie durch besagten Ertrinkenden – obwohl ich nichts von einem Lebensretter hatte, sondern nur einfach in Reichweite war, so daß er sich an mir festhalten konnte –, von ihm mitgeschleift, in die Perspektive einer Zeit gerückt, die sich streckte wie eine graue Mauer ohne Anfang und Ende, von der der Verputz abgefallen ist, eine Mauer mit alten Plakaten daran, deren abgerissene Ecken im Winde flattern und deren Farben ausgeblichen sind – oder manchmal auch noch lebhaft oder sogar schreiend –, darauf aber verwaschene Schriftzeichen, Textfragmente, ebenfalls ohne Anfang und Ende, die, zusammenhanglos aneinandergereiht, einander widersprechend, zwischen zwei Rissen auftauchen wie zugleich auch die Gesichter auf den Reklamezeichnungen, denen oft ein Auge, eine Wange, eine ganze Seite amputiert zu sein scheint – *oder die auf eine Wange, ein starrendes Auge reduziert sind, das einen anschaut, einen prüfend mißt, rätselvoll auf dem Hintergrund der rätselvollen Zeit zwischen zwei Papierfetzen wie zwischen zwei seitlich gerafften Portieren* –: ich sah ihn mit seinen übernächtigten Zügen, den geröteten Lidern, dem nur unvollkommen weggewischten Seifenschaum, der ihm noch am Ohrläppchen hing, seiner verstörten Miene, während er in einem offensichtlich ungleichen Kampf mit seinen Rockärmeln begriffen war, die er überzustreifen versuchte, und dazu sie – *Cécile, die er nur zweimal gesehen hatte, das eine Mal als Gast bei dem düster-feierlichen Abendessen in dem düster-feierlichen Speisezimmer mit dem staubigen Gewaffen an der Wand, und das zweite Mal, als sie in dieses gleiche Hotelzimmer gekommen war, um ihn anzuschauen, ihn zu besichtigen wie ein merkwürdiges Tier im Käfig, wie um sich genau zu überzeugen, daß sie das erste Mal nicht geträumt hatte, und die nun von neuem erschien, um ihm bei seinem Treiben zuzusehen, während ihr Gesicht, dieses gleichzeitig harte und zarte Bubengesicht unter dem roten, derben, wilden, bubenhaften Schopf, mit der eigenwilligen Bubenstirn und dem gewissen Brüsken, Willkürlichen, Impulsiven in allen Zügen, einem Etwas, das eher einem Jüngling als einem Mädchen zuzugehören schien* –, die zunächst nicht mehr den ungläubigen, neugierigen Ausdruck zeigte, den er an ihr kannte, sondern jetzt eher von etwas wie Ratlosigkeit gezeichnet war, als habe sie zum ersten Male die Selbstsicherheit verloren; dann allerdings, als er noch immer fortfuhr, sich auf lächerliche Weise mit seinem Rock herumzuschlagen, verwandelten sich Unsicherheit und Ratlosigkeit bei ihr in kalte Wut. Und endlich fragte sie:

»Soll das eine Zirkusnummer sein?«

Dann, als er immer noch mit der feindseligen Passivität des Kleidungsstückes rang, diesem Nichtwollen, dieser hinterhältigen Bosheit, der Rache oder Widerborstigkeit der unbelebten Dinge, vermochte sie – *aus welchen Gründen auch sie hergekommen sein, sich zum zweiten Male gedrungen fühlen mochte, die steilen Straßen der alten Stadt trotz Wirbelwind, Schnaken und dem Geruch der Sardinen zu erklimmen, die ungeachtet des Windes auf dem Gehsteig geräuchert wurden, während die Frauen im Morgenrock vor den Häusern hockten, die*

Glut anfachten und schreiend miteinander von Schwelle zu Schwelle sprachen, dann dieses Hotel zu betreten, gefolgt von den stummen, tadelnden, undeutbaren Blicken der Greise mit den schmutzigen Spielkarten, um sich endlich einem Menschen gegenüber zu finden, der außerstande war, die Ärmel seines Rockes überzustreifen – nicht länger an sich zu halten: »Machen Sie das mit Absicht?«, fragte sie und schleuderte ihm dann gleich darauf, als gebe sie es auf, nehme Abstand davon, mache Schluß damit, sich für den lächerlichen Zweikampf zu interessieren oder ihn auch nur zu bemerken, mit heller, entschiedener, wütender Stimme zu: »Und daß Sie die Einladung vergessen haben, ist das auch Absicht gewesen?«

Er aber, der inzwischen ans Ziel gelangt war, blickte sie versteinert an, während der eine Ärmel immer noch nicht ganz richtig saß: »Die Einl . . .«

»Einladung. Jawohl. Zum Abendessen. Es sei denn, ich hätte nur geträumt, wäre nicht hergekommen, um Ihnen persönlich . . .« Dann gab ihre Stimme nach, brach ab wie erstickend an ihrer eigenen Heftigkeit, aber eine Scham, ein Stolz vielleicht, der endlich bei ihr wiederkehrte, ermöglichte ihr gleich darauf, einen leichten, spielerischen, ja sarkastischen Ton anzuschlagen: »Was eigentlich spielen Sie da?«

Darauf er: »Was ich . . . Was meinen Sie dam . . .«

Und sie: »Was soll denn das heißen, diese Komödie, he?«

Er: »Was für eine Komödie?«

Sie: »Die Sie spielen, natürlich: daß Sie sich partout lächerlich machen, sich anziehen wie ein Clown, in diesem zweifelhaften Hotel hier wohnen . . .«

Er: »Zweifelhaft? Aber das ist es doch nicht . . . Ich versichere Sie . . .«

Sie: »Nun, dann suspekt, meinetwegen. Widerwärtig jedenfalls, wo Sie doch sehr gut wissen, daß Ihnen jetzt jeder, wer auch immer, alles leihen würde, was Sie ...«

In diesem Augenblick drang vom Korridor her das Geräusch von Besen und Eimern herein, und Montès sah, wie sie einen raschen Blick auf die Tür warf, während ihre Stimme ganz für sich allein weiterlief und plötzlich einen besonderen Ton, eine spezielle hohle Klangfarbe bekam, als löse sie sich von ihr los, sagte er später, als würden Stimme und Person zu zwei getrennten Wesenheiten, deren jede anfing eine autonome Existenz zu führen, wobei die erste einfach weiterlief, das heißt, Wörter und Sätze nach einer bestimmten Syntax, einer mechanischen Ordnung aneinanderreihte, die im übrigen keinerlei Wichtigkeit besaß – wichtig war nur das Fortbestehen, des Klanges, des Geräusches –, zumal weder die Sprecherin noch derjenige, an den sie sich aller Voraussetzung nach wandte, jetzt noch acht darauf gaben, da sie einzig auf das nur ein paar Meter entfernte, von ihnen nur durch eine Holzwand getrennte Eimergeräusch lauschten und er sich fragte, durch welches Phänomen der Osmose, der Gedankenübertragung, die Frauen gewisse Dinge wissen, erfühlen, ohne dazu irgendeines Nachrichtendienstes zu bedürfen, und sich sagte: ›Sie ist ihr vielleicht unten begegnet, oder die Wirtin hat ihr ... Aber das ist wahrscheinlich gar nicht nötig gewesen, denn sie ...‹

Dann hörte er sogar zu denken, sich irgend etwas zu fragen auf, sagte er mir, blickte vielmehr nur mit zwinkernden Augen in das dichte Stäuben des Lichts, schwankend vor Müdigkeit; die Worte, die jetzt das junge Mädchen äußerte, drangen gar nicht mehr zu ihm, hingegen hatte er einen ganz genauen, scharf umrissenen Eindruck – schillernde Flügeldecken, Brustpanzer, rotbrauner, wie ein dreieckiger Stecknadelknopf geformter Kopf – von der Fliege, die sich auf der glatten Stirn niedergelassen hatte, einen Augenblick regungslos dasaß, dann plötzlich in einer Bewegung weiterkroch, die aus jähem Vorrücken, absurden Haltepausen und ebenso absurden Richtungsänderungen bestand, sodann einen Eindruck wenn auch nicht von der Hand so doch von dem flüchtigen Ablauf einer ärgerlichen Geste, darauf von der einen Moment frei daliegenden Stirn, auf der gleich wieder der schwarze Fleck erschien, ohne daß er das erneute Heranfliegen des Insekts bemerkt hatte, vielmehr war es einfach wie ein unabwaschbarer Makel oder wie Tiere oder Gegenstände wieder da, die ein Illusionist mit einer Handbewegung wegzuwischen und einer zweiten von neuem hinzuzaubern scheint; dann verengte sich der Lichtkreis, er schloß sich ganz, und er, Montès, sah überhaupt nichts mehr, obwohl er immer noch zermürbt und doch angespannt im Mittelpunkt einer Leere, einer bloßen Fata Morgana stand, in der nicht die Erinnerungen an den Abend oder die letzte Nacht kreisten, sondern ein undeutliches Gewimmel, etwa gleich dem eines durch einen Fußtritt zerwühlten Ameisenhaufens oder der umgestürzten Büchse der Pandora, die eine lächerliche, folgelose Unordnung von Millionen lächerlicher Tragödien, Gewalttaten, Morde und lächerlicher Tränen entsandte oder entfesselte; dann war die Zeit wieder da, nahm von neuem Gestalt an, wurde wieder zu der endlosen grauen Wand, während der gelbe Wind aus dem Nichts Plakatfetzen aufflattern, aus der Tiefe heraufkommen ließ, Fetzen auch von Sätzen, und schließlich er selbst mit geröteter Stirn beinahe schreiend hervorstieß:

»Ein Heiliger nein das nicht was heißt das überhaupt weshalb müssen auch Sie – *zum zweiten Male in weniger als achtundvierzig Stunden schleuderte ihm ein Frauenmund, nein diesmal der eines jungen Mädchens, das ungefähr fünfzehn*

Jahre jünger war als die andere – und nicht nur um fünfzehn Jahre jünger, um fünfzehn meßbare Umdrehungen von Gestirnen, sondern auch um die Festigkeit ihres stolzen, unberührten Fleisches, das noch jungfräulich war, frei nicht nur von dem Kontakt, dem Angriff des Mannes, sondern auch von dem nicht wiedergutzumachenden Makel der Niederlagen, ohne Kenntnis noch auch nur von der Idee der Niederlage und der Tatsache, daß alles Leben nach dem Eintagsruhm der Jugend nichts als ein einziger Weg von Niederlage zu Niederlage ist bis zu dem endlichen Zerfall, dem endlichen, unumstößlichen Untergang, weshalb zweifellos Religionen und Philosophien bemüht sind, das Leiden als Wohltat zu tarnen und die endgültige Verwesung in Befreiung oder doch wenigstens einen bedeutungslosen Gestaltwandel umzufälschen –, schleuderte ihm also ein Frauenmund in dem gleichen Ton des Zorns, der äußersten Überreizung die gleichen Worte entgegen –, ich selbst halte mich für gar nichts nächstens werdet ihr alle noch . . .«

Dann fuhr er mit plötzlich veränderter Stimme, aber immer noch geröteter Stirn, ja feuerrot im Gesicht, zu sprechen fort: »Verzeihen Sie mir, ich . . . ich hatte eine sehr schlechte Nacht, ich bin etwas übermüdet, es ist ja lächerlich . . .« Jetzt aber war sie ihrerseits bestürzt, überwältigt von seiner Heftigkeit, seinem jähen Ausbruch; einen Augenblick wurde ihr Blick wieder ungläubig, der Atem stockte ihr, doch dann gelang es ihr, sich wieder zu fassen, und nun konnte Montès in ihren Augen den Zorn wiederkehren, nochmals herauffluten, mit rasender Schnelligkeit von neuem emporsteigen sehen . . .

»Aber schließlich«, sagte ich, »hat sie ja nicht angefangen, Sie aus heiterem Himmel anzuschreien, nehme ich an. Sie ist doch nicht in Ihr Zimmer eingedrungen, hat die Tür hinter sich zugemacht, sich dagegengelehnt und sich vollends in Zorn geredet dieses dritte Mal, wo sie Sie sah, um Ihnen eine Szene zu machen, als ob . . .«

Einen Augenblick sah er mich überrascht mit seiner gewohnten sanften Miene an. Dann brach zweifellos die Masse der Zeit wieder über ihn herein und überwältigte ihn. In diesem Augenblick kam er mir wie ein Schiffbrüchiger vor, der auf allen vieren umherkriechend in den schlammigen Wirbeln des Wattenmeeres Fuß zu fassen und wieder auf die Beine zu kommen versucht, über den sich aber von neuem mit rollendem Schaum und quirlenden Kieseln die Wellenberge ergießen. »Das heißt«, sagte er schließlich, »das heißt, sie hatte ihre Verlobung gelöst, und da verstehen Sie . . .«

»Sie hatte . . . Ah!«, sagte ich. »Ich verstehe. Da war sie also gekommen, um Ihnen die Anzeige zu überbringen, wie? Zweifellos machte sie die Runde bei allen ihren Freunden und Bekannten . . .«

»Die Anzeige? Aber das gibt es doch nicht... Man verschickt doch nicht . . .« Dann begriff er, und auf seinem Gesicht begann sich ein Lächeln abzuzeichnen, das ihm selbst zu gelten schien, doch gleich darauf wurde seine Miene wieder ängstlich, verkrampfte sich, als ob er von neuem bemüht sei, das stets gleiche Problem, dasselbe Rätsel zu lösen. Ratlos, verstört blickte er mich an, wie er zweifellos auch sie angeschaut hatte, während der Dialog abrollte oder vielmehr diese Art von Waffengang – wofern man diesen Namen einem Ausfall geben kann, in dessen Verlauf der eine Gegner Streich auf Streich austeilt, während der andere sich damit begnügt, so gut wie möglich die Schläge zu parieren oder einfach hinzunehmen –, ihr aber zweifellos, stellte ich mir vor, bei aller Kühnheit und trotz ihres Zustandes der Überreiztheit oder vielleicht sogar Depression, in dem sie sich wahrscheinlich befand, immer noch genügend Selbstbeherrschung verblieb – oder vielleicht handelte es sich dabei auch nur um Gewohnheit, Instinkt, unbewußte Reflexe –, um wenigstens während der ersten Wechselreden ihren überlegenen, distanzierten, erstaunlich überheblichen und erstaunlich oberflächlichen Ton – *als ginge es nur um eine ganz unwichtige Begebenheit oder Neuigkeit, auf die sie beiläufig, nebenher, ganz zufällig jemand ebenfalls ganz Unwichtigem gegenüber Bezug nahm* – zu treffen oder wiederzuerlangen:

»... meine Verlobung gelöst, ich ...«

»Sie haben ...«

»Ja, meine Verlobung gelöst. Meine Schwester ...«

»Ihre Verl ...«

»Ja, was denn sonst! Gelöst, aufgehoben, Schluß damit gemacht, wenn Sie wollen. Verstehen Sie mich denn nicht?«

»Doch, natürlich, aber ...«

»Natürlich, das genügt doch.«

»Ich meine ...«

»Sie meinen: natürlich.«

Dann brach sie in Lachen aus. Aber, sagte er später, dieses Lachen klang falsch. Es war vielmehr das Gegenteil von einem Lachen, so daß er es noch lange, nachdem sie bereits gegangen war, den ganzen Tag über zu hören meinte, den er damit zubrachte, sagte er mir, tunlichst Rosa aus dem Wege zu gehen – *so daß er nun seinerseits auslugte und den Moment erspähte, in dem er sein Zimmer verlassen, geschwind die Treppe hinunterlaufen und von ihr unbemerkt aus dem Hotel würde schlüpfen können, um auf einer der Bänke des Platzes ein paar Biskuits als Mittagessen zu verspeisen – vielleicht sogar, aus irgend einem Instinkt, auf der gleichen Bank, auf der er die Nachtstunden verbracht hatte, um die Schläge zu verwin-*

den, die er bekommen hatte –, mechanisch kauend und mit starrem, leerem Blick, ohne eigentlich etwas zu sehen, dem komischen Hin- und Hertrippeln der Tauben folgend, die auf Krümel warteten. Vielleicht teilte er sie ihnen sogar ebenso mechanisch aus, während über ihm der ewige Wind die hohen Platanen mit einem unaufhörlichen, majestätischen Rascheln wiegte und die majestätischen weißen Stämme langsam schwankten im unaufhörlichen Flimmern ihres schimmernden Laubs und er mit dem angebissenen Zwieback in der Hand, nicht fähig, die zähe, klebende Masse hinunterzuschlucken, bei sich dachte: ›Wenn ich nur etwas trinken könnte‹, und dann ohne Übergang, vielmehr gleichzeitig mit der gleichen Empfindung zu ersticken, keine Luft zu bekommen: ›Wenn ich nur gar nicht daran denken, mich davon frei machen könnte . . .‹ und schließlich: ›Nur Ruhe möchte ich haben, Frieden. Das ist alles, was ich will. Ist es denn wirklich unmöglich, eine einzige Bewegung, ist es sogar unmöglich, keine Bewegung zu machen, ohne daß Böses . . . ohne daß alles sich trübt, wie der Schlamm einen Teich undurchsichtig macht, ohne daß sogar die klare Luft, der Himmel, die Häuser, die Bäume, die er unter sich birgt, zerstäuben, zerfallen mit einem Klirren wie von zerbrochenem Glas, ganz als lebe man nicht in einer Welt, die aus festem Holz und festen Steinen, aus Blättern, aus unangreifbarem Wind besteht, sondern in einem Glasladen, in dem der geringste Hauch, die kleinste Bewegung, ja schon ein Niesen genügt... Großer Gott!‹ –, obwohl ihm vollkommen bewußt blieb, sagte er mir, wie ganz eitel das alles war, daß es ebenso vergeblich war zu versuchen, ob er nicht aus dem Räderwerk, das ihn erfaßt hatte, wieder herauskommen könne, als wolle er der Krankheit oder dem Tode entrinnen, und er nicht einmal mehr in der Hoffnung lebte, einen Fälligkeitstermin in weite Ferne zu rücken: denn er zweifelte jetzt nicht mehr, daß es kommen würde, auch wenn er sich gar nicht rührte, daß er, selbst wenn er regungslos auf seiner Bank verharrte, nichts an dem ändern könne, was da kommen werde – *so wenig er andererseits auch die Dinge verändert, in ihrem Ablauf beschleunigt oder verlangsamt hätte, wenn er sich bewegt, ihnen zuvor gekommen oder vor ihnen geflohen wäre* –, das heißt, er ging nicht einmal mehr auf einen Aufschub aus. – »Denn«, sagte er zu mir, »es gibt keinen Aufschub mehr, wenn die Dinge schon Tatsache sind.« – Alles, was er vermochte, war, auf dieser Bank sitzen zu bleiben und zu warten, und er wußte, daß hier oder anderswo alles sich ereignen würde, es ging einfach nicht mehr anders, so daß er nicht zusammenfuhr oder auch nur den Kopf nach der Seite wandte – *es sei damals vielleicht vier oder fünf Uhr nachmittags gewesen, sagte er zu mir, vielleicht aber auch schon später. »Alles, was ich weiß«, setzte er hinzu, »ist, daß seit kurzem schon Kinder auf dem Platz waren und sich damit amüsierten, den Tauben nachzujagen, bis sie aufflogen, und daß ihre Wärterinnen oder Mütter von Zeit zu Zeit nach ihnen riefen ...«* –, sich vielmehr damit begnügte, verständnislos anzustarren, was eine Hand ihm unter die Augen hielt: zwei Zeilen, aufs Geratewohl mit Bleistift auf das abgerissene Blatt eines jener kleinen Notizkalender gekritzelt, die noch den etwas scharfen, lange haftenden, zu Kopfe steigenden kostbaren Duft nach teurem Leder ausströmen. »Aber es hatte nicht mehr Sinn und Verstand als diese einfältigen Tauben mit ihren runden gelben Augen, nicht mehr als das einfältige Konglomerat aus Himmel, Häusern und Bäumen, die alle aus Glas gefertigt schienen, das am Zerbrechen war: aneinandergereihte Worte nur, denen ich umso weniger einen Sinn abgewinnen konnte, als es mir nicht einmal gelang, jedes einzelne dieser kleinen grauen Liniengebilde, dieser sägeförmig fortlaufenden Zeichen in eine Idee, in etwas Lebendiges umzuwandeln ...« Und dann erzählte er: in einer instinktiven Bewegung streckte seine Hand sich vor – *als ob der Akt, durch den er das Papier erfaßte, seinen Augen näherte, von nahem prüfte, imstande sein könne, ihn die Lösung finden zu lassen* – und schloß sich über dem Leeren, da das Notizblatt sich sozusagen verflüchtigt, blitzschnell aus seinem Gesichtsfeld zurückgezogen hatte, so daß er dasaß und töricht an der Stelle, an der sich noch einen Augenblick zuvor ein weißes Rechteck befunden hatte, jetzt nur seine Hand anstarrte, die sich mit Zeige- und Mittelfinger über einem Nichts schloß, ganz vorn vor einem Hintergrund, auf dem sich die grau verschwimmenden Gestalten der Tauben bewegten, worauf er eine amüsierte Stimme sagen hörte: »Sapristi! Das ist ja beinahe eine Liebeserklärung!«

Aber selbst da noch wandte er nicht den Kopf. Jetzt waren die undeutlichen Flecke wieder zu Vögeln mit grün und mauvefarbenen Jabots, korallenfarbenen Füßen und rundäugigen Köpfen geworden, die sie bei jedem Schritt ruckartig nach vorn bewegten. »Ich war sicher, Sie würden hier sein«, sagte von neuem die Stimme, »ich hätte wetten können. Sie hat mich gefragt, ob ich nicht wüßte, wo Sie zu finden seien. Aber nicht wahr, ich weiß ja, was Diskretion ist. Ich brauchte ihr ja nicht zu sagen, daß sie Sie mit neunzig Prozent Wahrscheinlichkeit hier auf einer Bank unter Pennbrüdern und Dienstmädchen finden würde. Da hat sie denn dies geschrieben und unter Ihre Zimmertür geschoben. Ich aber habe gedacht, es würde Ihnen gewiß Vergnügen machen, gleich zu erfahren, was sie von Ihnen wollte, und habe mich beeilt ... Nein, ich habe nicht unten nachgesehen, ob Ihr Schlüssel am Brett hing. Man braucht nicht sehr schlau zu sein, um erraten zu können, daß Sie ihn heute bei sich behalten haben, aber ich fand ein Endchen Draht, und damit war es nicht schwer . . .«

»Gut, und was wollen Sie?«, fiel ihm Montès ins Wort.

»Ich? Sie meinen wohl: sie.«

Darauf Montès: »Sie?«

Maurice aber las: »Ich habe mich heute morgen furchtbar töricht benommen. Verzeihen Sie mir. Ich muß Sie unbedingt sehen. C.« Dann fuhr er mit veränderter, triumphierender, höhnisch meckernder Stimme fort: »C! Catherine, Christine, Camilla, Charlotte . . ?«

»Cécile«, antwortete Montès nur. »Ich vermute, Sie wissen auch das.« – *Noch immer machte er sich nicht die Mühe, den Kopf zu wenden, sondern starrte gerade vor sich hin, so daß er nur auf dem flimmerig grünen Hintergrund die Silhouetten der Kinder und das erschreckte, rauschende Auffliegen der Tauben sah, die sich unter vielfachem Flügelschlagen wie leichte Blasen erhoben.* – »Mit welchem Recht . . .« Doch seine Stimme hielt nicht durch, und nun schwiegen sie einander an, wobei Maurice ihn zweifellos von der Seite her mit grinsendem Lächeln betrachtete, während der Taubenflug kreiste, sich entfernte und über den Platanen wiederkehrte, noch einmal im flügeldurchpeitschten Licht die Richtung wechselte und mit schwirrendem Gefieder sich mitten auf der Allee niederließ, bis endlich Montès sich entschloß und von neuem ansetzte: »Was wollen Sie?«

»Diese Nacht«, antwortete Maurice, »haben Sie mich vor Ihre Zimmertür gesetzt . . .« Dann wartete er ab, doch es erfolgte nichts. »Gut«, fuhr er daraufhin fort, »sehr gut. Wie Sie wollen . . .«

Montès schwieg.

»Gut. Sehr gut. Ich habe keine Zeit, auf den Busch zu klopfen. Also los: Sie prozessieren, nicht wahr? Sie wollen diesen Kerl entlassen, der zu Zeiten Ihres Vaters Verwalter war, aber es scheint, daß er selbst nicht ganz einverstanden damit ist, nicht wahr?«

Montès schwieg immer noch, fragte nicht oder vielmehr dachte nicht einmal daran, etwa zu fragen: ›Woher wissen Sie auch das?‹, sondern wartete ruhig ab, fuhr dann aber plötzlich zusammen und hätte um ein Haar den Kopf umgewandt, um dem anderen ins Gesicht zu sehen, weil nicht das kam, was er zu hören erwartete, sondern eine Klage, ein Vorwurf, eine jetzt weinerlich gewordene Stimme, die sagte: »Ich habe Ihnen ja gesagt, ich sei Ihr Freund, aber Sie haben mir nicht glauben wollen, Sie haben mich mißachtet, mich behandelt wie ... wie ...« Dann trat gleich wieder Stille ein. Nur von sehr weit her noch, wie durch das zerbrechliche, harte Glas hindurch, in dem das Bild der zerbrechlichen, harten Welt sich widerspiegelte, drang das ferne Geräusch des unermüdlich die hochmütigen Platanen wiegenden Windes, drangen die Rufe der Kindermädchen, die Schreie der Kinder zu ihm. Einen Augenblick später dann vernahm er die Stimme von Maurice, aber jetzt wieder so, wie sie kurz zuvor geklungen hatte, nämlich hart und rasch: »Schön. Sehr schön. Also meinen Sie, daß es sich gut ausnehmen würde, wenn man wüßte, daß Sie für einen Zigeuner und eine Straßenhure den Hehler abgeben?«

Doch selbst in diesem Augenblick zuckte er nicht mit der Wimper, rührte sich nicht, und das, wie er mir später sagte, nicht aus dem Bedürfnis, ihn zu täuschen, oder aus Vorsicht, um sich eine Haltung zu geben, sondern weil es war – so schien es ihm wenigstens –, als ob alles dies gewissermaßen außerhalb von ihnen geschah und abrollte, zusammen – und als ein Teil davon – mit dem zusammenhanglosen Film, dem zusammenhanglosen Auffliegen der erschreckten Tauben, den unartikulierten Schreien der Kinder und dem wütenden, monoton und zwecklos wehenden Wind ganz dort oben, hoch oben in dem schweren, schillernden Laub, so daß, als er plötzlich zusammenzuckte, herausgerissen aus seiner Starre, seiner Passivität, und mit indignierter, eigentlich eher mißbilligender als indignierter, oder, noch besser, tief erstaunter Stimme sagte: »Aber das ist doch idiotisch, das ist doch albern, Sie wissen doch, ich habe keinen Sou!« – *wobei er nicht einmal die Antwort hörte, sie überhörte, als Maurice entgegnete: »Aber Sie können doch vielleicht ... Sie müssen wissen, ich würde mich mit Ihrer Unterschr ...«* –, es eigentlich, so sagte er mir, mehr wegen der Dummheit dieses Vorschlags als wegen seiner Schändlichkeit geschah. »Vielleicht wäre ich in einem anderen Augenblick«, erklärte er mir noch, »darauf eingegangen, hätte diskutiert oder wenigstens Winkelzüge gemacht, aber es schien mir derart dumm, daß ich ... daß sie ... Da habe ich einfach gesagt: ›Machen Sie, daß Sie fortkommen!‹, und nun stand er da mit einer eher törichten als bedrohlichen Miene, obwohl er noch mit dem Notizblatt wedelnd mich einzuschüchtern versuchte: ›Vielleicht, wenn ihr Vater etwas davon erführe ...‹ Ich wiederholte nur: ›Machen Sie, daß Sie fortkommen!‹, worauf er es nochmals versuchte: ›Sie haben unrecht, ich gebe Ihnen den Rat ...‹ Da aber habe ich ohne Rücksicht darauf, daß die Leute sich nach uns umsahen, nur noch geschrien: ›Machen Sie auf der Stelle, daß Sie fortkommen, verstehen Sie mich? Scheren Sie sich fort ...‹«

XI

Als er in Montès Zimmer eindrang oder vielmehr einbrach *– dieses Mal ohne sich anzumelden, zu klopfen: die Tür ging plötzlich und so heftig auf, als ob jemand sie mit einem Fußtritt öffnete, als ob, so erzählte er mir, dieser Jemand sich nicht die Mühe genommen habe, auch nur den Türknopf zu drehen, und so, daß das alte Schloß, falls er etwa doch vorher den Schlüssel darin umgedreht hätte, samt allem übrigen, Riegel, Schließklappe und Schlüssel herausgesprungen und bis mitten ins Zimmer geflogen wäre, und der Türflügel jedenfalls so hart an die Wand schlug, daß sich einen Augenblick danach ein Stück Gips – ganz als habe es gewartet, bis wieder Stille eingetreten wäre – von der Decke loslöste und auf den Fliesenboden niederfiel, wo es sich mit einem klatschenden Geräusch wie von zerfallendem Gestein oder Gebein sofort in Staub auflöste; dann kam gar nichts mehr. Maurice stand mitten im Zimmer, ohne daß Montès sich erinnerte, daß er ihn von der Tür her bis dorthin habe gehen sehen, ebensowenig wie er hätte sagen können, ob er etwas wie ein ›Guten Abend‹ gemurmelt habe: nur die böse, finstere Miene nahm er wahr, mit der jener jetzt den etwas unter ihm befindlichen Montès musterte – es mochte ungefähr zehn Uhr abends sein – der in seinem Bett ausgestreckt lag, so, wie ich ihn eines Tages dort vorgefunden hatte, als er krank war: das lange Haar hing ihm an beiden Seiten der Stirn herunter, er selbst war mit einem dieser Nachthemden bekleidet, wie sie nur noch Internatsschüler in der Provinz zu tragen pflegen, bis an den Hals zu-*

geknöpft und mit einem roten Vorstoß an Kragen und Handgelenken. Montès sah den anderen ebenfalls mit leicht erstaunter, aber ruhiger Miene an, wobei er in seinen auf der Bettdecke ruhenden Händen die Broschüre hielt, in der er einen Augenblick zuvor noch gelesen hatte –, hatte Maurice offensichtlich getrunken. »Er war nicht gerade betrunken«, meinte Montès, »aber hatte doch das etwas ausgehöhlte, etwas aggressive, etwas erschrockene Gesicht eines Menschen, der ein Glas zuviel im Leib hat, ganz zu schweigen davon, daß er bestimmt nicht zu Abend gegessen, sondern sich den Magen eben nur mit fünf oder sechs Aperitifs angefüllt hatte« – sicher an einer Bar lehnend, aber nicht an einer von der Sorte, die er gewöhnlich besuchte und wo er sich mit seinesgleichen traf, Kerlen seines Genres von der gleichen fragwürdigen Eleganz der Kleidung, mit der gleichen frechen, harten, dabei armseligen Miene, sondern an einem einfachen Schanktisch, an einem Ort, wo er sicher sein konnte, keinem Bekannten zu begegnen, und wo sein kleines hartes dreieckiges Gesicht im Licht der Neonröhren bleich und leichenhaft wirkte; dort mochte er mit demselben eigensinnigen, bissigen und jammervollen Gesichtsausdruck den Inhalt des Glases heruntergeschüttet haben, das er vom Kellner immer wieder füllen ließ, ohne daß er sich auch nur die Mühe nahm, es ausdrücklich zu verlangen, vielmehr indem er nur mit dem Zeigefinger darauf hinwies oder nicht einmal das – ein kurzer Blick genügte –, bis er dann einen Geldschein auf die Theke warf, aufbrach, ohne auf das Kleingeld zu warten, die Tür mit einem Fußtritt aufstieß, und sich direkt ins Hotel begab, so daß es war, als habe der gleiche Fußtritt beide Türen gesprengt und der gleiche Schwung, mit dem er dem Schanktisch den Rücken gekehrt hatte, ihn direkt in das Zimmer befördert, in dem er sich jetzt aufhielt; offenbar etwas unsicher hinter seiner finsteren Maske und als erinnere er sich nicht mehr recht, was ihn dorthin getrieben habe, mit offenstehendem Kragen, verrutschter Krawatte und dem intensiven Pernodgeruch, der sich allmählich um ihn ausbreitete.

Montès erzählte mir, daß sie gut und gern fünf Minuten lang einander so angestarrt hätten, ohne daß der eine oder der andere ein Wort hervorbrachte, ja, sie taten das noch nicht einmal, als Maurice einen Entschluß faßte, näher an das Bett trat und, noch immer wortlos, Montès die Broschüre aus der Hand nahm, sie zuklappte und mit düsterer Mißbilligung ihren Titel las – *zweifellos war es eine der Zeitschriften, die ich ebenfalls, sorgfältig auf dem Nachttisch aufgestapelt, bei ihm gesehen hatte, eines jener Hefte über die Technik des Photographierens oder irgend etwas wie das ›Cahier des Etudes Méditerranéennes‹ oder das ›Bulletin de la Société Agricole, Scientifique et Littéraire‹ – ich habe ihn nie mit anderer Lektüre beschäftigt gesehen –*, sie dann wieder fallen ließ oder eigentlich beiseite warf mit einer Bewegung, in der weniger Grobheit, Herausforderung, offenkundige Brutalität lag als vielmehr jene Art von fieberhaftem, sichtlich gegenstandslosem, heftigem Impuls, der ihn selbst hierher getrieben, dann etwas fassungslos und, wie es schien, unentschlossen an dieser Stelle abgesetzt hatte, schließlich jedoch bewirkte, daß er sich auf dem Absatz umdrehte, bis zum Fenster ging, dessen Vorhang er aufhob, und sich erst dann zu sprechen entschloß – *Montès sah ihn in diesem Augenblick nur von hinten, er konnte seinen Gesichtsausdruck nicht erkennen, nur seine dumpfe, wut- und schamerfüllte Stimme hören –:* »Ich habe schon erlebt, daß Huren einem die Taschen ausräumen! Ich bin auch nicht schlauer als andere, und es ist vorgekommen, daß so ein Frauenzimmer mich elend reingelegt hat. Aber daß mich so eine drankriegt ... so eine ... eine solche ...«

XII

Helene, die ältere der beiden Schwestern – *ich weiß: es gibt Leute, die behaupten, das Ganze sei eigentlich nur eine Weibergeschichte gewesen, eine jener wilden, erbarmungslosen Schlachten zwischen drei Frauen, die, jede für sich, von einer gleichen kalten, blinden Entschlossenheit besessen waren, ganz zu schweigen von jenem sechsten Sinn, den der ängstliche männliche Aberglaube ihnen zuschreibt, ganz als ob sie zur Erzeugung und Erregung des Bösen nichts weiter als nur zu existieren, sich nicht einmal der Mühe des Handelns oder auch nur Sichbewegens zu unterziehen brauchten, als hätten sie nur nötig, geduldig und bedacht in der urewigen Haltung der formengewaltigen Mutter der Erde oder der ewigen Hure – Demeter oder Dalila – zu verharren mit ihrer aufgestellten Falle, jenem gierigen, unheilträchtigen Mund, in den sich von einer Generation zur anderen die Hammelherde der Männer fasziniert hineinstürzt, um darin ihren Untergang zu finden, aber vielleicht ist das etwas zu einfach, zu leicht* –, diese Helene also, ich versuche sie mir vorzustellen, glich, unbeweglich ruhend in der sich verdichtenden Zeit – *die jetzt nicht linear verlief wie die kunstvoll geflochtenen, knotendurchwirkten Halme, deren sich die Ur-Indianer für ihre Botschaften bedienten – eine eindimensionale Auffassung der Dauer, an der die durch Knoten symbolisierten Ereignisse, Vergangenheit, Gegenwart und Zukunft, ohne Kollision, ganz brav im Gänsemarsch aufgereiht erscheinen –, sondern im Gegenteil (ich spreche von der Zeit) einer Art von dichtem Magma ähnlich, in dem der Augenblick etwas wie einen Schlag mit der Hacke in dunkle Erde bedeutet, durch den man ein unübersehbares Gewimmel von Würmern bloßlegt* –, wie sie, Helene, da mitten im Schreiten innehielt im Dunkel des Vestibüls mit abwartender Gebärde, einer Gestalt aus shakespearischen Dramen oder vielmehr einer der seelenlosen, blinden Göttinnen der griechischen Tragödie gleich, mit dem gleichen heiter unbewegten, von aller Unruhe unberührten, gegen alle Bestürzung gefeiten Gesicht – *sie, die imstande war, mitten in der Nacht nicht nur ohne nach außen hin sichtbare Verwirrung, sondern auch ohne jede innere Bewegung einen nackten Mann in dem Zimmer dicht neben dem Raum zu entdecken, in dem ihre Kinder schliefen, und sich in eine Diskussion mit ihm einzulassen, wobei auch sie halbnackt und nur mit einem Schürhaken bewaffnet, aber jedenfalls ebenso unempfindlich gegen das Lächerliche, Komische, Zweideutige der Situation war wie gegen das, was sie an Gefährlichem, Kompromittierendem und Skandalösem in sich bergen konnte* –, wie es das der Bildwerke mit den pupillenlosen, blicklosen Augen ist: vollkommen ruhig also, anscheinend bar jeglichen Gefühls, jeder Regung und sogar jeden Interesses, während sie durch die Glastür, die das Büro ihres Vaters abschloß, diesen selbst und Maurice beobachtete. An den Wänden, auf der roten vermotteten Tuchbespannung, befanden sich immer noch die unbeweglichen Konstellationen der Waffen mit ihren verrosteten Klingen, die vergoldeten Rahmen leuchteten aus dem Halbdunkel hervor, auch die emphatischen Personen, die sie umschlossen, waren noch da, starke Esser und hoffärtige Gesellen, so wie es etwas unterhalb von ihnen der letzte Nachfahre, hochrot und anmaßend in seinem anachronistischen Kostüm eines Gentleman-Farmers war – das Kostüm wirkte wie ein zeitlicher

Vorgriff, ein Versehen des Mannes, der den Fundus unter sich hat und es ihm anstelle einer Nankingweste, eines Bratenrocks und Louis Philippe-Backenbarts zugeteilt hätte –, massiv dasitzend in einem drehbaren Schreibtischsessel, der wahrscheinlich aus amerikanischen Heeresbeständen des vorletzten Krieges aufgekauft worden war, und ihm gegenüber der junge Mann, den sie – trotz oder vielleicht wegen seines sicheren Auftretens, der wohlbedachten und sorgfältig gepflegten Eleganz, der berechneten Bewegungen – auf den ersten Blick klassifiziert und in die untergeordnete, anonyme Kategorie derer eingereiht hatte, die ewig geschäftig wirken, ob sie Weine vertreiben oder Vertreter für sonst etwas sind, wie er da behutsam auf dem Rand eines gleichen Plüschsessels saß mit einer ledernen Aktentasche auf den Knien, dem dicken mürrisch blickenden Mann gegenüber, der, wiewohl karmesinrot angelaufen, sichtlich bemüht war, sich zurückzuhalten und seinen Besucher reden zu lassen. Sie, Helene, aber konnte nicht verstehen, was dieser sagte, denn durch die Glastür drang kein Laut zu ihr, und durch diese Tatsache bekam die ganze Szene das gewisse Ungewöhnliche, Beängstigende, Absurde, das man erlebt, wenn eine Tonstörung plötzlich die Gestalten eines Films der hörbaren Sprache beraubt und man sie doch weiter leben und sich bewegen sieht mit schweigend sich öffnenden und wieder schließenden Mündern, wobei sich gleichwohl der Ausdruck der Gesichter je nachdem modifiziert, verwandelt, entspannt, aufhellt oder sonstwie ändert auf unerklärliche Art, als geschehe es unter der Wirkung von Rausch- und Reizmitteln und als ließen die Lippen zugleich mit dem Atem, der unsichtbaren Luft, etwas ausströmen, das wirksamer als Schläge und härter ist als der Stoff: das Wort.

So erblickte sie also die beiden: den dicken Mann, der sich

damit begnügte, Maurice mit seinen kleinen, wütenden, mißtrauischen und listigen Augen, die im Fett versanken, zu mustern, und auf der anderen Seite Maurice selbst, der sich jetzt in seinem Sessel zurücklehnte – *anstatt, wie sonst solche Handelsvertreter oder Agenten es tun, das Hinterteil nur ängstlich mit dem äußersten Rand des Sitzes in Berührung zu bringen* – und sich lässig mit dem kleinen rechteckigen Stückchen Papier Kühlung zuwedelte; dann aber waren ganz plötzlich Lässigkeit und Indolenz wie fortgeblasen, der einen Augenblick zuvor noch gänzlich sorglos hingelümmelte Leib war jäh nach vorn geschnellt, während der ausgestreckte Arm dem dicken Mann – der sichtlich zusammenzuckte, den Oberkörper versteifte und den Kopf in einem aus Entrüstung und Weitsichtigkeit entstandenen Reflex nach hinten warf – den Zettel unter die Nase hielt; bevor aber dieser zweifellos auch nur die Zeit zu lesen fand – bestenfalls hatte er die Schrift erkennen können –, und die erhobene Hand zu dem Papier gelangt war, kehrte dieses bereits wieder zu seiner Funktion als Fächer zurück, und der Besucher räkelte sich von neuem in einer noch nachlässigeren, denkbar ungenierten Haltung in den Tiefen seines Fauteuils; der Dicke aber saß jetzt mit halb erhobenem Arm und einem Gesicht von der Farbe eines gekochten Hummers da, während seine zwei winzigen, Stecknadelköpfen gleichenden Augen unverändert hart, listig, fast belustigt glitzerten; er sprang auch nicht auf, sondern erhob sich ganz ruhig, stand erst einmal einen Augenblick da und musterte seinen Besucher, auf den er jetzt von oben herabblicken konnte, ging dann zur Tür und öffnete sie. Jetzt erst erhoben sich die beiden Stimmen, die nie ganz erloschen waren, für Helene so dröhnend – obwohl keiner von beiden wirklich schrie – wie wenn man plötzlich die Hände von den

Ohren nimmt, die man bis dahin zugehalten hat:

»... interessiert mich gar nicht, ich ersuche Sie ...«

»Sie wollen sagen ...«

»Daß mich das gar nicht interessiert. Wollen Sie bitte die Güte haben ...«

»Sie haben mich offenbar nicht ganz richtig verstanden ...«

»Doch, vollkommen. Hier, bitte, geht es hinaus ...«

»Vielleicht stellen Sie sich vor, daß sie das gar nicht geschrieben hat. Sie stellen sich vielleicht vor ...«

»Ich stelle mir gar nichts vor. Wie ich schon sagte, bin ich beschäftigt. Ich habe zu tun. Also bitte ...«

»Sie haben doch aber bestimmt das Blatt aus dem Notizbuch erkannt ...«

»Möglich, möglich. Bitte hier hinaus ...«

»Aber ...«

»Außer Sie ziehen vor, daß ich die Polizei kommen lasse!«

»Sehr gut, sehr gut. Das ist ja, als ob ... Gut, gut. Aber vielleicht ...«

»Nein, bitte hier links.«

»Vielleicht wird eine andere Person sich dafür interessieren.«

»Sicherlich. Eine andere Person.«

»Ich würde Ihnen doch raten ...«

»Mir raten?«

»Gut, sehr gut, Sie werden sich selbst in den Finger schneiden ...«

»Ich habe nicht vor, diese Tür zwei Stunden lang aufzuhalten. Wollen Sie bitte jetzt ...«

»Sehr gut.«

»Werden Sie jetzt wohl ...«

»Sehr gut. Es wird Ihnen leid tun, Sie alter ...«

Dann vernahm sie das Klappen einer Tür, und ihr Vater drehte sich, jetzt rotviolett im Gesicht, noch immer regungslos am gleichen Platz stehend, nach ihr um: »Ach, du bist es. Hast du gehört? Deine Schwester. Deine idiotische Schwester... He! Wohin gehst du denn?«

»Ich bin gleich wieder da.«

»Wohin...«

»Ich komme sofort zurück!«

Für Maurice, wie er selbst später erzählen sollte, spielte sich alles sehr rasch ab: das harte Klappern der Hacken, als sie hinter ihm herkam – er aber drehte sich nicht um –, dann die Stimme in seinem Rücken – aber selbst da blickte er nicht hinter sich –, dann noch einmal die gleiche Frauenstimme, dann die Gestalt der Sprecherin, die ihn überholte und plötzlich aufgepflanzt vor ihm stand. Sehr schnell, in einem Zuge, etwas atemlos sagte sie, während er sie frech von oben bis unten musterte, das regelmäßige Gesicht mit den etwas müden Zügen konstatierte, dann das Kleid, die Brosche am Halsausschnitt abschätzend betrachtete und endlich seinen Blick an dem enormen, stolz und gleichmütig vorausgetragenen Leib haften ließ: »Hören Sie, mein Vater versteht von der Sache nichts, ich...«

Darauf er: »Sie sind...?«

»Ihre Schwester. Mein Vater...«

»Ihre Schwester?«

»Ja. Hören Sie: wir können hier nicht sprechen, wir...«

»Schickt er sie zu mir?«

»Er? Wen meinen Sie...«

»Den Alten«, stieß er so plump wie möglich hervor. »Er wirft mich raus und bildet sich ein, daß ich jetzt...«

»Nein, ich bin dazugekommen... Ich meine gerade, als Sie

herauskamen. Ich habe noch gehört ... Mein Vater ist sehr jähzornig. Sie hätten nicht ... Natürlich konnten Sie das nicht wissen. Sie sollten daher mit mir ...«

Einen Augenblick lang sah er sie ratlos, zögernd, und zweifellos von der Frage, was da nicht stimme, dunkel beunruhigt an, wobei er sich Mühe gab, sein Hirn zu möglichst rascher Arbeit anzuhalten – *als ich erfuhr, wie die Dinge sich abgespielt hatten, meinte auch ich sie zu sehen mit ihrem Gesicht, dem sie sicherlich nicht einmal – vielleicht kam ihr der Gedanke überhaupt nicht – einen Ausdruck zu geben bemüht war, der zu ihren Worten paßte sowie zu dem, was sie eben getan hatte: nämlich daß sie bei hellem Tageslicht auf die Straße gelaufen war in ihrem Zustand, mit dem schwer vor ihr herschwankenden Leib und dem Hut in der Hand – sie hatte ihn abgenommen, als sie kurz zuvor in das Büro ihres Vaters treten wollte, und nicht daran gedacht oder keine Zeit gehabt, ihn wieder aufzusetzen – Maurice angerufen, ihn eingeholt, ihn zum Stehenbleiben gezwungen hatte, während sie selbst ganz außer Atem gekommen war und kaum die Kraft fand, die ersten Worte auszusprechen, das alles aber, ohne daß ihre bestimmte Art von Kälte, von gelassenem, wie aus einem fugenlosen Block geschaffenem Hochmut darunter litt oder dadurch eine Veränderung erfuhr, da gerade er sie sozusagen von ihren Handlungen trennte, ganz als bliebe sie selbst ein paar Schritte zurück und blickte nach der anderen Seite, während eine hierfür gemietete Person, eine Dienerin, irgendeine niedrige, widerwärtige Verrichtung für sie übernähme* –, damit es, das Hirn, möglichst erriete, was sich hinter diesem Blick abspielte, der auf ihm ruhte, jedoch ihn völlig zu ignorieren, durch ihn hindurchzusehen, ihn von sich wegzuwischen schien, dieses eiskalte Antlitz, diesen Mund zu deuten versuchte, der im Begriff stand, versöhnliche, ja demütige Worte zu formen, ohne daß er den Anschein erweckte, als glaube er selbst daran. ›Und doch ist sie hinter mir hergelaufen, dachte er, Maurice, schnell sogar. So schnell, daß sie noch immer außer Atem ist. Und das mit diesem Achtmonatsballon, der sich womöglich schon gern von seinen Fesseln lösen wollte . . .‹ Dann bekamen Wut und das Gefühl der Demütigung wieder die Oberhand, und er sagte: »Mit Ihnen? Aber solange die Sache diesen Dummkopf, Ihren Vater, nicht interessiert, sehe ich nicht ein, wieso . . .« – »Hören Sie, ich bin bereit . . .«, fiel sie ihm ins Wort, »aber hier können wir nicht stehen bleiben. Wir wollen weiter gehen. Die Leute . . . Kommen Sie, gehen wir . . .« Etwas später – *sie gingen jetzt unter den Leuten wie zwei Spaziergänger einher, sie mit ihrem ein wenig schwerfälligen, aber jetzt doch festen Schritt, mit beschwingtem Atem und fester Stimme* – fragte sie: »Aber diese Frau, was für eine Sorte ist denn das? Hat sie . . .« und er: »Was für eine . . . Was meinen Sie, was für eine Sorte sie ist? In welcher Kategorie wird Ihrer Meinung nach ein Boxer, der noch dazu ein Zigeuner ist, seine Wahl schon treffen . . .« Darauf sie: »Sie sagen ein Zigeuner, ein Boxer?« – »Ja«, antwortete er, »ein . . . Aber was macht das schon? Ob es ein Zigeuner, ein Boxer ist oder ein . . .« – »Nichts, natürlich«, gab sie zurück, »ich . . . Aber glauben Sie zum Beispiel, daß sie wirklich seine Geliebte ist? Ich meine . . .« Darauf er: »Ob sie mit ihm schläft? Wenn Sie das meinen . . .« Und sie: »Ja, das heißt, ich meine . . .« – »Ich bin nicht dabei gewesen«, antwortete er. »Sie haben mich nicht dazu eingeladen. Aber wenn Sie das Gegenteil annehmen wollen, kann ich nicht einsehen, was das ausmachen soll. Und außerdem, weshalb fragen Sie nach alledem nicht einfach Ihre Schwester?

Ich habe doch den Eindruck, daß sie ...« – »Das ist nicht möglich!« Doch er: »Wieso? Wieso soll das nicht möglich sein? Was soll ich dazu sagen ... Lieber Gott: nicht möglich! ... Erzähle ich Ihnen etwa ... Ach, du lieber Gott! nicht möglich ... Bilden Sie sich etwa ein, daß Ihre Schwester eine zu wohlerzogene junge Dame ist, um ...« – »Nein«, fiel sie ihm rasch ins Wort, »hören Sie: natürlich kann Papa nicht begr ... Aber Sie haben ganz recht getan. Ich meine, Sie werden es nicht bereuen. Ich werde mich so einrichten, daß ich ... Aber immerhin, ich weiß, sie ist ein bißchen exaltiert, ein bißchen ... Aber das da ... Ich meine: sind Sie wirklich ganz sicher? Haben Sie sich nicht vielleicht geirrt ... ich meine, daß es doch eine andere ist ... oder daß Sie den Sinn falsch verstehen ...« – Darauf er: »Falsch verstehen? ... Hat man so etwas schon gehört ... Falsch ... Und das da? Können Sie lesen? Ist das ihre Schrift oder nicht? Können Sie mir sagen, aus welchem Notizbuch wohl ...«

Dann aber flatterte etwas wie ein flüchtiger, wesenloser Flügelschlag rascher als eine Taube, als eine Ohrfeige an seinem Gesicht vorbei, und gleich darauf stand er sprachlos da und starrte mit blödem Blick auf seine leere Hand, während sie bereits den Kragen ihres Kleides wieder in Ordnung brachte und mit behandschuhten Fingern die Falten des Stoffes glättete, unter dem ... Und erst einen Moment darauf brachte er es fertig – *sich zur Ruhe zwingend, sich zwingend, die Stimme nicht zu erheben, die Lippen zusammenzubeißen, die Lippen kaum auseinanderzutun und zweifellos mit einem Gefühl im Kopf, als müsse etwas explodieren, etwas zerspringen* – zu sagen: »Geben Sie mir das zurück!« Ohne auch nur ein Lachen oder eine Färbung von Triumph oder Ironie in ihrer neutralen, unpersönlichen, distanzierten Stimme fragte sie zurück: »Was soll ich Ihnen geben?« Und er: »Das Briefchen. Die Botschaft, die Ihre Hure von Schwester ... Her damit, aber schnell. Verstehen Sie? Geben Sie sofort ...« Einen Augenblick sah sie ihn an. Eine Fünftelsekunde vielleicht. Sie richtete ihren kalten, ausdruckslosen, nicht einmal verächtlichen, nicht einmal angewiderten Blick voll auf ihn, doch bevor sie ihn noch von ihm abgewendet hatte, hatte sie auch schon ihn zu sehen aufgehört, ihn aus einem Universum ausgeschieden, in das er offenbar überhaupt nicht eingedrungen war, und sich schließlich endgültig abgekehrt, während er mit raschem, bestürztem Blick rings um sich die Straße, die Vorübergehenden, die Kaffeeterrassen mit den bei ihrem Aperitif sitzenden Leuten umfaßt hatte und hinter den noch immer zusammengebissenen Zähnen hervorstieß: »Schlampe! Alle Wetter nochmal! ... Das ist doch zum Kotzen ist das! Infame Hure die!«, und das immer wieder im Rücken der Frau, die sich jetzt mit ihren schwerfälligen Umrissen hochmütig, unberührt, mit stolz erhobenem Kopf entfernte und auch schon am Ende der Straße zwischen den Abendspaziergängern verschwand.

XIII

Mit dem Gedanken: ›Aber warum erzählt er das alles gerade mir?‹, lag Montès, wie er mir sagte, immer noch unbeweglich in der gleichen Haltung da, in der er sich befand, als der andere mit einem Fußtritt die Tür gegen die Wand gestoßen hatte; nur ruhten seine Hände jetzt leer an der Stelle, auf die sie zurückgesunken waren, als ihnen Maurice die Zeitschrift entrissen hatte. Wie vorher stand Maurice wortlos, gleichsam versteinert, da, während seine wütenden, verstörten Blicke immer wieder, als begreife er nicht, als könne er nicht daran glauben, über den Titel, die Worte, die Druckbuchstaben glitten, bis er schließlich, nachdem er seine Fassung wiedererlangt hatte, die Broschüre erbost in die Zimmerecke warf.

Montès beschrieb ihn mir, wie er in diesem Augenblick gewesen war: aufgehalten, jäh abgestoppt mitten in seiner wutgeladenen, zyklonartigen – vielleicht auch von Übelkeit begleiteten – Erregung oder vielmehr Aggression. Denn alles in allem handelte es sich um das: unmittelbar von dem Schanktisch her, an dem er sich drei oder vier Pernods in den Hals gegossen hatte, war er in dieses Hotel, in dieses Zimmer gestürzt, als ob ganz allmählich, in dem Maße, wie sein leerer Magen sich mit Alkohol anfüllte, in seinem Geiste von Minute zu Minute deutlicher das Bild dieses Zimmers und seines Bewohners als ein Symbol – wo nicht als Herkunftsort sogar – der erlittenen Niederlage, seiner Demütigung, seiner Schmach sich abgezeichnet hätte.

Dort stand er also wie mit zugeschnürter Kehle, außerstande zu sprechen und zweifellos darum bemüht, an die Wahrheit, die Wirklichkeit dessen zu glauben, was er da vor sich sah – den Titel der Zeitschrift – wie auch an die Wirklichkeit dessen, was er sonst noch vor Augen hatte: das Bett des Hotelgastes, das fast wie ein Totenbett wirkte mit dem kaum verschobenen, über dem Körper nur ganz wenig sich wölbenden, glatt bis unter die Achseln hinaufgezogenen Bettuch, das Hemd des Hotelgastes und das bekümmerte, wenn auch friedliche Gesicht, aus dem unter dichten Brauen die nachdenklichen, dunklen Augen ihn anblickten, ohne daß die Hände eine Bewegung machten oder auch nur andeuteten, um ihm wieder zu nehmen, was ihnen entrissen worden war –, bis mit einem raschen Knittern der Seiten die Zeitschrift zu Boden flog. Maurice achtete nicht einmal darauf, wohin sie gefallen war, er entschuldigte sich nicht. Dann schließlich gelang es ihm, sich aus der Erstarrung wieder loszureißen, oder aber er wurde in den Sturm seines Innern, den Maelstrom seiner in Pernod ertränkten Wut von neuem hineingezogen, und begann, ihm seine Geschichte zu erzählen, das heißt, sie in gewisser Weise bei ihm abzuladen, sie ihm ins Gesicht zu schleudern, ganz so, als sei das, was er zu verkaufen versucht hatte und was er sich hatte stehlen lassen, nicht zunächst einmal von ihm selbst ebenfalls gestohlen worden, und sein Vorgehen nicht ganz einfach ein Versuch, anderen Geldwerte abzudringen, nach einem ebenso eindeutigen Erpressungsversuch an dem, dem er jetzt seine Empörung und Wut darüber ins Gesicht schrie, daß er sich derart hatte hineinlegen lassen. Es war, als seien in seinem Geist die verschiedenen Personen der Affäre durch eine Verschwörung miteinander verbunden und hätten die falscheste und gerissenste an ihn abgesandt, wobei sicher noch der Alkohol, den er sich einverleibt hatte, beiläufig wie ein Brechmittel auf ihn wirkte, weniger auf seinen Magen, als vielmehr auf seinen Geist und sein Herz, aus denen das zu Erbrechende sich in Form der unzusammenhängenden Rede herauswürgte, die er von sich gab, und in der alle einzelnen Stücke seines Abenteuers, Drohungen und Beleidigungen gleichzeitig aggressiv, klagend, emphatisch und gefahrgeladen sich durcheinandermischten.

Dann flog die Tür noch einmal auf und wieder zu, worauf tiefe Stille eintrat. Nur draußen erhob sich von neuem der vergessene, ewig lebendige Wind, sowie das sporadisch wiederkehrende seidige Knistern, das über die Mauern lief wie ein Dieb, der in leichten Sandalen an den Wänden entlangstreichend flieht wie die fliehende Zeit, ohne Wiederkehr, während das Blut aus einer Wunde rinnt, durch die der Körper, das Leben, sich langsam und verzweifelnd entleert; dazu kam von irgendwoher das Klappen eines schlecht befestigten Fensterladens oder das Geräusch von irgend etwas, das herunterfällt, von einem Ziegel, der auf einen Hausvorsprung oder das Pflaster prallt, und dann nichts; Montès nahm noch immer dieselbe Haltung ein – er hatte sich nicht gerührt, den Mund nicht aufgemacht, keine Bewegung auch nur angedeutet –, nur erblickte er jetzt vor sich an der Stelle, an der eben noch schreiend und gestikulierend der Eindringling herumgewirbelt war, die nackte, graue, vollkommen leere Wand. Aber auch jetzt rührte er sich nicht, er dachte nicht einmal daran aufzustehen, die Zeitschrift aufzuheben und seine Lektüre fortzusetzen. Er sagte mir, er erinnere sich nicht einmal, daß er den Arm ausgestreckt habe, um den Schalter zu drehen. Auch das tat er eigentlich nicht, um zu schlafen, sondern es war ein bloßer Reflex, eine mechanische Bewegung, und dann war es einfach dunkel, und er lag, noch immer ausgestreckt, mit dem Arm wieder an seiner gewohnten Stelle auf der Bettdecke und mit seinem Körper, der nicht in gelöster Schlafhaltung sich befand, sondern steif und starr, leichenhaft, mit geschlossenen Füßen ruhte, während seine Augen weitgeöffnet in das Dunkel starrten, in dem sie gleich darauf das hellere Rechteck des Fensters unterscheiden konnten, während an der Decke unaufhörlich die sich überschneidenden Schatten der Platanenäste auf und niederglitten.

Er sagte mir, er habe an nichts Bestimmtes gedacht, weder an Rosa noch an irgend jemand anderen, geschweige denn den Zuletztgesehenen – *etwa an dessen letztes wütendes, ungestümes, burleskes, klägliches Eindringen, sagte er, denn nichts sei schrecklicher anzusehen als ein Mensch, der sich mit Pernod und Schimpfworten gegen den Ekel zu wehren versucht, den er sich selber einflößt* –, der aus der nächtlichen Stille jäh aufgetaucht und ebenso unvermittelt wiederum in ihr untergegangen, von ihr aufgesogen oder verschluckt zu sein schien: es ging etwas anderes in ihm vor, etwas, das jenseits von Leidenschaft, von Verlangen, von Mutlosigkeit und sogar von Verzweiflung lag. »Wie eine Art Tod war es«, sagte er zu mir, »als könne dieses mein Daliegen in völliger Unbeweglichkeit und frei von allen Gedanken bewirken, daß alles gleichfalls stehen bliebe, die Welt zu kreisen aufhörte und endlich gleichfalls in starre Ruhe verfiele. Natürlich hatte ich keine Idee, ich ahnte nicht, was sich zutragen würde, ja, sich zuzutragen bereits begonnen hatte, schon fast bei seiner endlichen Lösung angekommen war wie bei der letzten Phase einer langsam aber unerbittlich fortschreitenden Niederkunft, die jetzt in die Endphase tritt... Nein, was ich verspürte, war nur eine unendlich große, unerträgliche Müdigkeit, die an Schmerz grenzte und mich mit aller Macht wünschen ließ, ich sei diesmal ernstlich tot und alles sei zu Ende. Alles sei zu Ende, und ich selbst könne endlich ruhen. Weiter nichts. Nichts als diese Müdigkeit. Glauben Sie nicht, daß ich Selbstmordgedanken hatte: sich umzubringen ist ja noch der Akt eines Lebenden, ich aber konnte nichts anderes mehr als nur rein passiv sein, und selbst noch Passivität, das bloße Aushalten, ging zwar nicht über meinen Mut, meine Fähigkeit, meine Ergebung in die Notwendigkeit des Leidens, wohl aber über meine Kräfte hinaus. Ich hatte nicht getrunken – hätte ich Lust dazu gehabt oder wäre auch nur auf den Gedanken gekommen, hätte ich es zweifellos getan – und dennoch war mir, als drehe sich alles um mich. Das einzige, was ich jetzt wünschte – wünschen ist nicht das richtige Wort: man wünscht nicht, was ein Bedürfnis, eine Notwendigkeit, eine höchste Dringlichkeit ist –, war, alles bliebe stehen. Auf welche Weise, war mir ganz gleich, wenn es nur stehen bliebe. So daß ich, als ich die Tür durchschritten hatte, als ich sie sah – das heißt, das Bettuch: die beiden lagen auf dem Boden, man hatte eines der Laken herausgerissen und über sie geworfen, und ich brauchte keinen Zipfel aufzuheben, um zu wissen, was darunter war –, in diesem Augenblick keinen anderen Gedanken zu fassen imstande war als den: Sie ist tot. Gut, sehr gut. Sie hat Glück.

»Denn so«, sagte er, »trug sich alles zu.« Mindestens hatte er selbst es in dieser ganz zusammenhanglosen Form eines brutalen, dem Anschein nach absurden Nebeneinanders von Empfindungen, Gesichtern, Reden, Handlungen erlebt: wie eine Erzählung, wie Sätze ohne Syntax, ohne die ordnungsgemäße Verwendung von Subjekt, Prädikat, Objekt, wie das etwa, wozu irgendein beliebiger Zeitungsartikel wird – die bloße trübselige, monotone, graue Aufreihung winziger Schriftzeichen, auf die schließlich alles sich reduziert, bei der alles endet, was die Welt bewegt –, wenn der Blick zufällig auf das zerrissene Blatt fällt, das zum Einwickeln von Lauchstangen gedient hat und das, wenn dann durch die Magie einiger verstümmelter, unvollkommener Zeilen das Leben von neuem seine großartige, stolze Unabhängigkeit erlangt hat, wieder zu einem ungeordneten Gewimmel ohne Anfang und Ende oder Ordnung wird, da die Worte dadurch Glanz bekommen, daß sie von der Syntax losgelöst, von ihr befreit erscheinen, von jener faden Gruppierung, dem löcherverstopfenden Zement, der wahllos für jeden Gebrauch geeignet ist und den der jeweilige Redakteur vom Dienst wie eine schmierige Bechamelsauce über alles gießt, um schlecht und recht, so daß sie mundgerecht werden, die flüchtigen und verstreuten Elemente einer Sache zu verbinden oder zusammenzuleimen, die an sich so unverdaulich wie eine Dynamitpatrone oder eine Handvoll zerstoßenen Glases ist. Dank diesem allen – dank dem Grammatiker, dem Redakteur vom Dienst und der rationalistischen Philosophie – kann dann jeder von uns allmorgendlich zugleich mit den Frühstücksbrötchen seine verdauungfördernde Dosis von Morden, Gewalt- oder Wahnsinnstaten nach Ursache und Wirkung geordnet zu sich nehmen, wobei es ihm freisteht, falls ihm das nicht genügt – und ganz offenbar, wenn auch entgegen dem, was er denkt, befriedigt es ihn nicht –, seine Zuflucht zu den Ressourcen nehmen, die Geister, Kaffeesatz, geweihte Kerzen, die Männer der Vorsehung oder die Zwangsjacke bieten.

In seiner Erzählung also oder jedesmal, wenn er später zu mir von jenen Tagen sprach – *denn nur brockenweise teilte er mir das alles mit, nach und nach, und nicht eigentlich in der Form einer Erzählung, sondern je nachdem ihm dieses oder jenes Detail gerade wieder einfiel, ohne daß man genau gewußt hätte, weshalb – wofern man überhaupt jemals genau weiß, worauf es zurückzuführen ist, daß, keinen Aufschub duldend und mit wütender Kraft weniger die Erinnerung, die sich immer irgendwo in den verwühlten Schubläden des Gedächtnisses aufhält, als vielmehr die Empfindung selbst, körperlich und stofflich, eifersüchtig, gebieterisch und zur Besessenheit anwachsend in uns aufsteigt* –, schien er ohne Übergang von jener Nacht, in der ihm Maurice zugleich mit seinem pernodgeschwängerten Atem seine Drohungen ins Gesicht gejagt hatte, zu jenem Moment zu gelangen, in dem er den Polizisten, den ›flic‹, beiseite stieß, der ihm den Weg versperrte. Ein kurzes Handgemenge entspann sich und eigentlich nicht einmal das; der Kerl rief »Holla!«, – und dann noch einmal: »Halt Sie, wohin woll...«, worauf er, Montès, gar keine Antwort gab, nicht aus falscher Courage oder aus Schlauheit, sondern weil er den Anruf gar nicht gehört hatte, wie er auch die massive Silhouette mitten im Korridor nicht sah, noch die Hände verspürte – erst eine, dann folgte die zweite nach –, die ihn zu fassen versuchten und unter dem Regenmantel, genau wie Maurices Hände zwei Tage zuvor, auf einen mageren Arm stießen von der Dicke ungefähr eines Kinderarms, der ihnen wieder entwischte, nicht nur durch Weggleiten oder Ausweichen, sondern mit Gewalt, mit einem einzigen kurzen, harten Stoß, der wie eine Feder schnellte, und das, ohne daß er acht darauf zu geben schien oder zu gehen aufhörte, ja auch nur denjenigen anschaute, der ihn aufzuhalten versuchte; vielmehr schleuderte er, die Augen fest auf eine etwas entferntere Tür gerichtet, im Vorbeigehen den Mann an die Wand, wie man eine Fliege fortwischt. Er selbst nämlich sagte mir, er habe nichts bemerkt, sich nicht einmal klar gemacht, daß es sich um Polizisten handelte, noch daß sie zu ihm sprachen, solange er noch mit stockendem Fuß dastand und auf das Betttuch zu seinen Füßen und die beiden Gestalten darunter starrte, bis er die Ohrfeige bekam, die in seinem Kopf wie ein Sprengschuß losging, so daß er schwankte und bis an die Wand zurückflog, an der er sich festhalten mußte, während der gewaltige Kerl ihm ins Gesicht schrie: »Dreimal habe ich dich jetzt gefragt, was du hier eigentlich zu suchen hast. Stellst du dir vielleicht vor, ich werde bis morgen früh weiterfragen?« Gleich darauf drang er in das eine einzige Zimmer ein, in dem Rosa mit den beiden Mädelchen und dem Zigeuner hauste.

Das trug sich erst am übernächsten Tage zu. Eine ganze Nacht war vergangen, dann wieder ein Tag, dann noch eine Nacht. Aber vielleicht war er sich dessen nicht recht bewußt, vielleicht war er während dieser ganzen Zeit in der Haltung oder vielmehr dem Zustand eines Leichnams verblieben, obwohl er aufstand, sich ankleidete, zum Frühstück hinunterging, tat, was getan werden mußte, aufs äußerste erschöpft, am Ende, an der Grenze des Widerstandes angelangt, wenn auch nicht in physischer, kaum sogar in seelischer Hinsicht – *es lag nicht an der Verworfenheit von Maurice noch an den Hieben des Boxers noch an der fürchterlichen Beraubung, die seinem Körper und seinem Herzen widerfuhr. »Alles das«, stellte er fast neugierig fest, »war niemals richtiges Leiden, aber nicht wahr, es ist ja auch nicht gerade angenehm, wenn man zum Zahnarzt gehen muß«* –, sondern vielmehr in geistiger, und zwar in Gestalt einer krankhaften Unmöglichkeit, etwas zu assimilieren, nicht Nahrung in diesem Fall – *er aß weiterhin, erzählte er mir, obwohl er außerstande gewesen wäre, auch nur im Augenblick des Schluckens zu sagen, um was für eine Art von Speisen es sich handelte und welchen*

Geschmack sie hätten –, sondern die Dinge der Außenwelt, die zu etwas so Formlosem geworden war, setzte er noch hinzu, wie das sinnlose Geschmier, das in der Erzählung von Balzac jener Maler in seinem Verlangen nach äußerster Erfassung der Wirklichkeit allein noch zustandebrachte. Da stand er nun vor diesem Leintuch und dachte einzig: ›Gut. Es ist also aus.‹ Er dachte sogar nicht einmal: ›Was ist denn passiert? Wie ist das alles gekommen?‹ und erst recht nicht: ›Es ist fürchterlich‹, sondern nahm es einfach nicht mehr und nicht weniger als alles übrige hin, als die Luft, die er einatmete, seinen Atem selbst, die Tatsache, daß er am Leben war und daß er essen müsse, um am Leben zu bleiben, daß es nötig sei, schlafen zu gehen, aufzustehen, sich wieder hinzulegen, die Wäsche zu wechseln, jeden Morgen und jeden Abend die gleichen Gesten als einer unter anderen auszuführen, die dies ebenfalls taten, die früh aufstanden, ins Büro gingen oder in der Erde herumscharrten, aßen, sich wieder zu Bett begaben und von neuem erhoben, bis sie endlich starben. Er sagte mir, auf dem Laken sei ein brauner Fleck gewesen, und auch schon eine ganze Wolke von Fliegen im Raum. Aber seitdem es heiß geworden war, gab es überall Fliegen, und er stellte keine Beziehung zwischen ihnen und dem her, was sich unter dem Bettuch wölbte, so wenig wie zwischen dem braunen Fleck und dem Gedanken an Blut, obwohl er durchaus wußte, daß es sonst nichts sein konnte als Blut, jedenfalls, wie schon gesagt, war es ihm nicht unerträglicher als alles übrige. Da nun bekam er die Ohrfeige. Und das war gewissermaßen, so meinte er, sein Glück. Er war dem dicken Mann nahezu dankbar dafür. Denn ohne sie wäre er wahrscheinlich verrückt geworden, nicht so sehr vor Schmerz als vielmehr durch das Fehlen von Schmerz. Oder vielleicht, so meinte er, war der Schmerz eben nur zu stark, zu heftig wie jene schweren Verwundungen, von denen man sagt, sie schüfen sich ihr Analgeticum selbst. Auf alle Fälle tat sie ihm gut, weckte sie ihn auf: er sagte sich – während er sich die brennende Wange hielt und krampfhaft zu verstehen bemüht war, was der Polizist ihm zuschrie –, daß er doch noch imstande sei, etwas zu empfinden, zu fühlen, eine Reaktion zu verspüren, auch wenn es sich nur um den primitiven Reflex des Schulbuben handelte, der den Ellbogen vors Gesicht hält aus Furcht, noch eine verpaßt zu bekommen, denn er behielt instinktiv die Hände des Mannes im Auge, bemerkte die schwarzumränderten, zu langen, schaufelförmig gekrümmten Fingernägel, die Haarbüschel an den Knöcheln, den Trauring und dachte dabei: ›Er ist also verheiratet. Er liebt. Oder wenigstens hat er geliebt oder zum mindesten irgendwann einmal doch zu lieben geglaubt. Vielleicht hat er selber Kinder . . .‹ Dann bewegte sich die Hand, und diesmal zielte sie ihm auf den Bauch, während er sich ganz flach an die Wand drückte, als gebe er sich der Hoffnung hin, in diese eindringen, sich in sie hineinpressen, in ihr verschwinden zu können, und sein ganzes Sein in der Erwartung des Schlages sich zusammenkrampfte. Aber nichts erfolgte. Er erinnerte sich, gesehen zu haben, wie die Hand des zweiten Polizisten sich auf den erhobenen Arm legte. Dann verschwanden sowohl der Arm selbst als auch der dicke Mann aus seinem Gesichtsfeld und wurden – wie auf einen Schirm projizierte Standaufnahmen, die jeweils seitlich nacheinander weggezogen werden – durch ein schmales, noch junges, mit kleinem Bürstenschnurrbart versehenes Gesicht ersetzt, aus dem zwei Augen ihn mit Interesse beobachteten.

Er hatte niemals mit der Polizei zu tun gehabt. Er sagte mir, da unten bei ihm in seiner Heimat, wo einer den anderen kennt, habe es nur Feldgendarmen gegeben. Zweifellos machte sogar das – zusammen mit den grünenden Wiesen, dem schlafenden Fluß, den unbeweglich flimmernden Vertikalen der Pappeln – einen Teil jenes Schemas der Ordnung, des Gleichgewichtes aus, an das er sich anklammerte – *oder an das er zu glauben versuchte oder für das er sich ein für allemal entschieden hatte, als ob nicht allein schon er selbst mit seiner Erscheinung wie der eines ins Wasser Gefallenen, seinem zu rasch verbrauchten, pathetischen, zu sanften, zu friedlichen Gesicht das alles aufs beredteste Lügen strafte* –: die Gendarmerie für die Beschwerden gegen Felddiebstahl, die Mairie für standesamtliche Dinge und die Kirche für alles übrige. Eine Art von Dreiheit, von Dreieinigkeit mit dem unabweisbar vorhandenen malerischen Vagabunden als einzigen Nutznießer des ›Kittchens‹, auf dessen Pritsche er von Zeit zu Zeit – möglichst im Winter – ein paar Nächte verbringt, während er sonst, auf etwas regellose Weise vom Bürgermeisteramt unterstützt, am Sonntag unter dem Kirchenportal den Gläubigen seine Mütze hinhält. Zu dem Bild gehören auch noch Geschichten über Kartoffeldiebstähle und harmlose Sonntagspredigten über Standardthemen wie den Verlorenen Sohn oder das verirrte Schäflein, sowie die Debatten im Gemeinderat über ein Brunnenprojekt oder Wegearbeiten. Niemals hatte er bisher Berührung mit dem Tod durch Gewalt gehabt. Nicht daß ihm der Tod an sich ganz unbekannt geblieben wäre – *er hatte, so erzählte er mir eines Tages, seine Mutter während eines endlos währenden Sterbelagers selbst gepflegt und sie dann rings von Blumen umgeben liegen sehen in dem scharfen, durchdringenden, düster lastenden Duft der Totenkränze mit jener Miene steifer, etwas hochmütiger, etwas feindseliger, etwas abschätziger Würde, wie sie den Leichnamen die Kenntnis, das Wissen von einem endlich durchschauten Geheimnis zu verleihen scheint oder doch mindestens die Ruhe, das friedvolle Bewußtsein des Reisenden ihnen schenkt, der endlich am Ziel der Irrfahrt angekommen ist oder sogar vielleicht noch weiterreist, aber innerhalb eines Jenseits, in das man gleichsam erstarrt, von aller Leidenschaft befreit seinen Einzug hält, in seinen besten Kleidern und in eine Schachtel verpackt wie die Botschaften, welche die Verkäuferinnen in den Warenhäusern in einen Zylinder einschließen und durch die Rohrpostleitung in geheimnisvolle Tiefen entsenden* –, nur hatte er ihn niemals anders betrachtet denn als ein Zum-Ziel-Gelangen, einen Abschluß, der sich am Ende einer schrittweisen, vielleicht von Schmerzen begleiteten, tragischen, aber doch irgendwie dem Bewußtsein geläufigen, von ihm selbst akzeptierten Wanderung ergab, nach einer traditionellen Abfolge von Verwandlungen – *gleich denen der Insekten oder Frösche, die nacheinander die Stadien der Larve, der Raupe, des Flügeltieres oder der Kaulquappe und des ausgewachsenen Männchens oder Weibchens durchlaufen* –, da ja selbst die Krankheit – auch eine schon in der Jugendzeit aufgetretene oder kurzwährende – nichts anderes als eine dieser Phasen darstellt, eine bloße Beschleunigung der Verfallsperiode, die normalerweise dem Alter zugeordnet ist, so wie auch dem Tode eines Soldaten oder sogar einer Zivilperson während eines Bombenangriffs eine Vorbereitungszeit – Mobilmachung, Kriegszustand – vorangeht, die ebenso wie die Krankheit alles in allem als letzter Akt, als zu durchmessender Vorraum, als Wartezimmer vor dem Ende betrachtet werden kann oder als der Übergang zu einer anderen Form der Existenz: in gewisser Weise also eine jener klassischen Tragödien, deren Typ unwandelbar ist und die man insofern mit Stierkämpfen hat vergleichen können, als der Ausgang – nämlich der Tod des Helden – zwar im voraus bekannt ist, sich jedoch nur unter Wahrung gewisser Formen vollziehen kann, das heißt nur nach Beobachtung eines festgelegten Zeremoniells, nach Ablauf einer bestimmten Zahl von Akten, von großen Reden und dramatischen Aufschreien, so daß ein Hinzukommender sich jeden Augenblick bei denen, die schon vorher da waren, nach dem Stand der Dinge erkundigen kann; und zwar fragt er nicht: »Um was handelt es sich? Was geht hier vor?« sondern nur: »Wie weit ist es schon?«, denn er weiß daraufhin – im Grunde sogar schon ohne zu fragen – sofort, was er noch mitansehen wird, da er es an der Mimik des Schauspielers, an der Verve der Repliken oder an dem Zustand, in dem der Stier sich befindet, bereits erkennt.

»Dieses Mal aber«, sagte er mir, »war da etwas, was nicht recht stimmen wollte. Keine Blumen: ein schlichtes Leintuch nur; kein Ende, kein Erreichen eines Ziels: eine Unterbrechung. Als wenn«, sagte er, »das Licht vor Aktschluß, mitten in einer Replik, plötzlich aussetzt, und der Spielleiter daraufhin vorn an der Rampe erscheint, aber dabei den Vorhang hinter seinem Rücken zuhält, und erklärt: ›Es ist Schluß, geht nach Hause‹, wobei er, um den Beweis dafür zu erbringen, noch einmal den Vorhang öffnet, so daß man an Stelle der eben noch vorhandenen Dekoration, des Palastes, des Tempels nur die kahle Bühne, die graue schmutzige Rückwand, bloße Leere und einzig einen Maschinisten sieht, der an der Mauer lehnend darauf wartet, daß das Publikum sich zum Gehen entschließt und er die letzten Lampen auslöschen kann. Es war, als sei keine Regel eingehalten worden. Selbst die Klage, die retardierenden Momente blieben aus, jenes Mindestmaß an Feierlichkeit – *mit einem Achselzucken hatte der Dicke sich schließlich an ein*

Möbelstück gelehnt und rauchte, und während er sprach, hatte der andere, der mit dem kleinen Schnurrbart, nur das gleiche Achselzucken für die beiden Leichen unter dem Tuch – und sogar die Zeit: als sei sogar diese von etwas überholt worden, was noch schneller war als sie und nun hinter dem Phantom des Zigeuners herjagte, der noch immer lief – getrieben von den Instinkten, den urewigen Grundreflexen seines Volkes: springen, zuschlagen, fliehen – und nun, endgültig jedem Zugriff entzogen, da er ja tot war, doch noch – mindestens sein Geist, diese ins Jenseits delegierte Abordnung seinerselbst – seinen Weg verfolgte, davongetragen von seinem eigenen Schwung, dem unerhört blitzartigen Lauf, den er in dem Augenblick begonnen hatte, als er die Polizisten sah – *zugleich mit dem Blitz, einer einzigen Hin- und Herbewegung, bei der der Arm schon wieder an seinem Platz war, noch bevor er sich fortgerührt hatte, ganz als ob der kurze Kontakt der Hand mit der Brust der Frau nur eine Illusion gewesen sei, als ob er nicht zugestoßen oder sie doch kaum berührt habe, waren doch Hand und Messer sofort schon wieder da, vielmehr nicht einmal ein Messer, da ja gar keine Zeit war, es auch nur so zu benennen: ein bloßer metallischer, schmaler kalter Glanz, um den die Hand verlängert schien, als er, der Zigeuner, auch schon zur Tür stürzte, immer noch lautlos, ohne Schreie auszustoßen. Auch dazu war offenbar keine Zeit, oder vielleicht hatte die Zeit selber keine Zeit, sich einem Bewußtsein mitzuteilen und begnügte sich damit, sie zwecks späterer Rekonstruktion zu registrieren und aufzuspeichern in dem Augenblick, der der Tat unmittelbar folgt und in dem die Sinne einer nach dem anderen anscheinend wieder von neuem zu funktionieren beginnen, dem Augenblick, in dem der ganze Tumult losbricht, abrollt wie das Tonband eines für einen Moment abgerissenen*

Films in Gestalt eines jähen, kakophonischen Gewirrs, in welchem die beiden Schüsse nicht mehr Lärm verursachten als eine zugeschlagene Tür, ja fast unbemerkt im allgemeinen Durcheinander – der Stimmen, der Frauen im Morgenrock mit aufgelöstem Haar und emporgewandten Gesichtern, die das Treppengeländer säumten – untergegangen wären als ein kurzer, bedeutungsloser, ganz diskreter Knall, das Gegenteil von allem Emphatischen, allem Feierlichen, fast ein Nichts, worauf der Körper des Zigeuners lang ausgestreckt mit der Nase dicht am Ziegelboden auf dem Flur gelegen hatte, so daß künftighin kein Boxer mehr zu schwindeln brauchte, um zu vermeiden, daß er ihn k.o. schlüge –, und der zweite Polizist aus dem Schlafzimmer zu dem, der geschossen hatte, hingetreten war und gesagt hatte: »Du hast...« – »So ein Schwein, was!«, hatte der andere gemeint und mit dem Daumen über die Schulter weisend noch hinzugesetzt: »Hat keinen Zweck mehr, den Krankenwagen zu holen, denn die hat er ebensowenig verfehlt«, weiter nichts.

Auf der anderen Seite des Hofes der alten Kaserne erreichte die Sonne eben den oberen Rand der Zinnen aus Ziegelstein und tauchte sie in lebhafte, freudige Orangetöne, und irgendwo sang ein Vogel, ein Kanarienvogel oder auch ein Hänfling, und das Echo der Mauern warf den Klang ganz isoliert und unverfälscht zurück. Montès erschauerte – auch jetzt noch, sagte er mir, habe er keinen Schmerz verspürt, vielmehr in jener Art von zweitem Zustand gelebt, in dem die gewohnten Gefühle oder die Worte, die diese gewohnten Gefühle bezeichnen, keinen Sinn mehr haben, weder ›Furcht‹ noch ›Verzweiflung‹ noch ›Grauen‹ – und hielt die Augen gesenkt, wobei sein Blick wiederum auf das offensichtliche, durch nichts fortzuleugnende Laken traf mit den beiden Gestalten darunter, die unmittelbar auf dem kalten Steinfußboden lagen, sicher nur halb bekleidet, wie sie gewiß gewesen waren, als die Polizisten geklopft hatten, er, der Zigeuner, vielleicht mit bloßen Füßen, nachdem er nur gerade eilig die Hose über eines seiner ewigen, auf der dunkelbraunen Brust spitz geöffneten Hemden gezogen hatte, das nicht einmal zugeknöpft war, und sie in einem der vom vielen Waschen verfärbten und fadenscheinig gewordenen Nachthemden, die man sie während der toten Nachmittagsstunden unablässig ausbessern sah, mit ihrem von Pockennarben leicht gekörnten Gesicht, das sie den verstümmelten antiken, auf dem Grunde des Meeres oder unter Ruinen gefundenen Skulpturen ähnlich machte, und ihrem großen weißen Körper mit den kräftigen Wölbungen, den weißen von Adern durchzogenen Brüsten, aus denen das Leben durch die furchigen, jetzt ausgeblichenen Knospen von der Farbe abgeblühten Flieders herausgeströmt zu sein schien. Ein abgeblühter Fliederzweig stand auch noch in einem Milchtopf auf dem Brettchen, das über dem Ausguß angebracht war. Darunter fand sich an einer Schnur ausgespannt ein roter Vorhang, hinter dem sich zweifellos das schmutzige Geschirr und der Abfalleimer verbargen.

Er war niemals bis in dieses Zimmer vorgedrungen, nun aber schaute er sich darin um – *das Innere war nicht schäbig, nicht jammervoll, sondern einfach ärmlich, weiter nichts, das heißt, es strömte davon der gewisse Ernst, die Bedeutsamkeit aus, die allen Dingen wesentlichen Charakters und wesentlicher Funktion eigen sind – Dingen, die nicht nur ›ein‹ Stuhl, ›ein‹ Tisch, ›ein‹ Trinkgefäß, sondern ›der‹ Stuhl, ›der‹ Tisch, ›das‹ Trinkgefäß sind – von dem kahlen Küchenfußboden, auf dem kein Stäubchen zu sehen war, ebenso wie von den nackten blaugetünchten Wänden, an denen unten ein brauner Fries entlanglief, und von den Möbeln, die sicher, wie es die Gelegenheit ergab, auf dem Altwarenmarkt zusammengekauft, aber doch sauber und frischangestrichen waren, das Küchenbüfett in grünlichem Ockerton, die offenen Gestelle sogar mit farbigem Schrankpapier ausgelegt und darauf die Teller sichtbar aufgebaut, obwohl sie weder alt noch selten waren, sondern nur einfach mit serienmäßig hergestellten Frucht- und Blumenmustern geschmückt, dazu noch zwei Flaschen von spanischem Anis aus gebuckeltem und grell gefärbtem Glas, von denen die eine einen Torero mit rotem Mantel und goldgesticktem Kostüm, die andere eine Tänzerin darstellte. Ein schwarzer, niederer, gedrungener, gußeiserner Herd mit zwei Feuerstellen stand auf kurzen, geschwungenen Beinen vor dem holzumfaßten Kamin, der ebenso wie der untere Teil der Wand dunkelbraun gestrichen war. Es befand sich nichts darauf als rechts eine leere Milchkanne aus Aluminium. Dazu kam noch der runde, mit abgeblättertem, gelblichem Wachstuch – das als Muster eine immer wiederkehrende rote und blaue orientalische Landschaft aus Palmen, Pyramiden, Frauen am Brunnen und Reitern zierte – gedeckte Tisch, schließlich noch im Hintergrund des Raumes eine Art von Alkoven, den mit Blümchen übersäte, fahlrosa Vorhänge abschlossen, und zu den vier Stühlen noch an der Wand ein Postalmanach und die Vergrößerung einer Photographie, zwei Gesichter, darunter ein mit Schnurrbart geziertes inmitten einer runden, halbverblaßten Stelle, aber es waren nicht die des Zigeuners oder Rosas – in einem schwarzen ovalen Rahmen unmittelbar unter der Zimmerdecke; das war alles –*, als ob er sich ganz damit vollsaugen, alles sich einverleiben wolle, bis ihm zum Bewußtsein kam, sagte er mir, daß er gewissermaßen im Begriff war, einen Leichnam zu lieben, wobei dieser Gedanke an Liebe ihm zum ersten Mal kam. »Da habe ich also erst abwarten müssen, bis sie tot war, um mit ihr schlafen zu wollen..., und wenn ich bedenke, wie leicht ich sie hätte haben können!« Die Vorstellung empörte ihn nicht einmal, er wies auch die Bilder nicht von sich, die Gedanken, die sie heraufbeschwor, nur verspürte er – als er recht begriff – etwas wie eine Lust zu lachen, etwas Ironisches, Verzweifeltes, das ihn wie ein Schlucken befiel, während er sich mit der Hand immer wieder über das Gesicht fuhr, als wolle er eine Fliege verscheuchen – *er saß jetzt auf einem Stuhl, und er mußte hier wohl schon eine ganze Weile gesessen haben, denn, so sagte er mir, er sah, daß jetzt die Sonne auf der anderen Seite des Hofes bereits den unteren Rand der zweiten Zinnenreihe erreicht hatte und dort auf einer Serie von Konservenbüchsen funkelte, die als Blumenvasen dienten, sowie auf dem roten Fleck, den ein Geranienstock bildete, und mehrmals waren inzwischen auch diese Kerle aus und eingegangen, nicht mehr nur der Dicke oder der Schnurrbärtige, sondern andere, die er nicht einmal angesehen hatte und auch gar nicht anzusehen brauchte, um zu wissen, daß sie nur andere Exemplare der gleichen Gattung wie die ersten waren, und die im Zimmer auf und ab gingen, die Möbel verrückten, alles durchwühlten, sich halblaut unterhielten, wieder verschwanden und dann wiederkamen* –, und zum zehnten Male dem Polizisten zu erklären versuchte, daß er von der Wirtin benachrichtigt worden und, nachdem er sich schleunigst angekleidet hatte, ohne sich zu rasieren, über den Platz herbeigestürzt und die vier Treppen hinaufgeeilt sei. In diesem Augenblick aber bemerkte er, daß nicht mehr der mit dem Schnurrbart sich mit ihm beschäftigte, sondern der Dicke; daß er sich aber mit ihm beschäftigte, war eher eine bloße Redensart, denn auch er, der Dicke, saß jetzt auf einem Stuhl und schien ihm nicht einmal zuzuhören, worauf er, Montès, mit Reden innehielt, und der andere, als wolle er nur das Schweigen unterbrechen, schließlich fragte: »Du hast sie gut gekannt?«

»Ja, ich . . .« fing er an. In diesem Augenblick fiel sein Blick auf das Bettuch, und er sah, daß an der Stelle, wo sich vorher der rote Fleck befand, jetzt ein schwarzer war; er bückte sich und scheuchte die Fliegen fort, während der Dicke seinen Bewegungen mit den Augen folgte und ebenfalls einen Moment die ausgestreckten Gestalten betrachtete, aber ungerührt, mit leerem Blick. Darauf zog er aus seiner Tasche ein blaues Päckchen Zigaretten, steckte sich eine davon ins Gesicht, knipste das Feuerzeug an, während er mit halbgeschlossenen Lidern und gesenktem Kopf dasaß, um seine Nase vor der Flamme zu schützen, und, mit einer Kinnbewegung auf die weniger große Leiche weisend, fragte er sodann durch den Rauch hindurch mit einer plötzlich weicher gewordenen, erstaunten, neugierigen, ja verständnisvollen, beinahe mitleidigen Stimme: »Du hast mit ihr geschlafen?« Dann verwandelte Montès' Gesprächspartner von neuem sein Gesicht, wurde wiederum – mit kleinem Schnurrbart, sauberem Kragen, pomadisiertem Haar und einer Krawatte von gedämpftem Farbton – zu dem des zweiten Polizisten, dessen Züge einen Ausdruck versöhnlicher Milde trugen, während er mit vorgeschobener Unterlippe ein mehrmaliges »Tt . . .Tt . . .Tt . . .« hervorbrachte, das offenbar eine Art von gelangweiltem Tadel ausdrücken sollte, so etwas wie ein: »Na wissen Sie . . .« Zugleich aber drängte seine mit einem Siegelring geschmückte, feingeformte Hand gebieterisch seinen Kollegen zurück. Plötzlich aber hielt er inne, wandte sich um und suchte angestrengt zu entdecken, was Montès jetzt über seine Schulter hinweg irgendwo in den

Tiefen des völlig durchwühlten Zimmers fixierte. »Nein«, sagte Montès zu mir, »das war es nicht: sie konnten ruhig alles durchsuchen, die Schubladen ausleeren, laut reden, gehen und kommen und ihre Zigarettenstummel auf dem Fußboden austreten ohne Rücksicht auf das, was unter dem Bettuch lag, nicht darin bestand das Sakrileg; denn wenn ich etwas gelernt hatte, seitdem ich in diesen Raum getreten war, während der halben Stunde oder einen Stunde oder zwei Stunden oder dem Jahrhundert, ich weiß es nicht mehr, die ich auf meinem Stuhl verbracht hatte, so war es, daß der Tod das Gegenteil von etwas Weihevollem ist – *hatte ich nicht selbst noch dazu diesen noch warmen Körper entweiht, ihm Gewalt angetan, meine Lippen in das schwarze Gewirr unter den Achseln gepreßt wie in eine noch lebendige Vegetation – heißt es doch, daß Haare, Nägel den Toten noch weiterwachsen – die ihrem Leibe entsproß?* – daß er ohne Geheimnis, augenfällig, unwiderleglich, alles in allem die einzige Gewißheit ist, die wir haben können, dabei etwas von uns so sehr Gefürchtetes freilich, daß man ihn, den Tod, deshalb mit karnevalistischem, pomphaftem Gepränge umgibt und maskiert, um in einer Apotheose von Tränen, Silberflitter und beim Vorbeizug von wie hingemäht niedersinkenden Hüten verschwinden zu lassen, fortzuzaubern, was im Grunde nur eine Wenigkeit verfaulenden Fleisches ist!« Es war die Puppe.

Auf ihn übte das, sagte er mir, die Wirkung einer zweiten Ohrfeige aus, es weckte ihn auf, riß ihn aus seiner Apathie, aus der passiven Verzweiflung, in deren Schoß er sich geflüchtet hatte, da er zweifellos unbewußt den Moment fürchtete, in dem er wieder daraus auftauchen, von neuem die äußere brutale Leere, die Luft, den Wind, das Licht, die Einsamkeit wohl oder übel werde ertragen müssen. Es war, als ob er sich inmitten der aufgehobenen Zeit zu Seiten der toten Rosa, eingeschlossen, eingegraben in dies Fleisch, diesen schweren Duft des Flieders, der langsam welkte und verging, gleichsam in einen embryonalen Zustand zurückversetzt, in die schmerzvolle, quälende, so heißt es ja, Ruhe eines fötalen Daseins versenkt fände, zum zweiten Male zwischen den Schenkeln einer Frau – obwohl diese hier an fünf Jahre jünger war als er – und von da aus jammervoll schreiend und angstvoll ausgestoßen ins Leere. Später sagte er: »Allerdings, wenn man das Alter nicht nach der bereits gelebten Zeit berechnet, sondern nach der, die uns von unserem Ende trennt, war sie jetzt um vieles älter als ich, denn sie hatte mich überholt, und zwar nicht nur im Tode, mich, der ich alles in allem nun schon fünfunddreißig Jahre gewartet habe, was immerhin etwas alt ist, um auf die Welt zu kommen ...«, worauf er einen Versuch machte, auf seine Art, ohne Fröhlichkeit, eher leidvoll zu lachen, als wolle er sich damit entschuldigen, aber dies Lachen blieb ihm gleichsam im Halse stecken, es wurde nur ein kümmerlicher, gurgelnder Laut daraus, während ich gleichzeitig beobachten konnte, wie sich von seinem Gesicht jener gewisse bizarre, zugleich todbetrübte und lächelnde Ausdruck verlor und wie im selben Moment seine Züge sich aushöhlten, sich veränderten wie unter der Wirkung einer unerträglichen Angst, einer Auflehnung, der gleichen zweifellos, die auch der Polizist darin las, als er sah, wie er plötzlich auf seinem Sitz unruhig wurde, aufstand, sich reckte, seine magere Gestalt dehnte, wobei er seine Maske eines Ertrunkenen oder aus Buchenwald Entronnenen mit einem Ausdruck vorschob, in dem jetzt alles andere als Unterwerfung, als Passivität zu lesen stand, so daß er, der Polizist, ein »Nanu, nanu« hervorbrachte und dann, wieder das schon vorher von ihm produzierte »Tt...

Tt ... Tt ...« Darauf, ohne sich umzuwenden, vielmehr indem er ihn immer im Auge behielt, sagte er: »He, Chef, er fragt nach den Kindern!« und dann noch einmal: »Nun hören Sie mal! ... Was denn! Tttt ...« und schließlich noch einmal, ohne sich umzuwenden: »He, Chef, er ...«

»Ich habe schon gehört«, sagte der. Darauf sah Montès ihn vor sich stehen: ein anderes Gesicht mit einer Nase, einem Mund, mit Haaren, einem Anzug, einer Statur, die, jedes für sich genommen, wiederum von denen der beiden ersten verschieden waren, deren Gesamtheit indessen etwas mit ihnen Identisches ergab, das gleichfalls von der zweideutigen, wenig vertrauenerweckenden Aura der Schlechtbezahlten, Verachteten und dennoch Gefürchteten umwoben war, denen noch dazu etwas unbestimmt Unmenschliches oder vielmehr Außermenschliches anhaftete, der gleiche verschleierte, trübe Blick, ein Auge, das wie bei gewissen Tieren keines Lides, keines Häutchens zu dieser Verschleierung bedurfte, aber zugleich ebenso scharf und doch erloschen, eingeschlafen schien und ihn – zweifellos seit Augenblicken schon, er hätte es selbst nicht genau sagen können – beobachtete, während er inmitten des aus den Schubladen ausgeleerten Durcheinanders mit den Händen in den Hosentaschen, der offenstehenden Weste seines schlecht gebügelten Anzugs und in den Nacken geschobenem Hut dastand; dann geriet er in Bewegung, wobei er den Blick immer noch fest auf Montès heftete, während dieser noch ein weiteres Mal, doch diesmal zu ihm gewandt, wiederholte: »Dic beiden kleinen Mädchen, was haben Sie mit denen ...«

»Es geht ihnen gut, es kümmert sich jemand um sie.« Mit den Händen immer noch in den Taschen pflanzte er sich ein paar Schritte entfernt vor Montès auf. Das Bettuch und was darunter war, schien er zu ignorieren. Er wandte keinen Blick nach der Richtung, während er sprach: »Also dann ist sie wohl deine kleine Freundin gewesen?«, ohne dabei etwa auf eine zweideutige Art oder auch nur verwundert mit den Augen zu zwinkern, sondern mit vollkommen neutraler, fast uninteressierter, ja sogar ermüdeter Stimme, wobei die Frage zweifellos keine Antwort erforderte, denn er schien ganz plötzlich sich überhaupt nicht mehr für Montès zu interessieren, sondern berührte mit dem Finger die Schulter des anderen Polizisten, mit dem er sich halblaut zu unterhalten begann, so daß er, Montès, nicht zu ihren Gesichtern, sondern zu ihren beiden abgewandten Rücken, zu ihren blinden Nacken sprach, als er, damit sie ihn anhören mußten, mit erhobener Stimme sagte: »Falls das, was Sie suchen, das Schmuckkästchen ist, so habe ich es gestern einem Priester übergeben, damit er es zurückbringt ...«

XIV

Das aber trug sich in folgender Weise zu: er, der Inspektor – derjenige, den der andere mit ›Chef‹ angeredet hatte – und der Priester standen alle drei in dem süßlichen, faden Weihrauchduft, den der Ort selber, die Mauern, die gewachsten Möbel auszuströmen schienen – *vorher aber, beim Verlassen des Zimmers, hatten sie gar nicht hingesehen, als sie an dem Betttuch vorüberkamen, sondern die Schwelle ohne Aufenthalt überschritten, obwohl er selbst in diesem Augenblick deutlich bemerkte, daß etwas in ihm zerbrach, daß es eine Stromunterbrechung, einen Riß in ihm gab – ›die Nabelschnur‹, dachte ich* –, den er hinter sich, je weiter er sich zusammen mit dem Inspektor entfernte, verspüren konnte, ganz als ob bei jedem Schritt die Luft in seinem Rücken zusammenschlüge, sich zu etwas verdichtete, das härter wäre als Stein und undurchlässiger als vollkommene Stille; als er aus dem Hause trat, sich wieder draußen im Freien befand, das Tageslicht, den Platz wiedersah und den ewigen Wind um sich fühlte, blieb er einen Augenblick stehen, zögernd, wie trunken, gleichgewichtslos – *er habe dabei, so sagte er mir, eine Empfindung gehabt, die zweifellos der eines Amputierten glich, der sich zum ersten Male erhebt und zu gehen versucht* – und zwinkerte mit den Augen, nicht, um sich gegen das Licht zu schützen oder gegen den Staub, den der Wind immer weiter ziel- und zwecklos in langen Schleiern von einer Ecke der Esplanade in die andere trug, sondern aus dem Bemühen heraus, das leichte Häutchen wegzustreifen, das sich über sein Antlitz gelegt zu haben schien wie eine Wachsschicht und es von der Außenluft trennte, die für ihn ein fremdes Medium oder Element darstellte, in das er nie zuvor eingedrungen war, und blieb, ohne sich zum Weitergehen zu entschließen, vor der Gruppe ungekämmter Frauen und stets unter dem Portal herumlungernder Gassenjungen stehen, bis der Inspektor ihn beim Arm nahm und ins Auto drängte. Jetzt standen sie alle drei da, keiner sprach. Er sah den Inspektor, der immerhin den Hut abgenommen hatte – auf seinem kahlen, seltsam weißen Schädel bemerkte man auf den wenigen, mit Sorgfalt gleichmäßig verteilten Haaren noch die Spur des Kamms und da, wo das Leder sie berührt hatte, einen rosa Streifen auf seiner Stirn – und gerade dabei war, ungeschickt das eiserne Kästchen wieder mit der Verpackung aus alten Zeitungen zu umhüllen, dann, als er des Bindfadens habhaft wurde, sich für verpflichtet hielt, den Knoten aufzumachen – *und immer noch sahen ihm der Priester und Montès bei seiner Tätigkeit zu, sie sahen schweigend mit an, wie seine Finger tasteten, zerrten, ungeduldig probierten, bis sie es aufgaben, aus dem Gewirr eine Kugel drehten und diese in die Tasche versenkten, so daß noch ein Ende sichtbar blieb und die ganze Länge der Hose herunterhing, worauf Montès, noch immer ohne etwas zu sagen, die Hand vorstreckte und mit dem Zeigefinger in die Richtung der Tasche wies und der Inspektor ihn nun seinerseits mit erstaunter, fast indignierter, wütender Miene betrachtete, dann die Augen abwandte und das Bindfadenende in seine Tasche stopfte* –, ohne darauf in der Bewegung innezuhalten, vielmehr so, als ob jede Bewegung unmittelbar die nächste auslöste oder vielmehr, als ob das Ende einer jeden Gebärde bereits der Beginn der darauf folgenden sei, wieder das Kästchen ergriff, es unter den Arm nahm, worauf Montès' Blick diesmal in dieser Gegend hängen blieb und ganz gedankenlos unter der Achsel den grau auslaufenden Halbmond fixierte – es sah aus wie eine Salzablagerung, wie die Schaumkränze, die das Meer auf dem Sande zurückläßt –, der einen Fleck auf dem dunklen Stoff des Anzugs bildete, und außerdem das Mädchen im Badekostüm, das mit dem Kopf nach unten auf dem zerknitterten und zerrissenen Papier immer weiter lächelte; unmittelbar daneben aber – diesmal nicht auf dem Kopfe stehend – bemerkte er etwas Verworrenes, gleichsam ein Mosaik aus Gesichtern unter dunkeln Fahnen und las mechanisch STER MAI IN PEK, und dann spürte er, daß ihn von neuem etwas schüttelte wie Gelächter, während die Bilder der Zeitung, der Ärmel des Polizisten, ja, sogar die Silhouette des Mannes durcheinandergerieten, aber er rührte sich nicht, führte nicht einmal die Hand zu den Augen, sondern sah weiter – jetzt waren es nur noch verschwommene, undeutliche, silbern irisierende Flecken – auf die Gestalten des Inspektors und des Priesters hin, die näher aneinanderrückten und miteinander verschmolzen.

Er wurde sich klar, daß die beiden miteinander sprachen, aber ihre Worte vermochte er nicht zu verstehen. Das ging so einen Augenblick, dann zerfloß der eine schwarze Fleck, den die beiden Gestalten bildeten, er zog sich auseinander, schnürte sich in der Mitte ein, der Grat, der sie verband, wurde immer schmaler und riß endlich völlig ab – wie in einem Dokumentarfilm, der zeigt, wie sich Zellen durch Teilung fortpflanzen oder vermehren. Die Silhouette des Polizisten entfernte sich jetzt immer schneller, und daraufhin geriet auch er, Montès, in Bewegung. Er machte sich auf den Weg, um gleich darauf wieder stehen zu bleiben, der Inspektor aber – er konnte ihn jetzt von neuem vollkommen scharf erkennen – machte eine halbe Drehung, so daß er ihm genau gegenüberstand, nahm

Haltung an und sagte mit unangenehmer und gereizter Stimme: »Wohin gehen Sie?«

Er gab keine Antwort, sondern sah nur fragend den Polizisten an – *ich konnte ihn mir sehr gut dabei vorstellen: sicher wirkte er ähnlich wie die Hunde, die einem Vorübergehenden auf der Straße nachlaufen, zur gleichen Zeit stehen bleiben wie er, ihn mit furchtsamen, ratlosen und flehenden Blikken anschauen, während er den Arm hebt, um sie zu verjagen* –, und einen Augenblick lang blieben sie beide so stehen, bis der Inspektor sich zu der Bemerkung entschloß:

»Legen Sie unbedingt Wert darauf, daß Ihr Name in Verbindung mit dieser Geschichte in der Zeitung erscheint?« Er stellte fest, daß der andere ihn jetzt, wahrscheinlich wegen des Priesters nicht mehr duzte. Diesmal gab er sich einen Ruck, und vielleicht gelang es ihm auch zu sprechen, obwohl er selbst, sagte er mir, nicht hören konnte, was er sagte; oder vielleicht sprach er nicht wirklich, doch schien ihn der Inspektor zu verstehen, denn sein Gesichtsausdruck wandelte sich: er schien – oder gab doch vor, oder tat doch so, als gebe er es vor – nachzudenken, senkte die Blicke auf die Spitzen seiner Schuhe, runzelte die Brauen, schaute wieder auf und sagte schließlich: »Aber in welcher Eigenschaft denn?« und setzte gleich darauf hinzu: »Sie sind ja nicht einmal ein Verwandter irgendeines Grades, nicht wahr?« In diesem Augenblick aber sah er, der Inspektor, vielleicht auf dem Gesicht, in den Augen, die ihn anblickten, etwas, was er nicht länger ertragen konnte, denn er wandte sich um und bemerkte nur sehr rasch: »Sie können es ja immerhin versuchen und eine Eingabe machen. Vielleicht stellt man Ihnen eine Genehmigung aus, daß Sie sie sehen können; es spricht ja nichts dagegen«, drehte ihm wieder den Rücken zu, diesmal endgültig, und verschwand.

Erst nach ein paar Sekunden spürte Montès die Hand des Priesters auf seinem Arm und sah ganz dicht vor sich die grauen, schlaffen Fleischmassen und mit grauen Borsten bestandenen, kurvig nach unten gleitenden Gesichtsfalten, die lose die Achsen der Nase und des Mundes umflossen. Er sagte mir auch, er habe eine weitere Minute gebraucht, um sich darüber klar zu werden, daß dies ein Gesicht war, so wie man ganz gebräuchliche Gegenstände nur zögernd identifiziert, wenn man Photographien eines Teiles davon – eine Brotkrume oder die Oberfläche eines Zuckerhutes – in übermäßiger Vergrößerung vor sich hat. Er habe zwar die Runzeln, den unrasierten Bart, das schlaffe Gewebe der Haut so genau gesehen wie kurz zuvor das Pin-up-Girl, den Umzug der Revolutionäre und den Schweißfleck unter dem Ärmel des Anzugs, ohne daß sich irgend etwas weiteres – ein Begriff, eine Vorstellung, geschweige denn ein Gedanke – daraus in seinem Geiste ergab. Er hatte nichts als ein bloßes Bewußtsein von den Erscheinungen der Objekte – Haare, Fahnen, lange nackte Beine, angeschmutzter Stoff –, so daß er nicht etwa dachte: ›Priester, vernachlässigt, alt, müde geworden‹ oder auch nicht einmal, als er den Ausdruck der Augen bemerkte: ›Befangenheit‹ oder ›Ungeduld‹ oder ›Mißbilligung‹ oder ›Mitleid‹ oder ›Verwirrung‹; er sah nichts anderes als den allzu rosigen Rand des gerunzelten, schlaff über das tränende Auge mit der übermäßig hellen, wie ausgewaschenen, in Wasser aufgelösten Iris herabhängenden Lides, und hörte sich plötzlich sagen: »Nein, danke, nein«, zugleich aber wich er zurück, zog seine Hand unter der anderen fort und wiederholte nur: »Nein, ich danke Ihnen ...«, wobei er immer noch seine eigene Stimme diese Worte der Ablehnung wie außerhalb seiner selbst formulieren hörte, als ginge es ihn gar nichts an, und ebenso sah er, wie der runzelige Mund sich öffnete und die Worte herausließ: »Wenn ich etwas für Sie ...«, worauf er selber – *nicht seine Lippen, seine Zunge, sondern jetzt kam es ihm vor, als sei es sein Körper, sein ganzes Wesen* – zu wiederholen fortfuhr: »Nein nein nein nein nein nein nein nein nein ...«. Dann stellte er fest, daß er ging, sich auf die Tür zubewegte, ohne auch nur abzuwarten, daß der andere seinen begonnenen Satz beendet hätte, und dabei dachte: ›Ich sollte mich wenigstens entschuldigen‹, gleich darauf aber fragte er sich: ›Weswegen?‹ und wandte sich, als er die Tür durchschritt, so wenig zurück, wie er sich umgedreht hatte, als er vor kurzem zum zweiten und letzten Mal die Tür von Rosas Zimmer durchschritten hatte. Freilich brauchte er sich gar nicht umzusehen, um ihn auch weiter vor Augen zu haben, wie er dort stand in seinem schwarzen Gewand – *sogar den abgenutzten Kragen, die ebenfalls mit abgetragenem Stoff bezogene Knopfreihe an der Soutane, das fleckige abgenutzte Gewebe, das an den Nähten glänzte, nahm er wahr* – und ihm mit den Blicken folgte, als er durch die Tür ging, und dazu die Worte sprach: »Beten Sie!« Dann ging die Tür – *Montès dachte nicht, sondern konstatierte nur: sie schließt von selbst, auch hier haben sie das jetzt: Tür nicht zumachen, schließt von selbst ...* – hinter ihm zu, und er war allein.

Es lag vor allem an der Müdigkeit. Vielleicht war auch noch etwas anderes dabei, aber jedenfalls war er sich dieses anderen nicht bewußt. Er erzählte mir, er habe bereits die Hälfte des Kirchenschiffes hinter sich gehabt, als er sich plötzlich darüber klar wurde, daß er unfähig sei, auch nur noch einen Schritt zu machen, und sich niedersetzte. Einen Augenblick blieb er so sitzen, nahezu außerstande zu jeder Art von Bewußtsein außer dem, daß er nunmehr saß und sich nicht länger mehr auf den

Beinen zu halten, die Augen zu öffnen, zuzuhören und möglicherweise sogar zu sprechen brauchte. Nach einem Weilchen erinnerte er sich des Priesters, fürchtete, er könne aus der Sakristei treten und ihn dort vorfinden, worauf er es fertig brachte, sich zu erheben und bis zu einer der Seitenkapellen vorzustoßen, wo er sich wiederum setzte.

Er sagte mir, es sei dort kühl, dunkel und ruhig gewesen, und im Augenblick habe ihm Kühle, Dunkelheit und Ruhe genügt. Er dachte nicht an die Tatsache, daß er in einer Kirche war: es war nur kühl, dunkel und still, und er saß; infolgedessen war alles gut. Er konnte es sehr gut so aushalten, regungslos vor sich hinzublicken, und auch da konnte er sich in der Folge nicht erinnern, wie lange es gedauert hatte, da eben, sagte er, die Zeit hier gar nicht existierte; er erinnerte sich nur, daß er ganz allmählich – *so wie die Augen sich an das Halbdunkel gewöhnen, aber erst nach einer längeren Frist, denn dies hier war nicht eine Frage des Lichtes oder der physischen Reflexe* – die Fähigkeit wiederfand, etwas anderes als nur das Schweigen, die Ruhe zu spüren und wahrzunehmen, nämlich die auf seiner Netzhaut eingeschriebenen Bilder zu erkennen, so daß er unten an der Wand gerade gegenüber wie einen fortlaufenden Fries in Goldbuchstaben das unaufhörlich wiederkehrende Wort GNADE in mehreren Reihen las als ein GNADE GNADE GNADE GNADE GNADE GNADE auf Marmortafeln, jede ungefähr von der Größe eines Schulheftes, die sich an den Seiten berührten; jede war an den Ecken mit je einem vergoldeten Nagel befestigt; dann sah er den Heiligen selbst stehen auf seinem falschen Marmorsockel: eine Statue aus bemaltem Gips – in etwas weniger als natürlicher Größe –, die einen jungen Mann mit kurzgeschnittenem blondem Haar darstellte, der den versilberten Küraß eines römischen Zenturionen über falschen Unterleibsmuskeln trug, dazu einen Rock aus Lederstreifen, einen langen altrosa Mantel, der ihm über den Rücken hing, und an den Füßen Ledersandalen; er hielt mit einer Hand ein kleines Kreuz zwischen den hervorspringenden Brustteilen der Rüstung an sich gepreßt und in der anderen die Palme der Märtyrer. Etwas wie dicke Margueriten aus bemaltem Blech standen auf drei Vasen verteilt zu Füßen der Statue, und eine winzige elektrische Lampe glühte im Inneren eines Behälters aus rotem Glas, der aussah wie ein Nachtlicht, das man dort aufgestellt hätte und unterhielte; aber niemand schaltete sich dabei persönlich ein, sondern die Lampe war einfach an das Stromnetz der Stadt angeschlossen, sowie die Blechblumen ein für allemal da waren, unveränderlich und starr mit ihren schreienden Lackfarben, die nur durch die winzige Staubschicht gemildert wurden, welche darüber lag – *es war nicht einmal eine Schicht, sondern nur eine winzige Auflage wie in einem jener alten Häuser, die nicht verlassen sind, in denen aber mangels Bedienung nur alle vierzehn Tage und auch dann nicht einmal überaus gründlich geputzt wird, vielleicht auch nur alle drei Wochen* –, denn es gab da auch, sagte er mir, einen wirklichen Strauß, richtige Blumen, die sich aber in dem mumifizierten, papierenen Zustand einer bröseligen, gleichmäßig braunen Materie befanden, wie ihn pflanzliche Gewebe nur im Grade völliger Austrocknung erreichen, und ebenfalls mit der kaum greifbaren aschigen Überlagerung versehen waren, die sich dort überall langsam anzusammeln schien, als ob sogar das Licht sie mit sich bringe, das nicht buntstreifig durch farbige Fenster fiel, sondern ebenfalls graugetönt, staubig, tot aus der Laterne oben in der Kuppel kam und trübe, graue Reflexe auf den beiden riesigen Prismenleuchten erzeugte, die ganz denen glichen, die man in einem Salon findet, obgleich dieses hier trotz der Vergoldungen, der Säulen, des rot und schwarzen Marmors, der Simse nicht eigentlich ein Salon war, sondern eher etwas Düsteres, Prunkvolles und doch Schmutziges.

Er aber saß immer noch unbeweglich auf seinem Stuhl, mehr als je ein Bild des Jammers, doch ohne Tränen, vielmehr heftete er einen kalten, trockenen Blick auf die schmutzige, pomphafte Dekoration – ganz so, erklärte er mir, als sehe er zum ersten Mal einen solchen Ort, als sei er noch nie in etwas Derartigem gewesen –, als eine Frau hereinkam und der Staub des Steinfußbodens unter jedem ihrer Schritte knirschte. Er aber wandte sich nicht um, sondern stellte nur ihr Vorhandensein fest wie das alles übrigen, des Marmors, der Kronleuchter und des Staubes, bis sie in sein Gesichtsfeld geriet. Sie war jung, trug einen schwarzen Spitzenschleier über dem Haar, ihre Lippen waren sehr rot geschminkt, sie war füllig; sie trat an den Opferstock heran, ließ durch den Schlitz eine Münze gleiten, nahm eine Kerze, zündete sie an und kniete mit gekreuzten Armen unmittelbar auf dem Steinboden nieder; sie kniete so unbeweglich wie die beiden Statuen zu beiden Seiten des Altares, die beiden Heiligen, die ihre Hände inmitten der versteinerten Bausche ihrer von dem gleichen ungreifbaren Leichentuch aus feinem Staub überdeckten Schleier wanden, mit bemalten, von Wonne überglänzten und von ebenfalls aufgemalten Tränen überströmten Gesichtern, selbst fühllos, aber doch bis zur Ohnmacht niederbrechend unter dem Feuer ewigen Leidens, ewiger Verzückung.

XV

Dann stand er wieder draußen und wurde sich erst nach Sekunden darüber klar, sagte er mir, daß er sich bewegte, vorwärtsschritt, ohne daß sein Geist einen Befehl zu erteilen oder auch nur über die einzuschlagende Richtung einen Entschluß zu fassen brauchte, auch so, daß er erst sehr viel später die Baskenmütze bemerkte, die er noch immer in der Hand trug – er hatte gleichzeitig mit dem Polizeibeamten beim Eintritt in die Kirche sein Haupt entblößt – und mit der er sich nun wieder bedeckte; er hatte keine Ahnung von der Zeit oder Stunde.

Seit dem vorhergehenden Abend hatte er nichts zu sich genommen, verspürte aber dennoch kein Bedürfnis nach Nahrung, so daß er, als er in den Korridor des Hotels trat und den Küchengeruch sowie das Geräusch der klappernden Bestecke wahrnahm, zwar dachte: ›Es ist also erst Mittag, sie sind gerade beim Essen . . .‹, jedoch nicht stehen blieb und so wenig auf den Gedanken kam, er könne in den Speisesaal treten, wie er etwa beim Anstreifen an das dicke Mädchen, das mit tellerbeladenen Armen, etwas linkisch, fahrig, hochgerötet aus der Küche trat, irgendeinen Hintergedanken hatte; vielmehr dachte er nur: ›Sie haben also schon Ersatz, das ist sicher die Neue . . .‹ und nichts anderes, befand sich auch bereits auf der Treppe zu den Zimmern, wobei er, so erzählte er mir, die hölzernen Stufen nacheinander in jenem zweiten, sozusagen automatischen Zustand erstieg, als sei er schon dem Bereich jeder Seelenbewegung entrückt, und weder Zorn noch Empörung oder auch nur Staunen verspürte, als er sich plötzlich Maurice gegenüber sah, der ihm den Durchgang versperrte, sondern diesen nur einfach mit dem gleichen Blick wie alles andere erfaßte, sein Vorhandensein zur Kenntnis nahm – wobei er einzig dachte: ›Es ist doch wohl nicht möglich, daß er zu dieser Stunde schon betrunken ist; oder doch?‹ – zugleich auch den flehenden Blick, den flehenden Ausdruck, die flehende, jammervolle Stimme und endlich die Worte: »Hören Sie, ich muß ... Ich ...«. Das alles – Gesichter, Bewegungen, Stimmen – berührte ihn dabei nur wie im Vorübergleiten von einem Auto, einer Trambahn, einem Zuge, irgendeinem in Bewegung befindlichen Fahrzeug aus wahrgenommen und bereits der Wahrnehmung entzogen, bevor noch die Bewegung oder der Satz auch nur zu Ende geführt war, denn er blieb nicht stehen, sondern ging weiter den Korridor entlang, vielleicht nach einem unmerklichen, leichten aber rein motorischen Halt oder Zögern – ein bloßes Spiel der Reflexe angesichts des versperrten Durchgangs, eines Hindernisses auf dem Weg – und vielleicht sogar nicht einmal das, denn während er weiterschritt, sah er ihn zurücktreten – *so daß er aus seinem Blickfeld, seiner visuellen Wahrnehmung verschwand, zumal er selbst nicht hinter sich, sondern immer starr vor sich hinsah und nur die Erinnerung an ein heimliches, demütiges Gleiten behielt, als die Stimme, nunmehr hinter seinem Rücken, sanft und demütig winselte: »Nein! Hören Sie, ich war es nicht, nicht ich! Ich schwöre es Ihnen, das denn doch nicht, nein ...«* – Dann nahm er gar nichts mehr wahr, denn jetzt hatte er die Tür hinter sich geschlossen, ohne Heftigkeit, ohne Eile, nicht, als schlüge er sie jemandem vor der Nase zu, sondern wie man normalerweise eine Tür hinter sich zumacht; nichts mehr, außer noch ein paar Augenblicke lang zwar nicht die Stimme, oder auch nur ihr Geräusch, wohl aber – das bemerkte er auch nur eben, nahm es einfach zur Kenntnis – etwas wie einen Atem, eine schweigende, demütige, flehende, jammervolle Gegenwart: dann hörte auch diese Gegenwart auf, und er, Montès, immer noch durch die gleiche Fühllosigkeit geschützt, oder unter ihrem Einfluß oder in sie verfallen, saß auf dem Bettrand mit einem Wasserglas in der einen Hand, das er zum zweiten Mal unter dem Hahn der Waschtoilette gefüllt hatte, und einem kleinen trockenen Gebäck in der anderen, dem kleinen angebissenen, wie von einer Ratte halbmondförmig angeknabberten Keks, und im Munde die pappige Masse, an der er weiterkaute, ohne daß er zum Hinunterschlucken die Kraft oder den Entschluß fand oder auch nur auf den Gedanken kam, es zu tun; dann aber schlief er offenbar ein, wie er dort saß, mit dem Wasserglas und dem Keks in der Hand, denn alles, woran er sich in der Folge erinnerte, war die Empfindung von Nässe, die kühl an seinem Bein entlangkroch, dann die Zimmerdecke, die schwarzen Flecke der Fliegen, die unablässig um die Glühbirne kreisten.

Er setzte sich wieder auf und blickte verblüfft auf den durchnäßten Stoff, den langen, dunklen, ausgezackten Fleck auf seinem Hosenbein und auf das jetzt leere Glas, das er immer noch in der Hand hielt, ebenso wie die andere den Keks nicht hatte fallen lassen, und nun bemerkte er auch, daß die Sonne gewandert war, daß sie in diesem Augenblick gegenüber von seinem Fenster auf die Hauswand schien. Es war zunächst nur ein einfacher hellerer Streif mit weichen Konturen, dann eine goldene Franse, schließlich ein winziges Dreieck, das sich verschob, sich verfestigte und unmerklich in dem langsamen, leeren Nachmittag immer weiterrückte – *wobei er, wie er mir sagte, die Zeit, den ewigen Wiederbeginn, den ewigen Ablauf der willen- und gefühllosen Materie verspürte, die im Unendlichen kreist und sich mit jener unerbittlich wuchtenden Langsamkeit verschiebt, die die Aussicht auf eine lange Marter, eine langsame Agonie enthält, und dann manchmal in dieser lichtbestimmten Dauer etwas wie einen Fleck, etwas Dunkles, Schwarzes, Unentrinnbares sah, an dem sein Geist sich stieß, wie eine Hand, die von einer mechanischen Bewegung abläßt, um etwas wegzuschieben, wobei sie, die Hand, sich erinnert, denkt: ›Ach ja, ich habe ja vergessen . . .‹ und wieder herunterfällt, um gleich darauf noch einmal anzufangen.* Jetzt stand er aufrecht vor dem Spiegel, der über der Waschtoilette angebracht war, und rasierte sich oder bemühte sich wenigstens, über seine stark eingeseiften Wangen den Rasierapparat zu führen, dessen Klinge er nicht einmal ausgewechselt hatte, bis das Gesicht ihm gegenüber im Spiegel zu verschwimmen begann, genau wie am Morgen die verschwisterten Bilder des Priesters und des Polizisten, und dann stand er nur einem nassen Fleck gegenüber, abwartend, das Rasiermesser in der Hand, während er voller Verzweiflung dachte: ›Ich komme niemals damit zurecht, es ist ganz unmöglich, ich werde nie . . .‹

Dann konnte er aber doch die Operation vollenden. Er schraubte den Rasierapparat auseinander, nahm die Klinge heraus, trocknete sie ab, setzte sie wieder ein – immer noch, sagte er mir, als wohne er seinen eigenen Handlungen nur von außen her, ganz beziehungslos bei – und sah sich nun, nachdem er Rasierapparat und Pinsel auf die Platte zurückgelegt hatte, mit gerunzelten Brauen selbst im Spiegel so, als mache er gewaltige Anstrengungen nachzudenken, sich ins Gedächtnis zurückzurufen, was er hatte tun wollen, was er vorgehabt hatte zu tun, bevor er sich zunächst einmal zum Rasieren entschloß; dann sah er sich gleich darauf, wie er unter dem

Schrank den gleichen abgeschabten Handkoffer hervorzog, aus dem drei Tage zuvor Maurice triumphierend das Schmuckkästchen hervorgeholt hatte; er öffnete ihn, zog eine sorgfältig gefaltete Hose hervor, die er hin- und herwendete, entschloß sich endlich, zog diejenige aus, die er im Augenblick trug, hängte sie über die Lehne des einzigen Stuhls und streifte stattdessen die andere über, worauf er den Inhalt der Taschen ebenfalls aus der ersten in die zweite wandern ließ. Einen Augenblick später fand er sich übergangslos, als ob die Straßen, das Sonnenlicht, der Schatten nur ein Korridor seien, den er durchschreiten mußte, und als habe er nur so lange Zeit gebraucht wie zum Öffnen und Schließen einer Tür, um von einem Ort zum anderen zu gelangen, draußen im Freien, wie fasziniert von all dem Chrom, den funkelnden Teilen an den Bataillonen von Fahrrädern, die unter der Einfahrt aufgereiht standen, während ein anderer Teil seiner selbst mit dem diensttuenden Polizeisergeanten verhandelte. Unter der Führung des Teiles seiner selbst, der die Antwort des Sergeanten zur Kenntnis genommen hatte, durchmaß er darauf Korridore, Treppen zwischen Wänden, die ebenso einförmig eisengrau gestrichen waren wie der Raum, in dem er auf einer Bank sitzend warten mußte – *auch da konnte ich ihn mir gut vorstellen mit der Hose, die derart abgenutzt war, daß er nach seinen eigenen Worten einen Augenblick gezögert hatte, bis er sie anzuziehen sich entschloß, und dem Aussehen und physischen Habitus eines Armen, wie sie gewöhnlich dort warteten, so ähnlich, daß die Polizisten und das Personal vom Polizeikommissariat, das dort kam und ging – später erinnerte er sich auch daran, an das unablässige Geräusch der Schritte, der harten Absätze auf dem nackten, ungewachsten Plankenboden aus grau gewordenem Holz, das an den Stellen, wo es nicht richtig aufgetrocknet war, schwarz aussah, an das Hallen und den festhaftenden Spezialgeruch von täglich gekehrtem und gescheuertem Holz –, sich nicht einmal nach ihm umwandten. Dann folgte das Gesicht des Inspektors, des gleichen, der ihn zu dem Priester begleitet hatte, mit dem gleichen kahlen, zu weißen Schädel, der auch diesmal keine Kopfbedeckung trug, nicht aber weil sich sein Besitzer zu Besuch an einem Ort befand, an dem selbst Polizisten die Kopfbedeckung abnehmen, sondern weil er hier zu Hause war, in seinem eigensten Bereich, das heißt hinter einem kleinen schwarzgestrichenen Tisch in einem Amtszimmer, in dem sich, ebenfalls an kleinen schwarzen Tischen sitzend, noch zwei andere schlecht gekleidete Männer aufhielten, von denen einer auf der Maschine schrieb –,* dann – *und zweifellos lag zwischen den beiden wiederum die Straße, die Sonne, der Wind, aber er sah sie nicht, spürte sie nicht, jedenfalls sprach er nicht davon* – war er wieder in einem anderen Büro, dessen Wände cremefarben gestrichen waren, und auch der Boden war nicht mehr ein nackter, wiewohl sauber gekehrter und naß aufgewischter Dielenboden, sondern Linoleum oder irgend etwas Ähnliches von gummiähnlicher Konsistenz, das die Schritte dämpfte, das Ganze dabei, obwohl auch hier die undefinierbar gewöhnliche Atmosphäre der Amtsräume herrschte, hell, sauber und schmuck wie die Frau, die hinter dem Schreibtisch saß – *diesmal war es kein einfacher schwarzer Tisch, sondern ein Möbel aus hellem, lackiertem Holz mit einem modernen Ordner darauf, einer modernen Agenda, einem modernen Ablegekorb für Briefe und sogar einem diskreten Sträußchen auf der einen Ecke –;* auch sie, die Frau wirkte modern und schmuck trotz des schon ergrauenden, aber – auf Grund offensichtlicher Koketterie – nichtgefärbten Haars, das kurz geschnitten und vom Friseur gewellt war; mit ihren durch diskret aufgetragenes Rouge nur leicht akzentuierten Lippen lächelte sie auf eine liebenswürdige, gewinnende Art etwa wie eine Schuldirektorin, die die Eltern der Schüler empfängt oder, besser noch, wie die hierfür ausgebildete Empfangsdame eines der modernen Institute der Hotelindustrie, eine Schweizerin vielleicht noch dazu, und maß ihn unaufhörlich von oben bis unten mit dem gleichen liebenswürdigen, verständnisvollen Lächeln, während er ihr zu erklären versuchte, weshalb er gekommen sei. Er verhedderte sich, er stammelte, während seine Blicke auf den Händen mit den zurechtgemachten Nägeln ruhten, die mit einem jener riesigen Bürobleistifte spielten, bis er ihre, die Stimme der Frau, vernahm: »Es tut mir außerordentlich leid, aber das ist unmöglich. Wenn Sie noch irgendwie mit den Kindern verwandt wären ...«

»Aber ich ...«

»Ich kann Ihnen die Versicherung geben, daß sie es denkbar gut haben werden, vielleicht sogar ...« Sie zögerte, warf einen prüfenden Blick auf seine abgeschabte Jacke, das Hemd mit dem verbrauchten Kragen, die ebenfalls fadenscheinige Krawatte, und eine Sekunde darauf entschloß sie sich und fuhr mit wohlwollendem Lächeln fort: »Besser vielleicht als in dem Milieu, in dem sie bis jetzt ...« Dann sah er sie nicht mehr, weder sie noch ihre Ondulation, ihre schimmernde Bluse, ja sogar das ganze Amtslokal nicht mehr, auch nicht den Musterschreibtisch, die Musterorganisation, den Musterbau, in dem alles neu war, mit mahagoniartig lackierten Türen und cremefarbenen Wänden, dem Aussehen nach Serienfertigung, mit seinen Serienbüros, in deren jedem eine wahrscheinlich auch serienmäßig hergestellte Dame saß wie diese hier, und zweifellos war er dort – *dort oder anders- oder auch nirgendwo, verloren im langsamen Strom der Zeit, im Schoße dieser Leere, dieses Nichts, dieser Unendlichkeit, die unerbittlich millimeterweise durch das langsame Fortschreiten eines Sonnenstreifens, den langsamen Tod, ein durch seine Langsamkeit, Absolutheit und Unmeßbarkeit fast dem Frieden gleichkommendes Leiden aufgezehrt wurde* – eine gewisse Zeit stehen geblieben, auf alle Fälle zu lange für einen Bittsteller in einem Büro der öffentlichen Fürsorge, denn als er sie, die Frau, wieder vor sich erblickte, fuhr er förmlich zusammen: das Lächeln war nicht ganz das gleiche mehr, es war noch immer da, funktionierte automatisch, wie sie es offenbar in ihrer Schweizer Schule für musterhafte Fürsorgerinnen gelernt hatte, aber es lag jetzt etwas Gezwungenes, Gequältes, ja Gereiztes darin, und gleichzeitig bemerkte er, daß sie auf die Uhr blickte; es war nur eine heimliche, verschwiegene Bewegung des Auges nach ihrem Handgelenk hin, an dem eine kleine goldene Uhr blitzte, eine männliche Bewegung, und erst in diesem Augenblick wurde ihm klar, daß alle ihre Gebärden Männergebärden waren, selbst wenn sie mechanisch die Hand mit abgespreiztem Finger hob, um sich durch leichtes Betupfen des ordentlichen Sitzes ihrer Ondulation zu versichern, und mit einem männlichen Tonfall unterbrach sie ihn auch, leicht ungeduldig, brüsk, trotz ihres immer noch wie angeklebten Lächelns: »Sie adoptieren, sagen Sie?«

»Ja, gerade das, nämlich . . .«, sprudelte er rasch hervor, »ich möchte sie . . .« Dann hielt er inne und senkte den Blick um zu sehen, was sie betrachtete – einen Fleck? einen Riß? –, was sie mit kaltem Blick fixierte, einem zu keiner Regung fähigen Auge, mit dem sie ihn zum zweiten Male abschätzte, seine abgeschabten Kleider, sein bizarres Clownsgesicht – oder war es das eines Bösewichts mit dem schuldbewußten, düsteren Blick unter düsteren Brauen? – im einzelnen prüfend untersuchte, und als er den Kopf wieder hob, zuckte sie nicht einmal mit den Achseln, sondern sagte mit noch immer warmer, sanfter, kaum geringschätziger Stimme: »Ich nehme an, es ist Ihnen nicht unbekannt, daß das Gesetz eine Reihe von Garantien verlangt, und zwar im Interesse der Kinder. Als erstes wird die Frage nach dem Alter des Adoptierenden gestellt, der . . .«

»Das Alter?«, wiederholte er, und gleich darauf vernahm er auch schon die Antwort der Stimme, die in einem jetzt beinahe triumphierenden, nicht einmal unangenehmen, jedenfalls nicht absichtlich unangenehmen, vielmehr selbstzufriedenen, belehrenden Ton ganz sanft nur die Ziffer ›Vierzig‹ nannte, und im gleichen Augenblick dachte er: ›Und ich bin erst fünfunddreißig! Fünf Jahre also noch. Nein.‹ Darauf mußte wohl er oder der Teil seines Geistes, der schneller arbeitete als der andere, nachgedacht und das, was er gefunden hatte, den Lippen aufgetragen, übermittelt, es gesagt haben, oder wenn er es nicht gesagt hatte, so verstand sie offenbar, daß er es sagen wollte, und nun kam es durch das Medium der schmalen, kaum angemalten Männerlippen über dem männlichen Kinn zurück: »Sie Ihnen anvertrauen?«

Das Lächeln war jetzt völlig verschwunden. Einen kurzen Augenblick lang betrachtete sie ihn noch mit kaltem, hartem Gesicht, über dem ein Ausdruck von Widerwillen, von Zorn und zugleich Mitleid lag, dann tat der Mund sich von neuem zu einem diesmal offensichtlich falschen, verkrampften Lächeln auf, und jetzt bemerkte er auch die kleinen fächerförmigen Runzeln, die dadurch über und unter den Lippen entstanden, so daß diese Partien aussahen wie zerknitterter Stoff, und er dachte: ›Alt. Sie ist alt, sie ist...‹, und dann gelangten auch die Worte, die hinter dem gespannten, runzelnbildenden

Lächeln der Mund formulierte, zu ihm: »... Junggeselle, wenn ich recht verstanden habe, das ältere der beiden kleinen Mädchen ist aber beinahe dreizehn Jahre alt und, wie es oft bei Kindern vorkommt, die Zigeunerblut haben, schon fast erwachsen, da verstehen Sie ...«, worauf er nur noch denken konnte: ›Lieber Gott, lieber Gott, lieber Gott mein Gott mein Gott ...‹ Aber er rührte sich nicht, obwohl sie sich jetzt daran gemacht hatte, ostentativ mit geschäftiger Miene die Papiere auf ihrem Schreibtisch zu ordnen und so wenig auf ihn acht gab, als sei er niemals da gewesen, dort in dem Sessel, den sie ihm selbst zum Sitzen angewiesen hatte, als er hereingekommen war. Ein oder zweimal noch sah sie an ihrem Handgelenk nach, wie spät es war, doch ohne den Blick zu ihm zu erheben, und als er nochmals sprach, hob sie wie verwundert den Kopf, wie erstaunt, ihn noch immer vor sich zu sehen, während sie – jetzt offenkundig am Rande ihrer Geduld angekommen – die Brauen runzelte, so daß er sogleich ins Stottern geriet, als er sagte: »Ich möchte, das heißt, ich würde mir wünschen ...« Dann gab er es auf, rückte unruhig auf seinem Stuhl hin und her und beugte sich vor, um seine Brieftasche zu ziehen, wobei ihm endlich zu sagen gelang: »Ich möchte, daß es ihnen an nichts fehlt, nicht an ...«

»Sie wollen eine Schenkung machen?«, fragte sie, und er antwortete: »Ja. Das ist es. Eine Schenkung. Für sie. Damit es ihnen nicht ...« worauf sie: »Die Geschenke, die wir entgegennehmen, werden nach bestem Vermögen im Interesse aller Kinder verwendet, für die ...«, und er: »Sie wollen sagen, daß sie ... daß sie ...« – »Sie werden den Nutzen davon haben wie alle anderen, so wie ihnen auch die Geschenke zugute kommen, die andere Personen ...«, erklärte sie, worauf er es noch mit einem »Aber ...« versuchte. Dann sah er sie von neuem, wie sie einen Blick auf ihr Handgelenk warf, und doch blieb er noch da, er konnte sich noch nicht wegrühren von seinem Sitz, und sein faltiges, tragisches Gesicht zog sich zusammen unter einer Anstrengung, als sei er verzweifelt darum bemüht, ein Problem zu lösen, und habe das Gefühl, solange er dort auf seinem Stuhl sitzen bleibe, bestehe noch die Möglichkeit, *die* Lösung dafür zu finden oder doch irgendeine Lösung. Aber vielleicht versuchte er, hoffte er nichts mehr, hatte er die Frau vergessen, wie er die Stunde vergessen, wie er nicht einmal bemerkt hatte, welche Zeitspanne darüber vergangen war, während er auf der Polizei, dann hier gewartet hatte, bis sie ihn empfing. Vielleicht blieb er einfach, weil er nun einmal da war und außerstande, den Moment ins Auge zu fassen, der dann folgen würde, nachdem er die letzte Tür endgültig hinter sich geschlossen hätte. Da aber stand sie auf, strich über ihre schimmernde Bluse, er sah sie, schien endlich aufzuwachen, stand ebenfalls auf und sagte: »Ja, sicherlich. Ich ... Ich habe vergessen ... Ja ... Könnten Sie mir zufällig sagen, wie spät es jetzt ist?«

Er wußte, daß er essen mußte. Wie er mir sagte, betrat er das erste beste Restaurant, das er sah und das im Moment noch leer war – es war noch nicht ganz sieben Uhr –, bestellte das Menü ohne hinzusehen, und obwohl er, bevor er sich setzte, keinerlei Hunger verspürte, schlang er alles, was auf den Tellern war, die der Kellner ihm hinstellte, in einer Art von wilder, gefräßiger Gier hinunter, ohne zu wissen, wie es schmeckte, bis alles sich in ihm staute und wieder hochkam. Er hatte nur gerade noch Zeit, die Toilette aufzusuchen und sich dort vornüberzubeugen, um alles zu erbrechen. Er zahlte die Mahlzeit, die er wieder von sich gegeben hatte, die Nahrungsmittel, die nur eben in ihn eingegangen waren und, noch ganz unverdaut, seinen Körper auch schon wieder verlassen hatten, ganz als ob, sagte er, die Nahrung ihn, den Körper, ungeeignet dafür befunden habe, sie aufzunehmen, nichts von ihm wissen wollte, wie er es ausdrückte, aber das habe nichts gemacht, sagte er, da er sich hinterher besser gefühlt habe, schwach freilich, aber doch besser: sozusagen ausgeleert im wahrsten Sinne des Wortes, als sei von ihm nichts übriggeblieben außer einer bloßen Umhüllung ohne irgend etwas darin. Das aber stellte gewissermaßen etwas wie Frieden, wie Ruhe her, denn er meinte, so sagte er mir, daß es eigentlich bequem wäre, wenn man alles in dieser Weise ausspeien könne, und sich selbst noch dazu, so daß man sich von sich selbst befreite, sich von sich gäbe wie eine schlechtverdaute Speise, aber freilich würde dann immer noch dieser dumme Körper übrigbleiben, den man mit sich schleppen müsse, ohne daß man wisse, was man mit ihm anfangen, wo man ihn hintun solle. Er beschrieb mir auch das Gefühl, das er hatte: als führe er eine Art von Double seiner selbst mit sich herum oder vielmehr – denn er spürte ja das Gewicht, den Druck – ein lastendes, lästiges Gerüst, und ich meinte ihn oder vielmehr es, das Gerüst, im Zimmer von Maurice stehen zu sehen – *das trug sich, soviel ich verstand, am folgenden Tage zu, und diesmal lag nicht bei Maurice, sondern bei ihm die Initiative, das heißt er – oder es, das Gerüst – war von selbst dorthin gegangen, ohne daß er genau hätte sagen können, was ihn dorthin getrieben, hingeführt hatte, wahrscheinlich letzteres, denke ich mir, also ihn – oder es – nur geführt, und wobei die gleiche Kraft am Werke war, die ihn in das Restaurant geleitet hatte, ohne daß er Hunger empfand oder aber sich bewußt war, daß er Hunger empfand, und ihn dort gezwungen hatte, gefräßig irgend etwas herunterzuschlingen, ohne daß es ihm gelungen wäre, das unbestimmte Bedürfnis, den Mangel zu beheben, sich zu sättigen, die Leere auszufüllen, zu überdecken, die jetzt in ihm vorhanden, von der er ausgehöhlt war; er hatte diesen Besuch bei Maurice so wenig im voraus geplant, wie er daran gedacht hatte, zu Abend zu essen, er hatte ihn nicht einen Augenblick vorher ins Auge gefaßt, als er noch in seinem Zimmer stand, so daß er erst auf dem Korridor, anstatt sich zur Treppe hinzubewegen, vielmehr die entgegengesetzte Richtung einschlug, an die Tür klopfte und, ohne sich später noch daran zu erinnern, ob er eine Antwort gehört hatte, eingetreten war* –, wie sie nun beide, das Gerüst und er, oder vielleicht auch nur das Gerüst allein, plötzlich da waren und er, zweifellos wiederum mit schmerzlich gequälter Miene – die nicht durch das innere Leiden, sondern durch die Anstrengung zustandekam, wie in dem Büro der öffentlichen Fürsorge – sich zu erinnern bemühte, was er hier wollte, während Maurice von dem Bett aufsprang, auf dem er sich ausgestreckt hatte, nervös seine Zigarette in einem der sieben oder acht im ganzen Zimmer verstreut aufgestellten Reklameaschbecher ausdrückte, und nun seinerseits stammelnd, über die Worte stolpernd, stotternd ihm gegenüber stand wie in einer Vertauschung der früheren Rollen. »Sie ... Ich ... Hören Sie«, brachte er hervor, »gestern habe ich versucht, ich wollte Ihnen sagen ... Hören Sie, ich war es nicht. Hören Sie, ich schwöre es Ihnen, so etwas doch nicht, nein. Ich bin ein Lump, aber so einer nicht. Nicht die Polizei. Das war nicht ich. Hören Sie: ich bin zu vielem fähig, ich weiß, daß ich Ihnen gedroht habe, ich würde hingehen und es sagen, aber nur, weil ich wütend war, ich wollte Ihnen Angst machen, ich schwöre Ihnen, daß ...«

In diesem Augenblick hob Montès wahrscheinlich die Hand und machte eine Bewegung, als ob er ihn bedeuten wolle:

›Was macht das jetzt schon aus‹ oder auch: ›Gut, gut, ich glaube Ihnen‹ oder auch ganz einfach nur: ›Hören Sie auf, ich kann das nicht mehr hören‹, wobei er sich aber diesmal bewegte, ein paar Schritte machte. Ohne um Erlaubnis zu fragen – *immer, als seien die Rollen vertauscht, und doch mit dem Unterschied, daß nichts in seinem Verhalten, seinen Gebärden einen Willen zu dreister Überheblichkeit oder Herausforderung verriet, ja nicht einmal das Bewußtsein von irgend einem Vorteil, einer Überlegenheit – infolge der Umstände – über Maurice: es war vielmehr alles nur ein Reflex des erschöpften Gerüstes, das Bedürfnis nach Ruhe* –, ließ er sich auf den Rand des Bettes nieder, das Maurice verlassen hatte, und saß nun wieder da mit seiner unglücklichen, sanftmütigen, etwas bestürzten Miene und verlangte, ja erwartete offenbar nichts mehr, sondern war zufrieden damit – *das heißt, zufrieden natürlich nicht, sondern zweifellos nur weniger unglücklich, ohne ein Gefühl des Behagens zwar, aber doch mit dem einer Milderung, eines Aufschubs angesichts der Tatsache, daß er nicht allein war, daß er eine ihm bekannte Person sehen und ihre Stimme hören konnte, jemanden vor sich hatte, der einen Teil von alledem bildete, was in diesen letzten Monaten seine Welt gewesen war* –, wortlos seine Blicke mit jener sanftmütigen Neugier, die auf eine so unschuldige Weise indiskret war, daß sie beinahe wie das Gegenteil von Indiskretion und von Neugier wirkte, über das unordentliche Zimmer, den offenen, halb gepackten Koffer und den ebenfalls geöffneten Schrank gleiten zu lassen, bis er schließlich Maurice unterbrach, seine Erklärungen, seinen Redestrom abschnitt, um immer noch mit gesenkten Augen und mit zögernder Stimme, in der unsägliche Angst und unsägliche Verzweiflung schwang, zu fragen: »Sie gehen fort? Ich meine weit fort? Haben Sie eine Reise vor?«

XVI

Und später standen dann die beiden auf dem Bahnsteig an der Stelle, wo Montès vier Monate zuvor aus dem Zuge gestiegen war, nur an dem gegenüberliegenden Gleis: Maurice im Rahmen der Tür eines Abteils dritter Klasse in jenem Augenblick der Schwebe, der Erwartung, in dem die Reisenden und ihre Anverwandten, schon durch die Dichte der Luftschicht zwischen Eisenbahnwagen und Bahnsteig wie durch eine Fensterscheibe getrennt, einander anschauen – die Zurückbleibenden mit zurückgebogenem Kopf und aus Verlegenheit linkisch –, als ob sie schon abwesend seien, während am Rande des Zuges ein paar Bahnarbeiter geräuschvoll die Postsäcke und Pakete in den Packwagen schafften und der Bahnhofsvorsteher bereits mit seiner Pfeife hantierte, nachdem er seinen Platz neben der in regelmäßigen Abständen schnaufenden Lokomotive eingenommen hatte, auf der der Rauch wie ein Federbusch schwankte – *rötliche Schleifen jetzt, die der Wind unter das Glasdach fegte, in der grünen, beinahe kalten Dämmerung auflöste und tief auf den Bahnsteig drückte, auf dem eine zerknitterte Zeitung herumwirbelte wie ein grauweißer Vogel, der außerstande ist, sich in die Luft zu erheben, sich aufschwingt und, als sei er verletzt, wieder heruntersinkt. Unter den Waggons stieg manchmal eine Staubschleppe, mit Kohleresten untermischt, empor, so daß sie beide mit den Augen zwinkerten, aber sie machten sich nichts daraus, sondern standen nur schweigend da; dann ertönte ein langer Pfiff, und langsam begannen die Wagen davonzuglei-*

ten; Montès hob die Hand in Schulterhöhe, wobei er auf seinem Gesicht etwas wie ein Lächeln zu erzeugen versuchte, während er sich langsam um sich selbst drehte in dem Maße, wie die schmale Silhouette von Maurice im Rahmen der Abteiltür schneller und schneller vorüberglitt. Er stand da mit seinem von etwas, das kein Lächeln war, wie zerknitterten Gesicht, mit seinen treuen Hundeaugen, seinem zu langen Haar, das unter der Baskenmütze vorschaute, und den beiden tiefen, von den Nasenflügeln ausgehenden Falten, die narbengleich seinen Mund umzogen.

Ich meine ihn auf diesem Bahnsteig zu sehen, wie er, zwischen dem gewundenen Schienenpaar, in dem sich der Dämmerschein spiegelt, dem roten Licht des letzten Wagens, das immer kleiner wird und ins Nichts zu gleiten scheint, nachschaut, als könne er sich nicht zum Gehen entschließen, sich nicht losreißen, seinen Blick nicht von dem Orte wenden, an dem gleich darauf nichts mehr zu sehen ist als die nackten Schienen, die noch schwach leuchten, während die grünen und roten Feuer der Signale anfangen über den Weichen zu funkeln. Wer aber kann wissen, was er damals empfand, in dem Augenblick, da er in der Ferne den Zug entschwinden sah, der das letzte Wesen, das letzte Band entführte, das ihn noch mit dieser jüngsten Vergangenheit verknüpfte, die nun schon fern lag, die so kurz und so heftig verlaufen war und von der ihm nichts mehr blieb, selbst nicht eines jener unbedeutenden Erinnerungsstücke – eine trockene Blume, ein verlorener Handschuh – die das Gedächtnis auf dem Boden einer Schublade aufbewahrt wie ein Stückchen noch der geliebten Person, nicht einmal ein Brief, ein Bild; er sagte mir, er wisse selbst nicht, weshalb er von ihr niemals eine andere als nur jene schlechte Aufnahme gemacht habe, die er mir zeigte: die meine ich, auf der sie inmitten einer aus den Besitzern des Hotels, den beiden kleinen Mädchen und ihr selbst bestehenden Gruppe zu sehen war, obwohl er doch in ständiger Symbiose mit diesem dritten Auge lebte, das er auf dem Bauche trug. Deshalb, vermute ich, legte er keinen großen Wert darauf, die Rolle zu klären – das heißt, ob es eine verhängnisvolle, gemeine oder ganz einfach schicksalsbedingte gewesen war – die Maurice bei alledem gespielt hatte, da nun jene Welt, jene Ordnung, an deren mythische Existenz er sich mit einer Art von abergläubischer, fetischistischer Furcht angeklammert hatte, ihm unter den Händen zerplatzte wie ein Kinderballon, wobei ihm nicht einmal mehr die Zeit verblieb, als lächerliche Reliquie wenigstens ein paar Gummifetzen in der Hand zu behalten. Ob Maurice ein Schuft war oder nicht, mochte für ihn, Maurice, selbst eine Bedeutung haben, aber sicherlich nicht – oder in diesem Augenblick mindestens nicht mehr – für Montès. Ich glaube, daß er sich jetzt jenseits von solchen Überlegungen befand, das heißt, von dem Zustand, in dem man mit sich selbst darüber zu Rate geht, ob eine Person gut ist oder schlecht, oder ob das Leben selber gut oder schlecht ist, und sogar einfacher noch, welchem Sachverhalt die Bezeichnungen ›gut‹ oder ›böse‹ entsprechen mögen und welch Scharfsinn oder – *wenn, wie man gemeinhin annimmt, das, was man Recht und Gesetz nennt, nur die äußere Bestätigung eines Gleichgewichts der Kräfte ist* – welche Kräfte darüber befinden, wo die Schwelle liegt, die man nicht überschreiten darf, die Grenze zwischen dem, was gut und dem, was nicht gut ist, zwischen dem Erlaubten und dem Unerlaubten wie zum Beispiel, innerhalb des besonderen Ehrenkodex, auf den sich Maurice bezog, der Erpressung durch Drohung mit einer Anzeige – *erlaubt* – und einer faktischen Benachrichtigung der Polizei – *unerlaubt* –.

Denn er hatte sich nicht darüber getäuscht, keinen Augenblick geglaubt, die beiden Inspektoren hätten nur so von sich aus, von ihrem Instinkt geleitet, an Rosas Tür geklopft. Und auch Jep hatte sich nicht getäuscht: er hatte Rosa gedroht, er werde sie, falls sie ihn anzeige, töten, und er hatte es getan, sie getroffen, bevor er zu entfliehen versuchte, weil auch er zweifellos über eine ausreichende Erfahrung verfügte, um zu wissen, daß die Polizei die Diebe nicht so ohne weiteres entdeckt, wie es sich in Romanen dieses Genres zuträgt, das heißt, auf Grund von Intuitionen und klugen Deduktionen, sondern weit prosaischer dank der von Denunzianten gelieferten Informationen. Was Montès anbetraf, so weiß ich nicht, was er dachte oder glaubte oder nicht dachte. Auf alle Fälle schien er sich selbst nie danach zu fragen oder den Wunsch in sich zu verspüren, Genaueres zu erfahren als das, was er mitangesehen hatte, sei es, daß er es ausdrücklich beschlossen oder aber sich auch nur darein ergeben, bereits so weit jenseits von allem Leiden seine Stellung bezogen hatte, schon in jene spezielle Zone entrückt war, in die man dann gelangt und in der man sich darauf beschränkt, ein für allemal Menschen wie Ereignisse als gegeben hinzunehmen, ohne sich in vergeblichen Nachforschungen nach dem Wie oder Weshalb zu verlieren.

Daher hütete ich mich denn auch später, als man wußte, auf welche Weise die Dinge sich zugetragen hatten, ihm zu wiederholen, was ich erfuhr, ihm die Geschichte mitzuteilen, die man bald allerorten in der Stadt hören konnte, ausgehend, vermute ich, von jenem Zentrum, jenem geometrischen oder neuralgischen Punkt, an dem, von einer Kabine zur anderen hin mit Stentorstimme mitgeteilt im betäubenden Duft der kosmetischen Wohlgerüche und beim surrenden Geräusch der elektrischen Trockenhauben, die gesprochene Chronik der

Stadt konvergierte, entstand, ihre Ausarbeitung erfuhr. Denn auf eine beleidigte oder sich für beleidigt haltende Frau kann man sich verlassen, soweit es sich darum handelt, daß die Beleidigung sich in einem geringeren Zeitraum, als man braucht um sie auszustoßen, auch schon gegen denjenigen oder diejenige wendet, die sich ihrer schuldig gemacht haben: denn zweifellos fand die Frau des Staatsanwaltes etwas Beleidigendes, unmöglich zu Akzeptierendes nicht in dem Schritt selbst zwar, wohl aber in der Weise, wie er getan worden war, jedenfalls nach der Art zu schließen, wie sie die Besucherin beschrieb – *wobei sie sich nur, zweifellos auf Grund von etwas, was sie selbst bei sich als Berufsgeheimnis bezeichnete, enthielt, auch noch den Namen preiszugeben* –, so daß jeder sie erkennen konnte: den starken, hochmütig zur Schau getragenen Leib, das junonische Antlitz, die hochmütige, eilige, gebieterische und sogar verletzende Miene, sagte – oder dachte – die Staatsanwaltsgattin, so wie sie zweifellos für beleidigend auch die Tatsache hielt, daß die Besucherin diese Sache nicht so erledigen konnte wie andere Leute, das heißt, indem sie den Staatsanwalt in seinem Amtszimmer auf dem Gericht bei Tage und ganz offiziell aufsuchte, wie eben jeder, wer auch immer, es gemacht hätte, nicht aber zu Hause, in seiner Privatwohnung, unbekümmert darum, ob sie ihn auch nicht störe, und noch dazu gerade, als man sich zum Abendessen an den Tisch gesetzt hatte. ›Abendessen?‹, dachte ich. Dann war sie also direkt und ohne abzuwarten hingegangen, sobald sie das von ihrer Schwester verfaßte Briefchen zurückerlangt, ihn zum Reden gezwungen und klar gesehen hatte, wobei sie mit ihm umgegangen war – *sie, die Familienmutter, die respektable Gattin, die sich in ihrem Leben nie mit einem Geschäft abgegeben, nie nähere Bekanntschaft mit dem Geld ge-*

macht, nie das unerbittliche Gesetz des ›Do ut des‹ kennengelernt hatte, oder besser des Hergebens von möglichst wenig gegen möglichst viel, es sei denn in Gestalt des Geldscheins, den sie jeden Morgen ihrer Köchin zugleich mit dem Einkaufszettel für den Markt übergab – mit ihm, Maurice, dem kleinen Erpresser, dem kleinen eitlen Pfau, wie eine alte Puffmutter mit einem naiven Jungen.

Oder vielleicht ging sie doch nicht auf der Stelle hin. Ich stelle mir als das Wahrscheinlichste vor, daß sie sich zuerst wieder nach Hause, ich meine damit, zu ihrem Vater begab. Ich sehe sie vor mir, wie sie in das düstere Büro trat, in dem der beleibte Mann noch immer inmitten der plüschbezogenen Möbel, der helmbuschgezierten Porträts berittener Generäle saß, und wie sie ihm triumphierend das aus dem Notizblock herausgerissene Blatt in den Schoß warf und, ohne die Stimme zu erheben, ohne die Genugtuung im Tonfall sogar, die eine andere nicht hätte unterdrücken können – *nur so, als spräche sie von der Begleichung einer Rechnung, einer Meinungsverschiedenheit mit einem Lieferanten, einem entlassenen Dienstmädchen, von einem jener häuslichen Details, deren Ordnung den Frauen obliegt, die sie schnell und diskret regeln müssen, da sie nicht zum Kompetenzbereich der Ehemänner oder der Väter gehören, auch nicht deren Würde, vielleicht aber auch nicht – diese Meinung wäre von jener gleichzeitig verehrungsvollen und beschützerischen Art von Verachtung inspiriert, die jede Frau in unbestimmter Weise jedem Manne gegenüber empfindet – deren Fähigkeiten entsprechen, sich ihrerseits mit dieser Art von gleichzeitig vulgären und diffizilen Dingen abzugeben* – dabei zu ihm sagte: »Da ist es. Ich habe es!«, der dicke Mann aber danach griff, einen zerstreuten Blick darauf warf, es vierfach faltete und nur mit einem

Achselzucken auf seinen Schreibtisch schnippte, worauf sie fragte: »Was gedenkst du zu tun?«, und er zurückfragte: »Tun?«, sie aber antwortete: »Mit Cécile; hast du denn nicht ...«, und er replizierte: »Was denn tun? Was soll ich denn deiner Meinung nach tun? Schließlich, wenn dieser Bursche ihr gefällt...«, worauf sie losbrach: »Dieser Bursche? Dieser Idiot, den die ganze Stadt ...«. Darauf blickte er sie wortlos an, wobei seine kleinen listigen, stumpfsinnig gefräßigen Schweinchenaugen in dem geröteten Antlitz funkelten, bis sie sagte: »Willst du sie so weitermachen lassen? Willst du, daß sie ihn noch einmal aufsucht in diesem drittklassigen Hotel und ihn um ein Stelldichein bittet auf einem Notizbuchblatt, das dann irgendein Lümmel uns zum Rückkauf anbietet? ...« – »Das alles ist doch nicht schlimm, schließlich hat er ...«, brachte darauf er hervor, während sein Gesicht mit seiner passiven Unergründlichkeit sich endlich etwas belebte, in Bewegung geriet. »Nicht schlimm?«, fragte sie zurück. »Nicht schlimm? Dieser Esel, der schon fast vierzig ist? Dieser Idiot? Und der noch dazu hinter einer Hure her ist? Du findest nicht schlimm, daß Cécile sich kompromittiert und uns lächerlich macht oder vielleicht sogar noch Ärgeres treibt ...? Also ich mache das nicht mit. Nein. Ich nicht.« Noch immer unbeweglich in all seiner Massigkeit bemerkte er aus seinem plüschenen Halbdunkel heraus: »Was willst du denn dagegen tun? Sie ...«. – »Dagegen tun?«, fragte sie, stand auf und zog die Handschuhe an: »Dagegen tun?« Sie war jetzt wieder ganz ruhig, kalt, besonnen, setzte den Hut auf, zog vor dem Spiegel ihr Kleid zurecht und sagte: »Das muß ein Ende haben«. Gleich darauf setzte sie hinzu: »Ich glaube, ich weiß ein Mittel ... Auf alle Fälle sind die dann schon einmal weg. Dann kann man weiter sehen, ob sie ...«. Sie sprach jetzt wie zu sich selbst, schon mit jener kalten, verschlossenen Maske vor dem Gesicht, die die Frau des Staatsanwalts beschrieb, wenn sie später die Geschichte erzählte.

Ihr Mann war aufgestanden, als das Mädchen die Besucherin meldete und hatte sie draußen im Vestibül stehend angetroffen, wie sie auf ihn wartete und ihm mit dem gleichen ausdruckslosen Blick begegnete – *ebenso vermutlich schon Maurice oder dem Zigeuner, als sie ihn splitternackt mit ihrem Dienstmädchen überraschte* –, mit dem sie völlig ungerührt den Gasmann, der den Zähler ablesen kam, oder ihren Zahnarzt anschaute, das heißt, ohne ihn zu sehen, ja wie sie ihn auch zweifellos während des Krieges, wo sie sich als Krankenpflegerin hatte einstellen lassen, gehabt hatte, wenn sie die Bettdecke hob und einem Kranken auf die Bettschüssel half. Er trat ihr unter Entschuldigungen entgegen, sie aber reichte ihm, immer auf die gleiche Art, abwesend, leblos, die behandschuhte Hand. Sie kannte ihn, er war ihr kurze Zeit zuvor bei einem Diner vorgestellt worden, oder sie waren sogar Tischnachbarn gewesen. Das gab vielleicht den Ausschlag bei ihr, bewirkte, daß sie sich zu einem Schritt entschloß, den sie sonst womöglich niemals unternommen hätte, falls sie sich auf ein Kommissariat begeben, bei einem Unbekannten um eine Unterredung hätte nachsuchen müssen, während der zweite entscheidende Grund die Hoffnung war, vielleicht dem Skandal, bei dem sich ihre Schwester kompromittierte, dadurch ein Ende zu machen, daß sie die Polizei auf die Spur dessen setzte, was sie sich offenbar als eine Bande, einen aus Dieben und Dirnen bestehenden Pöbelhaufen vorstellte, dem dieser Idiot, ihr entfernter Vetter, in die Hände gefallen war – das an sich machte ihr wenig aus –, in der Folge davon jedoch auch ihre eigene Schwester. Wäre das nicht gewesen, so hätte sie zweifellos einen solchen Schritt, selbst in der uneigennützigen Absicht, einen Dieb verhaften zu lassen, als unter ihrer Würde erachtet, nicht nur auf Grund eines natürlichen Stolzes oder Schamgefühls, sondern auch weil in ihren Augen etwas Degradierendes darin liegen mußte, sich mit dieser Art von Affären abzugeben, wobei ihr sogar die Bestohlenen in gewisser Weise – ein wenig in der Art wie ein vergewaltigtes Mädchen – an dem Delikt beteiligt zu sein scheinen mochten, mit einem Makel versehen durch die bloße Tatsache schon, daß sie eine Rolle in einer dieser schmutzigen Geschichten spielten, wie man sie in den Zeitungen unter der Rubrik ›Morde‹ und ›Aus dem Gerichtssaal‹ finden kann, welche – die Rubrik – ebenso wie Erdbeben und Überschwemmungen offenbar einer ganz bestimmten Menschengattung vorbehalten ist: Griechen, Chinesen und jenen jammervollen italienischen Familien, die man, schlecht gekleidet und schmutzig, auf Photographien sieht, wie sie irgendeinen trivialen Gegenstand, eine Bratpfanne oder ein Federbett, alles, was sie aus der Katastrophe gerettet haben, an die Brust drücken – und diese Leute, obwohl ihrerseits Opfer und vollkommen passiv, doch in gewissem Maße mit einer Art von Fluch oder Schuld gezeichnet erscheinen läßt.

So also, erzählte die Staatsanwaltsgattin, stand sie da, wahrscheinlich genau so, wie sie in einem schlechten Hause oder sonst einem zweifelhaften Ort aufgetreten wäre, wohl der Meinung, daß auch der Staatsanwalt seinerseits – sie trug dabei dem Umstand nicht Rechnung, daß er es nur als ihr Gegner tat – dieser Welt des Verbrechens und des Schmutzes angehöre, weshalb sie sich auch damit begnügte, ihm die Hand hinzustrecken und sie gleich wieder zurückzuziehen, nachdem er sie ergriffen – oder auch geküßt – hatte, ohne daß sie überhaupt zu bemerken schien, daß er sie berührte. Sie durchschritt hinter ihm das Speisezimmer, grüßte mit einem Neigen des Kopfes – *samt einem stereotypen, automatischen, leicht verzerrten Lächeln – es hellte das Gesicht nicht auf, sondern verzog es nur –, aus dem ihre Miene im nächsten Augenblick schon wieder ganz ausdruckslos hervorging* – die Frau und die Kinder am Tisch und teilte, kaum im Büro angelangt, sobald er die Tür hinter ihnen zugemacht hatte, und ohne den Sessel zu beachten, den er ihr hinschob, aufrecht und steif den Zweck ihres Besuches mit: »Also Folgendes: Sie erinnern sich an den Schmuckdiebstahl vor einiger Zeit? . . . Gut, es ist mir plötzlich eingefallen, daß die Leute, bei denen dieser Diebstahl passiert ist, ein Mädchen in ihre Dienste genommen hatten, das zu Beginn des Winters bei mir entlassen worden war . . .«. Darauf hielt sie inne, sah ihn an, während sie gleichzeitig die Luft einsog, wobei auch ihre hellblauen Augen wie vereist auf ihn gerichtet waren, wandte sich dann ab und fixierte nunmehr die Kamingarnitur oder irgendeinen Gegenstand auf dem Schreibtisch oder einen Fauteuil, während sie sehr schnell weitersprach: »Gut. Ich habe heute etwas erfahren, was mich auf einen Gedanken bringt. Natürlich kann es sein, daß ich mich irre. Aber ich glaube, ich weiß, wer der Täter ist.«

Von da an begnügte sie sich zweifellos damit, jeden Morgen einen Blick in die Zeitung zu werfen, – wobei ihr majestätisches, regelmäßiges Antlitz etwas schlaff, ermüdet, nachdenklich wirkte mit seinen gerunzelten Brauen – und die Seiten gereizt umzublättern, bis sie zwei Tage darauf etwas fand, was zweifellos nicht ganz das war, womit sie gerechnet hatte, da sie ›niedergeschossen‹ anstelle von ›verhaftet‹ las und etwas später ›ein gefährlicher Verbrecher‹ und noch etwas weiter ›erstochen‹, aber sie las es doch, ohne daß ein Muskel in ihrem

Gesicht sich regte; nur die Augen bewegten sich, glitten rasch von links nach rechts, von rechts nach links und von oben nach unten, den Zeilen des Artikels folgend, den sie von Anfang bis zu Ende las, ebenso wenig befriedigt wie bewegt oder verwirrt bei seiner Lektüre, vielmehr höchstens mit dem Gedanken beschäftigt: ›Ich hatte mich also nicht getäuscht, er ist es gewesen‹, weiter nichts, und setzte ihre Lektüre fort, als habe sie mit der Sache gar nichts zu tun, ja, dachte wohl nicht einmal, um sich zu rechtfertigen: ›So oder so hätten sie auf diese Weise geendet‹, sondern nur: ›Jetzt, denke ich mir, werden ihr wohl doch die Augen aufgehen‹, hütete sich dabei aber vermutlich, irgendwie ihren Gefühlen Ausdruck zu geben; sie begnügte sich vielleicht damit, die Zeitung recht sichtbar und an der betreffenden Stelle aufgeschlagen, vielleicht auch mit irgendeinem Zeichen, einem Merkmal, irgendeinem verräterischen Objekt beschwert, herumliegen zu lassen, so daß sie hinterher wüßte, ob die Zeitung gefunden und gelesen worden war; vielleicht beobachtete sie auch das Gesicht ihrer Schwester, paßte ihre Ausgänge ab und vermutete je nach dem Zeitpunkt, den sie gewählt, oder nach der Kleidung, die sie angelegt hatte, oder nach der eingeschlagenen Richtung, was sie zu tun vorhatte, wobei sie sicherlich nicht das Bedürfnis verspürte, ihr nachzugehen, sondern sich am Abend mit einer blitzartigen Prüfung begnügte – *es handelte sich dabei nicht um Intelligenz, um logische Deduktion, nicht einmal um eigentliche Beobachtung, sondern um etwas Tieferes, etwas Körperliches, etwas, das aus dem Fleische kommt; sie bedurfte dafür nur eines noch so kurzen Blicks, eines kurzen Aufzuckens, einer sekundenlangen scharfen Verhärtung der blaßblauen, wie verwaschenen Iris, eines Vorgangs, von dem man im nächsten Moment nichts mehr sah* –, auf Grund deren die Frauen nicht logisch ableiten, wohl aber spüren, was sie wissen wollen und bereits wissen, noch bevor sie wissen, daß sie wissen; worauf sie ganz beruhigt war.

Tatsächlich sagte mir Montès, als ich ihn später danach fragte, er habe sie nicht gesehen, sie habe ihn nicht wieder besucht, wobei er mich mit einer erstaunten, etwas betroffenen, auch ein klein wenig aufreizenden Miene ansah, als habe ich ihm eine absurde Frage gestellt, so daß ich selbst ihn einen Moment lang fast zornig anblickte und nun auch bei mir dachte: ›Was spielt er eigentlich? Was ...‹, dann aber wandte ich die Augen ab, sagte irgend etwas und dachte dabei: ›Nein. Weder Lope de Vega noch Calderon. Nur die Dekoration: die steinerne Fassade am Platz, nackt, tot und leer, manchmal von der Sonne ausgedörrt, manchmal im Schatten liegend, nur unaufhörlich durchpflügt und wieder glatt gehobelt von dem unermüdlichen Wind; doch keine geschwätzigen Akteure, die vorn an der Rampe ihre Geheimnisse ausplaudern und ihre Leiden schildern, sondern nur etwas Stummes, ebenso stumm wie die Dekoration, die nackte Mauer, die schwere Tür. Vollkommen, nach jeder Richtung hin stumm; nicht einmal eine Pantomime mit ausdrucksvollen Gesten, Attitüden oder mimischen Effekten: etwas, bei dem im Hintergrund die strenge und doch behäbige Fassade steht und die Schauspieler ohne Zögern über die Bühne schreiten, an dem Hause vorbei, oder auch eintreten und wieder herauskommen, aber das alles mit der gleichen stummen, unpersönlichen, unzugänglichen Maske, als eine bloße Abfolge von unerklärlichem und unerklärtem Kommen und Gehen, wobei die Bühne jeweils eine ganze Zeit lang leer bleibt zwischen zwei Auftritten, zwei schweigenden Durchgängen, eingenommen nur vom Wind – *das Äußerste wäre noch, daß die Schauspieler einmal vom Wetter sprächen, von irgendwelchen Nichtigkeiten, der Mahlzeit, die sie eingenommen haben, oder aber der Farbe eines Kleides* –, und dann plötzlich, ohne daß sich etwas anderes zugetragen, ohne daß irgend jemand die Stimme erhoben oder den Schritt beschleunigt oder gestöhnt hätte oder gar gelaufen wäre: ein Sarg, ein Todesfall, und dies, ohne daß auch nur eines der Gesichter auf diese unverbrüchliche Unmöglichkeit des Ausdrucks verzichtete, so vielmehr, als trüge sich überhaupt nichts hinter den Mauern zu, auch nichts hinter den Gesichtern, und als ob es nichts unter den Kleidungsstücken gäbe, keine Körper etwa, auch nichts hinter den Stirnen, keine Gedanken, kein Herz, keine Organe, die litten, wünschten, zornig, leidenschaftlich oder verletzlich wären, und auch keine Personen, die, offensichtlich Träger von Schwertern, von blitzenden Rapieren oder Dolchen, die umhüllenden Mäntel lüfteten, keine Ringe mit Giftkapseln darin, als ob das alles ganz unnötig wäre, angemessen allenfalls für die Einwohner von Verona oder Saragossa unter der Regierung Ferdinands von Aragonien, da sie, die modernen Personen eines Stückes, zweifellos mit geheimen Kräften und Waffen oder gar mit ultravervollkommneten begabt waren, wie sie in der pseudowissenschaftlichen Romanliteratur vorkommen, auf alle Fälle aber unsichtbaren, die ihnen die Macht verliehen, ohne eine Bewegung und ohne ein Wort sich gegenseitig aus der Entfernung blitzartig zur Strecke zu bringen, so daß der eine tot zu Boden stürzt, ohne daß der andere auch nur in seine Richtung geblickt oder eine Gebärde angedeutet hat; oder besser noch: so, daß beide ihre Streiche gegen einander führen, ohne einander zu sehen, vollkommen blindlings also, und ohne sie zu fühlen – da die Vervollkommnung der Waffen derart fortgeschritten ist –, wie die Personen, die erst hinterher bemerken, daß sie verwundet sind, und sagen: »Wo habe ich mir das wohl geholt?« oder scheinbar unverletzt, intakt, nach Hause kommen, nachdem sie einem Unfall entronnen sind, dann aber – eine Stunde, einen Tag oder auch eine Woche darauf – sich plötzlich unwohl fühlen, sich in ihr Bett legen und sterben, wobei dann erstmalig auf ihrer Totenmaske ein ganz neuer Ausdruck erscheint: der eines grenzenlosen, leicht verärgerten, empörten Überraschtseins, eines unsäglichen Staunens.

Einen ähnlichen Ausdruck trug Montès' Gesicht, als ich zu ihm von Cécile sprach, ihn fragte, ob er sie wiedergesehen habe. Den gleichen, vermute ich, den Maurice festgestellt haben mochte, als er sich zu ihm auf die Bank am Platz setzte, und mit dem abgerissenen und bekritzelten Notizbuchblatt, das sie unter seine Tür geschoben hatte, um dringend ein Rendez-vous mit ihm zu verabreden, den Erpressungsversuch bei ihm unternahm. Es war der Ausdruck einer nicht einmal so sehr empörten Bestürzung als vielmehr einer solchen, wie ein Mensch sie verspüren mag, der gerade im Begriff ist, eine Integral- oder Differential-Rechnung vierten Grades zu lösen, und zu dem man käme, um ihm von einem Buben zu sprechen, der einen Fußball ins Fenster geworfen hat. Denn vielleicht war es einfach nur das: er sah sie nicht. Auf alle Fälle nicht unbedingt mehr von ihr, als er mir beschrieb: wie sie ihm bei der Einladung zum Abendessen in jenem Hause erschienen war, das wie ein Trauerhaus wirkte – *aber freilich, wie er mir gegenüber bemerkte, im Gedenken an den Tag, an dem er von dem Verwalter sozusagen zu seinem eigenen Vater in dessen mit all seinem dumpfigen Modergeruch für diese Gelegenheit wiedergeöffnetes Speisezimmer eingeladen worden war: alle Häuser hier glichen Gruftgewölben.*

Was er mir damals beschrieb, war jene Art von verfehltem Jungen mit kastanienbraunem, kurz geschnittenem Bubenhaar, einer wirren Mähne vielmehr, an die niemals ein Friseur gerührt zu haben schien, und einem jungenhaften Körper auch, schmal, mit eckigen Schultern, einem überraschenden, schmalen, harten, wie mit dem Rebmesser zugestutzten Gesicht, ganz als ob Gesicht und Körper und auch das übrige in erster Linie die Antithese ihrer Schwester, jener junonischen Erscheinung mit den regelmäßigen, wohlgerundeten Zügen, den fruchtbaren Lenden wären, sei es nun, daß sie, Cécile, von Natur hierzu der vollkommene Gegensatz, sei es, daß diese Unähnlichkeit das Resultat eines sehr entschiedenen, eigensinnigen, hartnäckigen Willens war, alles an sich zu kultivieren, was sie nicht nur von der Älteren unterschiede, sondern sie sogar in Gegensatz zu ihr brächte. Danach zu urteilen, was sie späterhin tat, mochte daran wohl etwas sein. Ein Wille, eine Auflehnung, und das vielleicht nicht nur gegen ihre Schwester. Vielleicht etwas Umfassenderes und infolgedessen Unbestimmteres noch, das auch weniger leicht zu besänftigen war, eine jener Zornesregungen ohne bestimmtes Objekt, die sich in diesem Falle gleichzeitig gegen nichts Bestimmtes und gegen alles richtete: ihre Schwester, ihre Familie, die Farbe ihrer eigenen Augen, ihr Milieu, die etwas zu engen Schuhe, die Parfümflasche, die sich schwer aufmachen ließ, alles, was Widerstand leistet und zugleich, paradoxerweise, auch gegen alles, was zu leicht nachgibt, und vielleicht richtete er, dieser Zorn, dieser kalte ständige Groll, diese Auflehnung in ihrer Gesamtheit, sich in erster Linie gegen sie selbst, das heißt, ihre Situation als Frau oder vielmehr als junges Mädchen, was eine Erschwerung noch jenes Urzustandes der Verfügbarkeit darstellt, die gleichsam die Essenz des weiblichen Geschlechtes bildet, des Bewußtseins, nur eine Leere, ein Behälter, ein Gefäß zu sein, oder ganz brutal ausgedrückt ein Loch, das auf seine Ausfüllung wartet; dazu diese Jungfräulichkeit, der Hymen, die verletzliche Membran, welche sie, die jungen Mädchen, dennoch mauergleich von der Zukunft trennt, von der sie sich gleichzeitig angezogen und mit Indignation erfüllt fühlen, so daß jedes Bemühen zu dem Zweck, diesem ihrem Zustand zu entrinnen, unwiderruflich zu einem Versuch der Selbstzerstörung führt.

Später, als die ganze Stadt die Einzelheiten der Geschichte erfuhr, die Art, wie sie ihren Verlobten hatte fallen lassen, Montès unter Nichtachtung nicht nur jeder Scham, jeder Sitte, sondern auch jeder Klugheit – was im Grunde dasselbe ist – nachgelaufen war, um darauf wieder zu ihrem Verlobten zurückzukehren und ihn dann ein zweitesmal aufzugeben – diesmal war vielmehr er es, der jetzt sie verließ –, fingen die Leute mit beziehungsvollen Mienen darüber zu tuscheln an.

Zweifellos taten sie es, um sich schadlos zu halten, umso mehr vielleicht, als Cécile ihnen noch niemals – abgesehen von ihrer Kleidung, ihrem Haarschnitt, ihren jungenhaften Manieren – Anlaß gegeben hatte, über sie zu reden. Nicht einmal auf die Weise hatte sie es getan wie Mädchen, die sich bei Gesellschaften – aber nicht allein – in dunklen Ecken, fern vom Lampenlicht, isolieren oder sogar mitten in der Veranstaltung heimlich verschwinden, während gleichzeitig auch einer der jungen Burschen nicht mehr zu sehen ist; auch diese Burschen selbst sprachen nicht von ihr auf die besondere Art – mit Augenzwinkern und Ellbogenstößen –, in der sie sich über andere Mädchen verständigten; selbst die smartesten unter ihnen konnten das nicht tun, die Besitzer von Wagen, von Sportkabrioletts, die sie, Cécile, mitgenommen hatten, den Fuß auf dem Gashebel und den Blick von der Seite her auf sie gerichtet, bis zu der Stelle, an der die fiktive Panne erfolgte, oder dem geeigneten Winkel. Das hatte sich, so scheint es, drei- oder viermal in folgender Weise abgespielt: der Wagen hielt im Dunkel, und jemand, der sich dahinter befand, hätte durch die rückwärtige Scheibe die beiden Köpfe mit dem gleichen kurzgeschnittenen Haar sehen können, die beiden knabenhaften Nacken, erst beide an den äußeren Enden der vorderen Bank, dann, den einen – den mit dem kürzeren Haar – wie er eine Bewegung der Annäherung, des Sichvorbeugens andeutete, und fast im gleichen Augenblick würde er dann das Geräusch der klappenden Wagentür vernommen und gesehen haben, wie die schmale Silhouette des jungen Mädchens sich stehend am Straßenrand abzeichnete, sogar schon in Bewegung war – *auch wenn die Entfernung bis zur Stadt zwanzig oder dreißig Kilometer betrug und tiefste Finsternis herrschte* –, ohne sich umzusehen, ohne auch nur ein einziges Mal hinter sich zu blicken, während der Bursche auf den Anlasser trat, herummanövrierte und sie einholte, im Schrittempo neben ihr herfuhr im lautlosen weichen Rollen seiner sechs oder acht Zylinder, den Kopf zur Tür geneigt, Entschuldigungen stammelnd, flehend, bis sie stehen blieb und sagte: »Gut. Ich steige wieder ein. Rücken Sie zur Seite«, worauf der Bursche stotterte: »Ich soll ...«. »Jetzt fahre ich«, erklärte sie darauf, »los, aber schnell«, und öffnete bereits die Wagentür, worauf der junge Mann fragte: »Aber ... Hören Sie, haben Sie denn überhaupt einen Füh ...« »Rücken Sie zur Seite, Sie Dummkopf«, zischte sie ihn nur an. »Haben Sie denn wenigstens Ihren Führerschein bei sich?« wollte der Jüngling wissen. »Nein«, antwortete sie. »Jetzt zeigen Sie mir, wie man bei Ihrer Mühle hier schalten muß.«

Etwas später konnte man den jungen Mann dann auf einer Caféterrasse oder an einer Bar antreffen, immer noch leicht grünlich, wie er versuchte, sich mit einem Drink wieder auf die Beine zu bringen, noch zu sehr durcheinandergeschüttelt, als daß er imstande wäre, zu bluffen oder irgendeine Aufschneiderei zu erfinden, vielmehr konnte er einzig und allein wie ein Narr wiederholen: »Heiliger Herrgott, kann ich nur sagen ... Himmeldonnerwetter nochmal ...« und immer wieder – zu dem Mixer oder dem Kellner, zu dem Kameraden, auf den er stieß – »Himmelherrgott nochmal! ... Als ich gesehen habe, wie der Lastwagen einbog, habe ich mir gesagt: Jetzt adieu, nun ist es aus! Aber sie hat es fertig gebracht, doch noch vorbeizukommen, den Fuß immer auf dem Gashebel, als ob er dort angeklebt wäre. Und wenn Ihr etwa denkt, sie hätte das Gas weggenommen ... Keine Spur! Als wir an die Biegung vor der Brücke kamen ...« So kann man sich dann vielleicht vorstellen – oder vielleicht sich vorzustellen versuchen –, was an dem Tage in ihr vorging, als sie Montès zum ersten Male sah, wie er auf sie zutrat – *auf sie, ihren Vater, ihre Schwester und den Verlobten – zweifellos war das einer, dem es gelungen war, seiner Furcht Herr zu werden oder, schweigend an seinen Sitz gekrampft, während sie mit hundert Sachen in die Kurven ging und Blindekuh mit dem Lastwagen spielte, sie wenigstens zu verbergen, und dessen Magen so widerstandsfähig war, daß er beim Aussteigen sagen konnte: »Das war aber fabelhaft. Wann machen wir wieder so einen netten Ausflug?«* – in seinem Rock aus abgetragenem, grünlichgewordenem Cordsamt, seinem bizarren, verwüsteten Gesicht, der sanften, erstaunten Miene und dem so paradox dazu wirkenden schwarzen Blick, mit dem er wie der Verräter oder Verführer im Film aussah – *»Nicht zu vergessen seine Mil-*

lionen«, sagten die Leute. »Es scheint, Sie vergessen, daß er soeben einen der schönsten Besitze der ganzen Gegend geerbt hatte und daß . . .«. Gut also. Seine Millionen. Wenigstens theoretisch. Ich vergesse sie nicht. Niemand vergißt Millionen, auch wenn es nicht einmal unbedingt gerade Millionen sind. Am allerwenigsten aber die, die sich darüber hinwegsetzen wollen, daß sie es nicht vergessen. Sie also sah das alles vor sich: den abgeschabten Rock, das Gesicht, die Augen und die Millionen. Sehr gut. Warum im übrigen sollte sie sie nicht gesehen haben? Gut. – Imerhin aber steht fest, daß es sich hier um etwas oder um jemanden handelte, das oder der keiner anderen Sache oder Person auch nur ähnlich war, die sie bisher sich hatte vorstellen oder sehen können, noch weniger aber einem dieser jungen Leute mit Sportwagen oder selbst ohne Wagen und auch nicht einem jener gesetzten Männer, die von den Weinpreisen, politischen Machenschaften, von Bridge oder dem Benzinverbrauch ihrer Wagen sprachen. Denn vielleicht wußte sie nachgerade genug von den jungen Besitzern von Kabrioletts, Rackets und italienischen Hemdkragen und auch davon, was später aus diesen jungen Männern zu werden pflegte, und über die Art von Leben, das Frauen an ihrer Seite zu führen erhoffen durften.

»Sie wollte sich doch nur amüsieren«, hatte Montès zu mir gesagt. »Sie wissen ja, wie das ist: ein junges, hübsches, sehr junges Mädchen aus diesem Milieu und ich . . . Sie verstehen schon. Nichts als sich amüsieren. Das war ja auch eigentlich gar nicht so schlimm.« – »Nein«, sagte ich. »Aber ich habe ja auch niemals behauptet, daß es gerade schlimm war.« Doch ich dachte bei mir: ›Immerhin hat sie also ihre Verlobung aufgelöst. Ihm aber ist niemals der Gedanke gekommen, es könne seinetwegen sein. Im übrigen ist durch nichts bewiesen, daß es seinetwegen war. Selbst durch die Tatsache nicht, daß sie so ohne weiteres in sein Hotelzimmer kam, um es ihm zu sagen. Auf alle Fälle hatte sie es aus dem einen oder anderen Grunde getan, und das war so: sie läßt ihren Verlobten laufen und nach einiger Zeit, weil er, Montès, nicht zu kommen geruhte, keinen Fuß wieder in ihr väterliches Haus gesetzt hatte, faßte sie den Entschluß – *oder benutzte jene zweite Einladung ihres Vaters oder hatte sie diesem überhaupt erst nahegelegt, um zu ihm gehen zu können, oder aber sie gehorchte der Anregung ihres Vaters, sie ihm selbst ins Haus zu tragen, um die Briefmarke zu sparen* –, Montès in seinem Wanzenhotel zu besuchen.

Aber auch diesmal sah er sie nicht. Mindestens nicht so, wie sie es erhofft, vielleicht auch gewünscht hatte, da er trotz allem auch jetzt den Weg nicht wieder zu ihnen fand, weshalb sie ihrerseits noch einmal zu ihm gehen mußte – *und ich fragte Montès nicht, ob das seiner Meinung nach auch einen Teil des Amüsements bildete: die Demütigung, der Zorn, die Eifersucht, die Tatsache – für ein junges Mädchen, das die schikken jungen Leute der Stadt wie bloße Benutzer von Leihautos behandelte –, sich in Gegenwart einer Art von eingebildetem Kerl zu finden, der fünfzehn Jahre älter war als sie und der sie nicht einmal sah, während er doch in aller Öffentlichkeit die beiden kleinen Kinder des Serviermädchens in einem Sudelrestaurant mit Bonbons und Kuchen verwöhnte. Gut. Es bewirkte auch, daß sie noch ein drittes Mal kam, vielleicht um sich wegen ihres Abgangs beim vorigen Mal zu entschuldigen, wegen ihrer Unverschämtheit oder vielleicht auch, weil sie begriffen und sich abgefunden hatte und ihm einfach, statt dessen, was sie einst erhofft, sagen wollte: »Ich verstehe jetzt. Ich habe mich wie eine Närrin aufgeführt. Gut. Wollen wir*

Freunde sein!«. Da sie ihn aber nicht antraf, hatte sie ein Wort auf ein Notizbuchblatt gekritzelt, es herausgerissen und ihm unter die Tür geschoben. Natürlich immer, um sich zu amüsieren und um der Millionen willen, wohl verstanden. Jedenfalls tat sie es. Und darauf wartete sie dann zweifellos, daß er ihr ein Zeichen gab, ihr eine Zeile schickte, etwas, woraus sie wenigstens ersah, daß er sie wahrgenommen, wenigstens ihre Existenz bemerkt hatte, und als sie erfuhr, was vorgefallen war, sei es durch einen der Dienstboten oder von anderen oder aus der Zeitung, die ihre Schwester hatte herumliegen lassen, wartete sie gewiß immer noch weiter, vielleicht sogar von so etwas wie Hoffnung erfüllt, wenn auch freilich einer Hoffnung besonderer Art, denn wenn sie, bevor sie die Zeitung gelesen hatte, immer noch über die Möglichkeit verfügte, unter nochmaliger Hintansetzung von Stolz und Scham ihn erneut aufzusuchen, konnte sie es jetzt, ohne geradezu die Grenzen der Unanständigkeit zu streifen, nicht mehr tun; nicht als ob sie etwas von dem Schritt erfahren hätte, den Maurice mit ihrem Briefchen unternahm, von dem Gebrauch, den er davon machte – *denn davon hat sie wahrscheinlich niemals etwas gewußt, und erst recht nichts von dem Besuch ihrer Schwester bei dem Staatsanwalt* –, sondern einfach, weil sie es sich selbst untersagte und sich damit begnügte, nach außen hin gleichmütig zu warten, auszugehen, heimzukehren, ihr gewohntes Leben zu führen, während ihre Schwester weniger ihr, Céciles, Gesicht, das sie zweifellos genügend kannte, um nichts davon zu erwarten, als vielmehr bei sich selbst das Auftauchen jenes Hinweises, des instinktiven Aufzuckens, das ihr sagen würde, was sie wissen wollte, spähend beobachtete.

Etwas später sah man sie wieder in Begleitung ihres Verlobten, den sie ungefähr einen Monat zuvor etwa in der Weise, wie man einen Dienstboten verabschiedet, hatte laufen lassen, sah sie, wie sie neben ihm im Wagen sitzend rasch vorüberfuhr mit ihrem kleinen, harten, verschlossenen, verschwiegenen Bubengesicht. Dann auf einmal – nicht viel mehr als eine Woche, vielleicht zehn Tage darauf – war es wieder aus: keine rote Mähne mehr, nur noch eine einzige sitzende Gestalt im Wagen, wenn er die Stadt durchfuhr: die des jungen Mannes – *er war ein ruhiger, gesetzter, etwas farbloser Typ mit einem jener Römergesichter, wie sie die Leute hier haben, von der Sonne gebräunt, immer in gut geschnittene graue Anzüge gekleidet; er arbeitete im Geschäft seines Vaters wie jeder andere einzige Sohn, der dafür ausersehen ist, sich eines Tages in den fertig und bereit dastehenden, noch warmen Schreibtischstuhl zu setzen mit einem Haufen Postsachen zur Unterschrift vor sich und einem ebenso komplett vorbereiteten Leben –;* dann verschwand er, ging auf Reisen, und einige Zeit darauf traf ihn einer seiner Freunde mutterseelenallein auf einem Barhocker sitzend irgendwo an der Côte d'Azur – *in irgend einem Winkel dieses zweihundert Kilometer weit sich erstreckenden Luxusbordells mit Groscheneinwurf, in das sein Vater ihn wahrscheinlich schickte, nachdem er ihm die Taschen mit Geld vollgestopft hatte, in der Hoffnung, daß er bei der Beschäftigung, Soustücke oder anderes in die zweihundert Kilometer weit bereitgestellten Automaten gleiten zu lassen, endlich Vergessen finden würde –,* wo er, der Verlobte, mit ein oder zwei Gläsern zuviel in der Krone, was nicht seine Gewohnheit war – aber vielleicht war sie das inzwischen geworden – sich aussprach, wahrscheinlich, weil es Dinge gibt, die selbst ein solch wohlerzogener Typ trotz allem, ungeachtet allen guten Willens und aller guten

Erziehung einfach nicht einzustecken und ganz für sich allein zu behalten vermag, das heißt, er beschrieb sich selber, wie er ihr, Cécile, auf der Veranda des Restaurants, in das sie ihn zum Mittagessen entführte, gegenüber gesessen habe, sie immer mit ihrer eigensinnigen und verschlossenen Miene – er sagte, sie habe während der Mahlzeit nicht mehr als drei Worte gesagt und viel mehr auch vorher nicht während der Woche, seit der sie sich wiedergesehen und in der er sie überall im Wagen spazierengeführt hatte, um sie etwas aufzuheitern oder wenigstens durch Aufmerksamkeit und Freundlichkeit ihr wenn auch nicht ein Lächeln, so doch wenigstens einen Blick anstelle irgendwelcher Worte abzugewinnen, und wie sie auf das Meer, den öden Strand geschaut hätten – *nicht jenen Cinemascope-Prospekt der Côte d'Azur mit jedesmal zu Saisonbeginn eigens eingepflanzten Pinien und mit Mennigerot aufgefrischten Felsen: vielmehr war da nichts als Strand und Meer im bleichen Licht des Frühlings und drei oder vier allzu weiße und hohe Hotels gewesen, die im flachen Sande aufgeschossen zu sein schienen zwischen Gräsern und Disteln und einer mageren Gruppe von Pinien, die sich alle um fünfundzwanzig Grad neigten, ein paar halb versandeten tamariskenumgebenen Villen und dem leeren, nackten Meer, dem leeren, nackten, ungeheuer weit sich dehnenden, öden Strand mit der darüber schwebenden, halb verwischten, gelblichen Wolke aus vom Winde aufgerafftem Sand und nichts außer dem flachen, mit wenig Schaum verbrämten Wellensaum dazu, der am Ufer entlanglief und lautlos wieder verschwamm, sobald er emporgepumpt und aufgesogen war, und nur ganz an der äußersten Kante das leise Knistern des vom Sandregen getroffenen und durchlöcherten Wassers* –, bis sie, Cécile, mit einem Male sagte: »Kann man hier nicht ein Zimmer mieten?«, worauf er zusammengezuckt war und sie angeschaut hatte – *sie aber hatte dabei ihr zartes, feines Profil und ihre zarte, feine Adlernase dem Meere zugewandt und mit ihren graugelben Augen den leeren, flachen, hoffnungslosen Horizont angestarrt –:* »Zimmer ... Ich weiß nicht. Ich ...« hatte er gestammelt, und sie ihm entgegengehalten: »Bist du denn niemals mit irgendwelchen Flittchen hiergewesen?«, worauf er: »Mit ... Aber ...« und sie: »Es kommt mir ganz so vor, als kennten sie dich.« »Sicher«, hatte er gesagt, »ich bin schon manches Mal hier gewesen. Man ißt hier sehr gut und ...« – »Ich spreche nicht vom Essen«, meinte sie darauf, »ich frage dich, ob es hier Zimmer zu mieten gibt«, worauf er wiederum sein »Aber ...« hervorbrachte, und sie nochmals fragte: »Sie vermieten keine Zimmer?« – »Doch, ich glaube, aber ...«, antwortete er, und sie sagte: »Dann bestell doch eins«, und er: »Aber ...«, und sie: »Ich sage dir, du sollst ein Zimmer verlangen. Verstehst du mich nicht, wenn ich zu dir spreche?«

Als sie dann dort waren und sie mitten im Zimmer stand, mit kalten Blicken rings um sich her die stereotype Dekoration stereotyper Liebesgepflogenheiten musternd mit ihrem immer gleichmäßig unbewegten, geringschätzigen, harten kleinen Gesicht, sich schließlich umwandte und in ihrer unvermittelten, ungeduldigen Art fragte: »Worauf wartest du denn noch, um dir die Situation zunutze zu machen?«, versuchte er ihr entgegenzuhalten: »Aber so höre doch, Cécile ...«; sie jedoch antwortete: »Hat sie dir nicht gesagt, dies sei der Augenblick? Du solltest aufs Ganze gehen? Du solltest dich beeilen und die Gelegenheit beim Schopf ergreifen?« – »Aber von wem ...«, fing er an. Doch sie schrie: »Von meiner Schwester! Von Hélène! Spiel doch nicht noch weiter den Einfältigen! Ist es denn nicht wahr? Irre ich mich etwa? Hat sie dir nicht telefoniert oder ein Zeichen gegeben oder durch irgend jemanden sagen lassen, du solltest wiederkommen? Dies sei der rechte Augenblick? Du brauchtest nur aufzutauchen? Weil ich ... weil ich ...« In diesem Moment aber gab ihre Stimme nach, versagte ganz, und etwas wie ein ersticktes, würgendes Schluchzen brach aus ihr hervor, doch faßte sie sich gleich wieder und schrie von neuem: »Wage nur zu sagen, es sei nicht wahr. Daß sie ... daß dieses Weibsbild ... Antworte: Ist es nicht wahr?« Er senkte den Kopf: »Nein, sie hat nur ...« »Gut. Das genügt mir«, rief sie, und er: »Höre, Cécile, ich habe dich gebeten, meine Frau zu werden, ich ...« – »Gut«, sagte sie, »sehr gut. Also! Ich bin allein in einem Zimmer mit dir. Genügt das etwa noch nicht?« – »Aber so habe ich es mir ...«, stammelte er, worauf sie: »Nein? Nicht so? Weil kein Standesamt da ist und kein Geistlicher?« Jetzt schrie sie laut: »Das ist mir völlig egal! Allen Leuten ist das egal. Sogar den Pfarrern ist es egal, weil ja die Ehen sogar annulliert werden, wenn man nicht miteinander geschlafen hat. Weißt du das denn nicht? Das einzige, worauf es ankommt, ist, daß man miteinander geschlafen hat, nicht das brausende Orgelspiel. Sie sind die ersten, die das anerkennen, weil ... Oh, aber im übrigen sind wir nicht hier, um über philosophische Fragen zu reden; willst du mit mir schlafen, ja oder nein? Sollen wir hier bis zum Sankt Nimmermehrstag wie zwei Idioten einander gegenüberstehen?« Fast gleich darauf fragte sie: »Und wo bleibt der Champagner? Gehört es nicht dazu, daß man Champagner kommen läßt?«, worauf er: »Cécile, meine ...«, und sie: »Da ist der Klingelknopf. Da! Schelle und sage, man soll uns Champagner bringen.« Später aber lag sie nackt neben ihm ausgestreckt mit ihrem langen, schmalen, zerbrechlichen Körper, dem langen, flachen, enggebauten Leib; er aber streckte sich plötzlich, machte eine jähe Bewegung und hielt sie mit ausgestreckten Armen fest, sah sie prüfend an und sagte: »Was? Was ist?« Sie lag mit geschlossenen Augen wie eine Tote da, der lange, zärtliche Körper starr, wie tot; und nun lagen nicht mehr nur ein, sondern zwei nackte kalte Körper auf dem Bett wie zwei Schiffbrüchige, nackt, jung, schön und tot, während draußen das tote, glatte, unendliche Meer immer weiter unter dem Sandregen – den Millionen weißer, knirschender, rieselnder, vom Winde in unbestimmten Mengen abgelagerter Sandkörner – knisterte, der langsam den Angriff auf die verödeten Villen, das Kasino mit seinem abgefallenen Verputz, die schon halb überwehte Strandpromenade unternahm, während er ihren Kopf, das Haupt einer Toten, von sich weggestreckt hielt. »Antworte. Was ist los?« Aber vor sich hatte er nur dieses Totenantlitz mit geschlossenen, undurchdringlichen Augen. »Du willst es doch lieber nicht mehr?«, fragte er. »Du weißt, noch können wir ... noch ist Zeit ...« Plötzlich aber regte sie sich, ihr Antlitz lebte auf, von etwas wie Wut, wie Raserei durchströmt, und, obwohl noch immer mit geschlossenen Augen, rief sie: »Doch! Ja! Ja! Ja! ...«, zog ihn näher, preßte sich an ihn, zwang ihn zu sich, hingegeben, zerwühlt, das kleine harte Antlitz zurückgelehnt, keuchend, während er in sie eindrang, in den Schoß des Vergessens versank, in die feuchten Meeresgrotten, in das bittere, süße, nach Salz und nach Tränen duftende Muschelwerk sich vergrub.

»Und dabei war sie noch Jungfrau! Ich hatte den Beweis dafür. Ich brauchte nur hinzusehen, um den Beweis zu haben!«, erzählte er – *und ich stelle ihn mir in jener Bar vor, um zwei Uhr morgens vielleicht, mit noch ein oder zwei Gläsern mehr im Magen und einem dritten halbvollen vor sich, neben irgendeinem Frauenzimmer vielleicht, einem mit einer Stimme begabten Groschenautomaten auf Beinen, einer Person, die ihn zurückzuhalten versuchte und ihrem Freund mit den Worten zuzwinkerte: »Das ist häßlich von dir, daß du ihm noch ein Glas spendiert hast! Warte, ich halte mich an dich! Du siehst doch, in was für einem Zustand er schon ist, oder nicht? Ist das etwa alte Freundschaft...«, während er sie wegschob, sich mit einer Schulterbewegung von ihr loszumachen versuchte und immer wieder sagte: –* » Dabei war sie noch Jungfrau!« Und zweifellos hatte er es auch schon mehrmals wiederholt, während er sich hinterher ankleidete, als sie beide noch schweigend in dem schweigenden Zimmer verweilten, er, indem er von Zeit zu Zeit einen heimlichen Blick nach ihr warf, sie, noch nackt auf dem Bettrand sitzend mit dem undurchdringlichen Gesicht, ohne Befangenheit oder spürbare innere Bewegung, als sei es nicht das erste Mal, daß sie sich nackt in Gegenwart eines Mannes befinde, noch dazu, nachdem sie mehr als nackt gewesen war, und ohne ihm einen Blick zu schenken, damit beschäftigt, sorgfältig ihre Strümpfe einen nach dem anderen aufzurollen, bevor sie sie überstreifte.

Dann erst beugt er sich vor und sieht, weshalb sie hartnäckig den Kopf auf diesen Strumpf gesenkt hält und sich nicht entscheiden kann, ihn anzuziehen, und als sie bemerkt, daß er es bemerkt hat, sagt sie, ohne den Kopf zu wenden: »Geh weg. Ich bitte dich.« Unaufhörlich weint sie. Lautlos rollen die Tränen langsam ihre Wangen hinab, und noch einmal, ohne sich lebhafter zu bewegen oder den Kopf zu wenden, herrscht sie ihn an: »So fahre doch. Ich benutze die Trambahn« und setzt noch hinzu: »Geh doch, worauf wartest du?«, während er, nunmehr ganz angezogen, dasteht und zweifellos allmählich begreift, daß er angeführt, betrogen, geschlagen worden ist von einer Frau, aber nicht von ihr, nicht von ihr! Er fährt zusammen, als sie zu schreien beginnt, den Strumpf, den sie hält, zu Boden wirft – darauf die Handtasche, die sie auf den Nachttisch gelegt hatte, dann die Nachttischlampe, so daß sie an der Wand zerschellt – und schließlich wieder schreit, jedoch nicht wie vorher, sondern jetzt mit einer von Tränen gebrochenen Stimme: »Und vor allem vergiß nicht, dich bei ihr zu bedanken, ja? Vergiß es keinesfalls. Und jetzt mach, daß du fortkommst, du Idiot. Mach, daß du fortkommst, verstehst du? Verstehst du mich? Hast du verstanden?«

XVII

Es war noch immer Frühling. Ich erinnere mich, daß der Wind fast ohne Unterbrechung drei Monate lang wehte, so daß man, hielt er einmal zufällig inne – auf ein paar Stunden oder ein paar Tage, niemals waren es mehr als zwei oder drei –, den Eindruck hatte, man höre ihn immer noch, wie er stöhnte und brauste, nicht draußen mehr, sondern innen im Kopf wie Schellengeklingel, wie Stimmen, von keinem Inhalt, nur von Geräusch ausgefüllt und, so schien es, auch von jenem Staub, der überall Eingang fand, sich unter die brennenden Lider schob, in den Mund, so daß sein Geschmack sich den Nahrungsmitteln mitteilte, zwischen die Häute der Finger drang und über alles, wonach sie griffen – am Abend auf dem Schreibtisch vergessene Papiere, Teller oder Bestecke – eine unlösliche, unwahrnehmbare, körnige Schicht breitete.

Ungefähr um Pfingsten herum blies er mit verdoppelter Kraft acht Tage und acht Nächte lang wie ein Orkan, bestreute die Straßen mit Blättern und abgebrochenen Zweigen, zerbrach die Rebstöcke in den Weinbergen und schüttelte, was noch übrig blieb, derartig durcheinander, daß aus der Blüte nichts wurde und fast die gesamte Ernte verdorben war.

Dann aber folgte der Sommer. Glühend, dörrend auch er, nur noch staubiger, aber nun war es ein Staub, der durch vorüberfahrende Autos und vorbeigaloppierende Horden von lauten Zigeunerkindern mit dunkelbrauner Haut an den Füßen, die an der Sohle verhärtet war wie altes Sohlenleder, Kindern, die halbnackt oder sogar ganz nackt in langen

Reihen auf den Seitenwegen der Landstraßen oder der Vorstadt umherliefen, aufgewirbelt wurde. Jetzt war kein Hauch mehr zu spüren, die Luft war erstickend, stagnierend, etwas Kompaktes, das in die Lungen trat, ohne dabei den Eindruck von Luft zu machen, und sich wie ein schweres, öliges Kielwasser hinter den Wagen der Touristen schloß, die mit weißen Mützen, karierten Hemden, Photoapparaten und Gefährtinnen in Shorts, unter denen die rotgebrannten schwabbeligen Schenkel sichtbar wurden, rasch die Stadt durchquerten – *sie nahmen sich nur gerade soviel Zeit, um sich mit Schenkeln, Mützen und Busenschützern, in der Sonne grimassierend und blinzelnd, vor den alten Festungsmauern oder dem Portal der Kathedrale gegenseitig zu photographieren* –; dann trachteten sie, so schnell wie möglich ans Meer zu gelangen, wo sie sich ermattet auf der Kasinoterrasse niederließen und beim Lärm der Pick-ups, die unaufhörlich Tangos und Schlager ausspieen, Eisgetränke schlürften. Mit ihren geschlossenen Ladenschaufenstern, ihren nahezu leeren, schweigenden Innenstraßen lag die Stadt verlassen da, tot in der unbeweglichen Sonne, um erst am Abend wieder etwas lebendiger zu werden, doch nur in den engen Gäßchen der hochgelegenen Viertel, in denen der sozusagen seßhafte Teil der Bevölkerung – *der nur manchmal an Sommersonntagen oder am fünfzehnten August in bereits am frühen Morgen überfüllten Trambahnen ans Meer fuhr und dort mit Picknickkörben im Sande in der Nähe des Wassers sich niederließ, die Männer mit dem Auspacken ihrer Angelgeräte beschäftigt, die Frauen mit müden, schlaffen Gesichtern darauf bedacht, ihre Röcke nicht zu zerdrücken, wenn sie die Strümpfe von ihren zu weißen, krampfaderdurchzogenen Beinen streiften und, etwas überwältigt von soviel blendendem Sonnenlicht und über-*

rascht, nichts zu tun zu haben, den Blick auf den Sand richteten, den sie sich durch die Hände rieseln ließen, während die lustige Meeresbrise, die draußen auf offener See die Segel der Jachten auf die Seite drückte, sich damit amüsierte, ihre Kleider hochzuheben und ihre Röcke, die sie vergebens niederzuhalten versuchten, ballonförmig um ihre Hüften aufblähte –, der Teil, der immer, im Sommer wie im Winter, da ist und auch an solchen Abenden weniger die Kühle – geschweige denn die frische Luft – als vielmehr nur einen Aufschub für die Notwendigkeit sucht, in die stickigen Stuben zurückzukehren. Daher werden die Stühle vor die Türen gestellt, und dann nehmen die Bewohner, die Frauen in bequemen Schlappen, die Männer in bis zum Ellbogen über haarigen Muskeln aufgekrempelten Hemdsärmeln und mit offenen Kragen, darauf Platz. Auf der Mittelfläche des Platzes wirbeln die Kugeln der Boulespieler im Fallen eine winzige, trockene, graue Staubwolke auf, die sich einen Augenblick lang in die trockene, unbewegte Luft erhebt, und ohne daß die Hitze nachläßt, senkt sich dann die gleichfalls graue Dämmerung herab, wobei die erstickende Luft nur einfach tiefdunkel wird und noch etwas dicker als zuvor. Die Leute entschließen sich immer noch nicht, in ihre Häuser zu gehen, so daß man nun in der nur durch ganz wenige beleuchtete Fenster durchbrochenen Dunkelheit auch weiterhin ein verworrenes Murmeln, ein verworrenes Flüstern wahrnimmt, und manchmal auch im rötlichen Aufflackern einer Zigarette ein zur Hälfte sichtbar werdendes Antlitz, während das Dunkel von unsichtbaren, müden, toten Stimmen bevölkert bleibt. Montès saß, auch er vollkommen unsichtbar, unter dem jetzt dichten, dunklen und ganz unbeweglichen Laub der gleichen Platane, unter der Rosa und er jenen einzigartigen Frühlingsabend verbracht hatten in jenem bizarren Duett, bei dem die vielleicht einzigen Liebesworte gefallen waren, die er in seinem ganzen Leben gehört oder gesagt und die einzigen vielleicht auch, die sie in ihrem Dasein gehört und geäußert hatte, wiewohl dabei nicht ein einziges Mal von Liebe die Rede gewesen war. Oft – *auch ich war in die Ferien gefahren, und zwar so weit fort wie möglich von der Hitze und der mißtönenden Strandregion* – dachte ich an ihn, versuchte ich ihn mir vorzustellen, wie er dort in tiefem Dunkel ganz allein diesem Phantom, dieser Leere gegenüber saß mit den starren Zweigen und den gleichen Blättern über sich, die er im Frühling noch zerbrechlich und flaumhaft und blaß hatte hervorsprießen sehen, die jetzt aber steif, ohne Leben, unter dem Leichentuch des darauf abgelagerten Staubes ruhten, als befänden sie sich nicht in frischer Luft, sondern im Innern eines Hauses, in einem jener leeren, verlassenen, nach einem Todes-, einem Trauerfall nie wieder bewohnten Zimmer; als sei dies gar kein Baum, sondern einer jener welken Sträuße, die langsam eintrocknen, bevor sie zu Staub zerfallen; als laste der dichte, undurchdringliche Himmel wie ein Gewicht auf den Häusern; als schließe er die steif dastehenden Bäume, den ganzen Platz mit seinem Gemurmel von flüsternden, psalmodierenden Stimmen in einen auf allen Seiten geschlossenen, von dem penetranten Geruch des Todes oder ungelüfteter Behausungen durchzogenen Innenraum ein.

Dorthin kam er auch am Tage, wenn er einen freien Augenblick zwischen zwei Gängen fand, die er unternahm. Er ließ sich dann dort nieder und beobachtete, ohne sie zu sehen, seine ebenfalls vom Staube grau gewordenen Schuhe, während die riesige Aktentasche neben ihm auf dem Sitz ruhte. Sein Antlitz trug den gleichen etwas törichten und erschöpften Ausdruck, den jetzt, nach den Schreibern der Anwälte oder Notare, die Angestellten der Büros an ihm zu sehen gewohnt waren, in denen er nun, auf einem Bänkchen sitzend, wiederum Stunden verbrachte. Jedesmal hob er dann den Kopf, wenn ein Amtsdiener oder Bote durch das Zimmer ging, und sah ihm mit fragendem, eindringlichem, gutartigem Hundeblick nach, bis er verschwunden war, worauf er, Montès, weiter wartete. Schließlich wurden sie dann seiner wohl müde, hatten genug davon, ihn dort immer und ewig wie einen lebendigen Vorwurf, eine fleischgewordene, flehende Anklage sitzen zu sehen, die man unmöglich übersehen oder verjagen konnte und die Tag für Tag von neuem zur Stelle war, denn endlich erteilten sie ihm die Genehmigung, die beiden Kinder zu sehen. Er sagte mir, sie hätten nicht mehr die kleinen steifen Rattenschwänze getragen, in die Rosa ihnen ein Band derart fest eingeflochten hatte, daß sie wie Henkel abstanden. Er setzte hinzu, man hätte sie ihnen abgeschnitten, sie trügen jetzt kurzes Haar wie Jeanne d'Arc, vermutlich weil es auf diese Weise leichter sauber zu halten sei. Alles war übrigens sauber: ihre gleichen graugelben Ärmelschürzen, der gefirnißte Dielenboden, der nach Wachs und Kampfer duftende Raum, der als Sprechzimmer diente, mit dem abgenutzten Plüschsofa, den beiden Sesseln darin und den Stühlen, die an den Wänden aufgereiht standen, an deren einer ein düsteres Ölgemälde hing – *er hatte keine Zeit gehabt, es richtig anzusehen, da er es, wie er mir sagte, die ganze Zeit, während er sich mit den Kleinen beschäftigte, zu seiner Linken neben sich und nur undeutlich wahrgenommen hatte: es war etwas mit stehenden, in blaue Schleier gehüllten Frauen, mit Nägeln und mit Blutstropfen, die geschickt auf durchbohrte Füße aufgesetzt waren, das alles vor einem düsteren*

Himmel – und den nach dem Garten, dem flimmernden Licht, der gluterfüllten, sengenden Außenwelt zu geschlossenen Fensterläden.

Aber ich hatte gar nicht nötig, daß er es mir schilderte. Ich sah, so schien es mir, recht gut auch das: ihn, wie er auf der Kante eines der beiden Sessel sitzend, neben sich die unvermeidliche Aktentasche, in die er alles hineingestopft hatte, was nur darin Platz fand oder sogar noch mehr, zu lächeln versuchte und sagte: »Iß doch auch davon, magst du nicht?« und sie, Theresa, wie sie steif und starr mit kohlschwarzen Augen in ihrem dunkelbraunen Gesichtchen neben ihm stand, wie er die Hand mit dem Kuchen vorgestreckt hielt und beide sich in die Augen sahen, und, während die Kleinere mit baumelnden Beinen auf einem der Stühle hockte und schon bis an die Ohren mit Creme vollgeschmiert war, sich weiter anschauten, er und Theresa, bis es ihr endlich, wenn auch mit Mühe, gelang, gleichfalls die Hand vorzustrecken und den Kuchen zu nehmen. Er versuchte nicht zu zittern, schob hart und starr den Unterkiefer vor und bemühte sich auch, seine Lippen unter Kontrolle zu halten, die mehrmals sich zu bewegen trachteten, ohne daß ein Laut aus ihnen hervordrang, und auch das nervöse Zucken zu überwinden, von dem sie ständig befallen wurden, was ihm auch rasch gelang, aber nun saß es ihm in der Kehle, aus der nur ein Ton herauskam, der eigentlich keiner war, worauf er so tat, als ob er husten müsse, und sich zweimal räusperte, bevor ihm endlich ein halber Satz gelang: »Einen sehr hübschen Garten gibt es hier, man könnte beinahe denken . . .«.

Dann aber war es auch schon wieder mit der Kehle so weit, sein Adamsapfel stieg auf und nieder, als versuche er, etwas herunterzuschlucken; sie aber tat jetzt nicht einmal mehr so, als esse sie den Kuchen, sondern stand mit zusammengepreßtem Mund da, an dem noch die trockenen Krümel hingen, und heftete weiter auf ihn den düsteren, verschwiegenen Blick, während er das Taschentuch zog, die Finger des kleineren der beiden Mädchen abputzte – immer noch von dem Zucken der Unterlippe verfolgt, das er nicht mehr zu verhindern oder zu verbergen vermochte, es sei denn dadurch, daß er sich nach dem Fingerabwischen die Nase putzte – wobei er das Tuch etwas länger vors Gesicht hielt, als nötig war – und dann, als er die Hand herunternahm, nunmehr lächelnd, sagte: »Jetzt...« –, worauf er gleich wieder schlucken mußte, den Kopf senkte, ihn wieder hob, von neuem lächelte und von neuem zum Sprechen ansetzte – »Jetzt wird es besser werden. Wir können uns häufiger sehen... Das heißt, sie haben mir gesagt, daß ich am ersten Donnerstag jeden Monats kommen darf, also ihr seht...« Theresa aber stammelte: »Jeden... Nur! Nur jeden...«, worauf sie gleich wieder schwieg, sich hinunterbeugte, der Kleinen den Kuchen reichte und eine ganze Weile über sie geneigt stehen blieb, ihr beim Essen half, ihr jeweils die Wangen abwischte, alles noch immer, ohne sich aufzurichten oder den Kopf zu heben. Da kam ihm zum Bewußtsein, sagte er mir, daß er schon ziemlich lange da sein mußte, wiewohl es ihm andererseits vorkam, als sei er erst eben gekommen, denn jedenfalls war in der Schachtel nun kein Kuchen mehr, und er dachte nur: »Schon schon schon das ist doch nicht möglich daß...« In diesem Augenblick trat die Schwester ein – sie hatte ein behäbiges, dickliches, weißes Gesicht und behäbige, rundliche, weiße Hände, die sie lebhaft vor sich herbewegte – und sagte mit munterer Stimme: »So! Jetzt müssen die kleinen Mädchen aber gehen...«, während er dachte: ›Nein nein nein nein nicht jetzt noch nicht...‹; er hörte das Rascheln des langen Rockes und verspürte den Geruch von blassem, gedunsenem, eingeschlossenem Fleisch, während er ihre Stimme vernahm: »Kommt jetzt! . . .« und: »Ja, so etwas, wir sind ja verwöhnt worden . . .« Und als er sich herunterbeugte und Theresa küßte, sei sie, sagte er mir, gewesen wie ein Stück Holz und habe die Lippen mit aller Macht zusammengepreßt, so daß es, als die Schwester ihr die Hand auf die Schulter legte, war, als habe sie sie nicht verspürt. Sie stand nur weiter ganz aufrecht an derselben Stelle, an der sie gewesen war, als er sie geküßt hatte, und drückte mit ihren langen braunen Fingern die riesige, in Glanzpapier gehüllte Bonbonschachtel an sich, während die Schwester von neuem und diesmal etwas nachdrücklicher auf ihrer Schulter die dickliche, weiße Hand ruhen ließ, die wie eine Wachshand aussah, er selbst sich rückwärts entfernte in dem Bemühen, immer noch zu lächeln, und fröhlich rief: »Auf Wiedersehen. Bis bald. Ich . . .«, und das kleine scheue, tragische Gesicht, einer kleinen Inka-Mumie ähnlicher denn je, noch immer ganz fest auf ihn gerichtet war. Er winkte noch einmal mit der Hand, doch sie antwortete ihm nicht, kein Muskel in ihrem Gesichtchen regte sich, das einzig Lebendige waren die Augen, die so unerträglich an ihm festhingen, daß er sich ganz schnell umwandte und in den Gang hinaustrat.

Das Wägelchen der Eis- und Zuckerstangenhändlerin stand noch immer am gleichen Platz vor der Mauer der alten Kaserne, und von seiner Bank aus konnte er sehen, wie die Kinder sich davor drängten, gegenseitig wegstießen und auf die Zehenspitzen stellten in dem Bemühen, ins Innere des Eisbehälters zu blicken, wenn die Frau einen der blitzenden Deckel abhob, der geformt war wie ein Chinesenhut, und darin den Arm vergrub, der gleich darauf mit einem Klumpen

Speiseeis in zarten rosa, nilgrünen oder gelben Tönungen am Ende der Kelle wieder zum Vorschein kam. Es gab auch noch immer die Gruppe der Frauen mit Kannen und Eimern rings um die Pumpe herum und das metallische Geräusch der aneinanderstoßenden Gefäße; sie alle hatten auch noch den gleichen schweren, majestätischen Gang, wenn sie mit ihren schweren Hüften, dem schwarzen, glänzenden Haar, den absatzlosen Schuhen und ihren vielfach geflickten, vielfarbigen Fetzen, die sie trugen wie königliche Gewänder, wieder davonschritten. Er saß da und dachte vielleicht: ›Wenn ich nur verstehen könnte . . .‹ und kurz danach: ›Gibt es überhaupt etwas zu verstehen?‹ – »Denn«, sagte er etwas später zu mir, »hat man dafür nicht sogar ein Wort? Ist das nicht das, was man... Ja, wie war es doch schon? Mir scheint, man lernt das schon in der sechsten Klasse. Vielleicht auch in der ersten. Ich erinnere mich nicht mehr . . . Doch: Mutationen, das ist es. Am Ende ist das hier auch nur das und gar nichts anderes! Sie wissen ja, Zellen oder dergleichen, die sich auf eine bestimmte Weise zusammenfügen, dann sich wieder lösen und in Staub, in kleinste Gebilde zerfallen, um sich auf andere Art von neuem zu agglutinieren, wobei es nur zu einer ganz leichten Abwandlung kommt, irgend etwas mikroskopisch Kleines mehr oder weniger da ist, aber im Grunde ist es doch immer das Gleiche, da ja das Leben bestehen bleibt. Also?«

Ich sah ihn an – *für ein paar Tage war ich wieder in die Stadt gekommen, und da saßen wir nun auf einer Caféterrasse im Zentrum und ließen unsere Blicke auf den staubigen Palmen der Promenade ruhen, die dort gleich aufgereihten Blattgewächsen standen, die man abzustauben vergessen hat, wie in einer privaten Wohnung oder – während wir regungslos hinter unseren zwei Gläsern saßen, konnten wir den*

Schweiß fühlen, der langsam an uns niederrann – einem schlechtgehaltenen Treibhaus; das war es: wie in einem jener Treibhäuser aus dem Jahre Neunzehnhundert, in das wir ebenso wie die staubigen Grünpflanzen eingeschlossen waren –; er schwieg jetzt, saß da mit seinem kummervollen, wie erstarrten Gesicht, den erschlafften Zügen, und plötzlich erfaßte mich eine Art von rasendem Zorn, jenem Zorn, der umso unbezwinglicher ist, als man ihn ungerechterweise, mit schlechtem Gewissen sozusagen, verspürt, ähnlich dem, der einen manchmal in Gegenwart eines Kranken packt, wenn man ihm klarmachen möchte, daß er in gewisser Weise an seiner Krankheit selbst schuld ist, nicht – wie es auch oft geschieht –, weil er unvorsichtig war, sondern weil er ein Unrecht auf sich lädt, indem er für uns das Übel, das Leiden oder vielmehr die unabwendbare Existenz des Übels, des Leidens verkörpert, uns ins Gedächtnis ruft, und ich sagte zu ihm: »Lieber Gott! Worauf warten Sie denn eigentlich noch, um ins Kloster zu gehen?«

»Ins Kloster?«, fragte er.

»Ja«, sagte ich, »stellen Sie sich nur vor, so etwas ist eigens für Leute wie Sie erfunden worden. Um Leute Ihres Genres in Gewahrsam zu halten, sie außerstand zu setzen, noch weiteren Schaden zu stiften ... Mein Gott, was für Dummheiten reden wir da«, setzte ich rasch hinzu. »Das liegt an diesem Wetter. An dieser saumäßigen Hitze liegt es, diesem saumäßigen Sommer. Der verbrennt einem ja das Hirn. Sie sollten jetzt wirklich abreisen, auf was ...«

»Schaden?«, sagte er, »haben Sie Schaden gesagt?«

»Lieber Gott, ja«, sagte ich. »Ich habe Spaß gemacht. Das liegt an dieser blödsinnigen Hitze. Sie wissen ja selber gut genug, daß Sie außerstande sind, auch nur einer Fliege wehzutun, selbst wenn Sie es wollten. Sie ... Aber das ist die Hitze. Warum reisen Sie nicht ab? Weshalb gehen Sie nicht nach Hause zurück? Jetzt, wo alle diese Kerle, die Sie dafür bezahlt haben, so gefällig gewesen sind, Sie von den verdammten Weinbergen zu befreien ... Sagen Sie mal ernstlich: Wieviel haben Sie diesem Advokaten denn gegeben, damit er sich herbeigelassen hat, für Sie den Prozeß zu verlieren? Ich vermute, Sie haben es sich etwas kosten lassen. Anwälte verlieren bekanntlich nicht gern. Das ist schlechte Reklame. Daher ...«

Doch es gelang mir nicht einmal, ihn zum Lachen zu bringen. Er hörte mir nicht zu. Ebensowenig, wie er sich die Mühe gemacht hatte, zum Gericht zu gehen an dem Tage, an dem seine Angelegenheit mit dem Verwalter zur Verhandlung kam, weil er zweifellos an diesem Morgen oder Nachmittag etwas Wichtigeres zu tun hatte, wie zum Beispiel auf seiner Promenadenbank zu sitzen oder seinen Posten in den Ämtern zu beziehen, von der Hoffnung bewegt, daß einer der Beamten endlich von seiner Anwesenheit einmal Notiz nehmen werde. Daher hatte er selbst darüber auch nicht zu mir gesprochen. Vielleicht wußte er nicht einmal, hatte er sich nicht einmal die Mühe gemacht, sich zu erkundigen, wie alles ausgegangen war, sondern sich darauf beschränkt, es sich von seinem Anwalt am Abend sagen zu lassen – *oder vielleicht am nächsten Morgen den betreffenden Brief zu öffnen und daraus zu entnehmen, daß der Prozeß verloren war* –, worauf er vermutlich nur mit »Ah!« oder »Oh!« reagiert, den Brief in seine Aktentasche zu dem übrigen Packen, von dem bereits der Pappdeckel nahezu barst, gestopft und ihn gleich darauf vergessen hatte, um sich in ein neues Büro zu stürzen, so daß ich erst von dem Notar die Einzelheiten erfuhr, das heißt, daß der Verwalter im geeigneten Moment mehrere von Montès' Vater unterzeichnete Papiere und dazu auch noch eine Aufstellung über rückständige Gehaltszahlungen, die sich über lange Jahre erstreckten, vorgelegt, ferner auch noch eine Anerkennung guter und treuer Dienste präsentiert habe, von welcher böse Zungen behaupteten, er, der Vater Montès, habe sie zweifellos in einem Augenblick geistiger Verwirrung irrtümlich ausgestellt, nämlich in seiner Zerstreutheit den Namen des Vaters anstatt den der Tochter eingesetzt, da nämlich die Art von Dienstleistungen, auf die er vermutlich anspielen wollte, gemeinhin nicht in den von der Pflugschar geschaffenen Furchen und in zum Boden gebückter Haltung verrichtet werden, sondern in einer horizontalen Lage, bei der Schweiß und Mühe das Gegenteil von den bei der Arbeit aufgewendeten sind und das zu beackernde Feld sich auf ein umbuschtes, im Dunkel liegendes Dreieck, eine immer offene, aufgeworfene, unaufhörlich bestellte, aber niemals sich schließende oder ausgefüllte Furche beschränkt. Jedenfalls hatte der Verwalter – *oder vielmehr jenes bizarre Trio: der Mann mit dem erdfarbenen Leichengesicht, die schwarzgekleidete Alte und die übermäßig stark angemalte Tochter – das bei allen Verhandlungen und Plädoyers mit undurchdringlicher Miene, düster und unversöhnlich wie eine rächende, erbitterte Allegorie des guten Rechtes und der fehlgeleiteten Unschuld im Hintergrund des Saales gesessen hatte* – gewonnen und nicht nur das: er hatte auch eine Wiedergutmachung für jene Entlassung erreicht, die er sich zweifellos durch irgendwelche Mittel und Wege hätte zustellen lassen, wenn nicht Montès' Berater – *die Männer, die ihn ganze Nachmittage lang in ihren Vorzimmern auf Stühlen und Bänken hatten warten lassen, um ihm schließlich diesen scharfsinnigen Rat zu erteilen* – ihm den Dienst erwiesen hätten, sie ihm durch den Gerichtsdiener überbringen zu lassen; erreicht hatte er gleichfalls, daß sich Montès schließlich einem solchen Loch in seinen Finanzen gegenüber sah, das noch vertieft wurde durch die Aussicht auf die nächste Ernte – die nur aus den wenigen Trauben oder vielmehr Beerchen bestehen würde, die die Frühlingsstürme noch übrig gelassen hatten –, daß er sich schließlich zu dem einzigen herbeilassen mußte, was ihm noch zu tun übrig blieb – und was er als erstes gleich nach seiner Ankunft hätte erledigen sollen –, nämlich zu verkaufen.

»Und nun«, sagte der Notar, »frage ich Sie, ob es sich da gelohnt hat, alle diese Geschichten zu machen, um schließlich dabei zu landen? Umso mehr als die Wirkung, die es auf ihn hervorgebracht zu haben scheint ... Denn«, so erzählte er mir, »da saß er nun wieder auf dem gleichen Sessel, in dem er sich das erste Mal vor ungefähr einem halben Jahr niedergelassen hatte, und interessierte sich ebensowenig für das, was ich ihm sagte, als wenn es sich um den Besitz und die geschäftlichen Angelegenheiten eines anderen gehandelt hätte, ja er beanstandete nicht einmal den Preis, als ich ihm meinen Vorschlag unterbreitet hatte, sträubte sich nicht im geringsten, sondern sagte nur: Gut. Sehr gut ..., während er unaufhörlich weiter auf die alten Stiche der Stadt schielte, die ich dort nur habe hängen lassen, weil sie von eh und je dort gehangen haben, so daß ich ihm schließlich vorschlug: ›Wenn Sie von denen da so entzückt sind, schenke ich sie Ihnen. Sie können mir ja dafür ein paar Photographien geben, die ich dann an ihre Stelle hänge. Nehmen Sie sie nur mit, Sie ...‹«

»Gleichsam als eine von der Firma gewährte Prämie«, sagte ich, »das ist ...«

Er lachte erheitert auf: »Eine Prämie! Wie Sie das wieder

sagen! Schließlich hatte ich sie dort nun schon lange genug hängen sehen. Hahaha ... Eine ...«

»Es war nett von Ihnen, daß Sie daran gedacht haben«, sagte ich. »Ich bin sicher, Sie haben ihm damit eine sehr große Freude gemacht.«

»Sie machen sich lustig über mich«, meinte er.

»Ich rede ganz im Ernst. Es war sicher das größte Vergnügen, das Sie ihm bereiten konnten. Er schwärmt für alles, was sich nicht mehr verändert, meine ich, und da diese alten Winkel der Stadt inzwischen fast alle schon abgerissen sind, läuft er nicht Gefahr, sie verschwinden zu sehen.«

»Hahaha!« machte er. »Hahaha! Hahaha! ...«

Jetzt, als ich neben Montès auf der Caféterrasse saß an diesem staubigen Septembernachmittag, schwieg auch ich, und so verharrten wir beide, ohne etwas zu sagen, er immer mit seinem undurchdringlichen, erschütternden Ausdruck im Gesicht, das er nach der anderen Seite wandte – *auf was aber eigentlich blickte er? Er schaute weder die unbeweglichen, grauen Palmen an, die lustlos in der dicken, kaum atembaren Luft herniederhingen, noch die Vorübergehenden, die Häuserfassaden, das Gewimmel der Straße, oder vielleicht doch alles das zu gleicher Zeit, und auch nicht einmal in einem Zustand der Geistesabwesenheit, sondern im Gegenteil mit einer Art von Leidenschaft, von Gier, als hoffe er dort die Antwort auf wer weiß welche verzweifelte, frenetische, eigensinnige Frage zu finden.* Dann verließ ich ihn, ging fort, wandte mich aber noch ein letztes Mal nach ihm um und sah ihn noch immer vor seinem ›Halben‹ sitzen, dem Glas, das er kaum an die Lippen geführt hatte. Es ist das letzte Bild von ihm, das ich in mir aufbewahrt habe, als ob von diesem Augenblick an die Erinnerung an ihn einzig darin bestehen sollte: dieser Frage ohne Antwort, diesem gleichzeitig flehenden, konzentrierten und ungläubigen Ausdruck, demselben Ausdruck und Blick zweifellos, mit dem er die Klosterschwester angeschaut haben wird, als er stammelnd vor ihr stand – es war der erste Donnerstag des folgenden Monats – und sich zum dritten Male wiederholen ließ, was er schon zweimal vernommen hatte, als ob er nicht verstehe, sich zu verstehen weigere – dabei immer noch mit seiner enormen Aktentasche unter dem Arm, die ganz mit Bonbons und Spielzeug vollgestopft war, und einem durchgeweichten Kuchenpaket, während er über die Schulter der Schwester hinweg in Richtung auf das Sprechzimmer zu spähen versuchte, als bilde er sich ein, sie verberge die Kinder vor ihm, belüge ihn oder wolle ihn necken, ihn anführen, sie aber immer weiterlächelte und ihre kleinen fülligen, weißen Hände bewegte, die wie Wachshände wirkten, und ihr behäbiges, friedliches, aber törichtes Gesicht fast hartnäckig freundlich ihm zugewandt hielt, als sie auf seine beinahe schreiend vorgebrachte Frage: »Nicht mehr da? Sie sagen, sie sind nicht mehr da?« mit der singenden, zugleich munteren und klagenden Stimme der Nonnen antwortete: »Ja. Aber Sie brauchen ... Sie sind abgeholt worden, fort. Nein, ich kann Ihnen nicht ... Wir wissen selber nicht ... Aber sie haben es sicher sehr gut, verstehen Sie, Sie brauchen sich ihretwegen gar keine Sorgen zu machen, sie ... Aber nein, die Frau Oberin weiß nicht mehr darüber als ich. Das macht die Verwaltung, verstehen Sie, nicht wir. Sie sind gekommen und haben sie abge ...«. Immer noch flatterten die Puppenhändchen wie Flügel vor ihrem Leib umher, vor dem großen Messingkreuz, das von ihrem strengen, raschelnden Brustlatz aus gestärkter Leinwand herunterhing.

Ich schrieb ihm, ich lud ihn ein, mich zu besuchen, sich ein wenig auszuruhen, andere Luft zu atmen und auf andere Gedanken zu kommen. Aber das gerade wollte er vielleicht nicht. Denn er wich mir aus, er antwortete nur mit unbestimmten Worten der Entschuldigung. Gewiß gab es für ihn etwas, was wichtiger war als Ruhe, oder er mußte erst einmal abwarten, bevor er auch nur an Ruhe denken konnte, oder er konnte nur in dieser gleichen Luft zu einem Resultat gelangen, das er einzig finden konnte, wenn er auf der gleichen Bank sitzen blieb, auf der er zweifellos seine Tage verbrachte, ohne jetzt auch nur noch auf den ersten Donnerstag des kommenden Monats zu hoffen, ohne irgend etwas zu finden – nicht einmal eine Antwort –, zufrieden damit, einfach da zu sein, in der identischen, langsamen Abfolge der Stunden, der Tage, in denen die alte, unaufhörlich neu besudelte Welt bei jedem Morgengrauen wieder in ihrer ursprünglichen originalen Unschuld erstand unter dem strahlenden, geheimnislosen, das Auge blendenden Licht, vor sich den Himmel, die Häuser zu haben, das urewige Echo der sich berührenden Eimer, die sich balgenden Kinder, die hohlwangigen Araber, die an den Mauern hockten, das Wägelchen der Eisverkäuferin, das sie im Winter durch den Tisch mit frischen Krapfen ersetzte, und den Nickelglanz der Fahrräder, die sich zur Mittagsstunde in den engen Straßen drängten, den Geruch der Sardinen, die vor jeder Tür geräuchert wurden, und die schwatzenden Gruppen der Zigeuner mit ihren weißen Hemden, den weißen, blitzenden Zähnen, den dunklen Hüten und seidenen Halstüchern in rosa, mandelgrünen und himmelblauen Tönen, die mit Kritzeleien bedeckten Mauern mit den dräuenden Totenköpfen, die mit einem Nagel in den mürben Verputz eingeritzt waren, den Votivherzen und derben phallischen Darstellungen, wozu noch verfärbte Herden wilder Tiere, Zebras, Elefanten à la Hannibal, Tiger, Kamele, die aus den zerfetzten Zirkusplakaten entsprungen zu sein schienen, ferner die Ankündigungen von Streiks, von Parteiversammlungen, die unermüdlich wiederkehrenden Ausrufe des Zorns, der Auflehnung, der ewig unerschöpften Verzweiflung kamen, vor sich auch die Gesichter mit ungekämmt herunterhängendem schwarzem, öligem Haar, die sich zwischen Blumentöpfen in Gestalt von alten Konservendosen aus den Fenstern beugten und ›Marce-e-e-el‹ oder ›Paqui-i-i-ita‹ riefen, wobei ihr Rufen aufzusteigen, zu schwingen, sich zu dehnen, zurückzusinken schien, die Hunde mit ihrem weich trottenden, schiefen Gang, die an den Ecken der Gäßchen, da, wo die Sonne sich spitzwinkelig, wie ein mit blitzenden Fliegen gepunktetes Mauerstück eindrängte, einen Abfallhaufen beschnüffeln, eine Fliege auch auf einer beschmierten Kinderwange, die jungen Leute, die auf der Terrasse des kleinen Cafés, ohne etwas zu bestellen, an leeren Tischchen sitzen, mit den Stühlen wippen, begehrlich pfeifen beim Anblick eines Mädchens oder eines schicken Fahrzeugs, ihnen lange nachblicken mit den Händen in den Taschen, halbgeschlossenen Lidern und leicht geneigtem Kopf, um den aus dem Mundwinkel hervorquellenden Rauch zu vermeiden, wobei sie immer weiter vorundzurückschaukeln, die ewigen Boulespieler und den einsamen Gesang eines Vogels im Käfig, der sich aus den Tiefen eines Hofes über die Dächer, die Zeit, die Stille hinwegschwingt: alles wiedereingefügt in eine neu begründete, unzerstörbare Ordnung, sogar der Wind, der wieder auffrischt und mit seinen ersten herbstlichen Stößen von Zeit zu Zeit an der Markise der Caféterrasse zerrt, sie zusammenrollt, schwellt und mit kurzem Klatschen, das wie Schüsse klingt, wieder zusammenfallen läßt.

In Kürze würde der Wind sich wieder ganz und gar eingenistet haben und bis zum nächsten Sommer uns nicht wieder verlassen. Bald würde er von neuem als Sturm über die Ebene rasen, endlich die letzten roten Blätter von den Reben reißen und die Bäume, die sich unter ihm beugten, endgültig ihres Schmuckes berauben, – eine sinnlos entfesselte Kraft, dazu verurteilt, sich ewig zu erschöpfen, ohne jemals auf ein Ende auch nur hoffen zu können, die Nacht erfüllend mit langgezogenem Wehelaut, als klage er um das, was er den schlafenden Menschen, den wandernden, vergänglichen Kreaturen neidete: die Möglichkeit zu vergessen, den Frieden, das Privileg zu sterben.

Serie Piper

Rolf Ackermann 8mal Sardinien. SP 5109
Wassilij Aksjonow Defizitposten Faßleergut. SP 115
Michel Albert Herausforderung Europa. SP 384
Fritz René Allemann 26mal die Schweiz. SP 5106
Klaus Allerbeck/Wendy Hoag Jugend ohne Zukunft? SP 433
Franz Alt Frieden ist möglich. SP 284
Franz Alt Liebe ist möglich. SP 429
Altes Testament Hrsg. von Hanns-Martin Lutz/Hermann Timm/
Eike Christian Hirsch. SP 347
Jorge Amado Nächte in Bahia. SP 411
Jorge Amado Viva Teresa. SP 454
Jürg Amann Ach, diese Wege sind sehr dunkel. SP 398
Jürg Amann Die Baumschule. SP 342
Jürg Amann Franz Kafka. SP 260
Jürg Amann Robert Walser. SP 5212
Stefan Andres Der Knabe im Brunnen. SP 459
Stefan Andres Positano. SP 315
Stefan Andres Wir sind Utopia. SP 95
Ernest Ansermet Die Grundlagen der Musik. SP 388
Ernest Ansermet/J.-Claude Piguet Gespräche über Musik. SP 74
Hannah Arendt Macht und Gewalt. SP 1
Hannah Arendt Rahel Varnhagen. SP 230
Hannah Arendt Über die Revolution. SP 76
Hannah Arendt Vita activa oder Vom tätigen Leben. SP 217
Hannah Arendt Walter Benjamin/Bertolt Brecht. SP 12
Birgitta Arens Katzengold. SP 276
Atomkraft – ein Weg der Vernunft? Hrsg. v. Philipp Kreuzer/
Peter Koslowski/Reinhard Löw. SP 238
Aurelius Augustinus Aufstieg zu Gott. SP 521
Anton Austermann Kurt Tucholsky. SP 5214
Ingeborg Bachmann Anrufung des Großen Bären. SP 307
Ingeborg Bachmann Frankfurter Vorlesungen:
Probleme zeitgenössischer Dichtung. SP 205
Ingeborg Bachmann Die gestundete Zeit. SP 306
Ingeborg Bachmann Die Hörspiele. SP 139
Ingeborg Bachmann Das Honditschkreuz. SP 295
Ingeborg Bachmann Liebe: Dunkler Erdteil. SP 330
Ingeborg Bachmann Die Wahrheit ist dem Menschen zumutbar. SP 218
Ernst Barlach Drei Dramen. SP 163
Giorgio Bassani Die Brille mit dem Goldrand. SP 417
Giorgio Bassani Ferrareser Geschichten. SP 430
Giorgio Bassani Die Gärten der Finzi-Contini. SP 314
Michael Bauer Christian Morgensterns Leben und Werk. SP 421
Bayerisches Lesebuch Hrsg. von Günther Lutz. SP 431
Werner Becker Der Streit um den Frieden. SP 354
Mathilde Q. Beckmann Mein Leben mit Max Beckmann. SP 436

Serie Piper

Max Beckmann Briefe im Kriege. SP 286
Max Beckmann Leben in Berlin. SP 325
Hans Bender Telepathie, Hellsehen und Psychokinese. SP 31
Hans Bender Verborgene Wirklichkeit. SP 177
Hans Bender Zukunftsvisionen, Kriegsprophezeiungen, Sterbeerlebnisse. SP 246
Lore Berger Der barmherzige Hügel. SP 396
Bruno Bettelheim Gespräche mit Müttern. SP 155
Bruno Bettelheim/Daniel Karlin Liebe als Therapie. SP 257
Klaus von Beyme Interessengruppen in der Demokratie. SP 202
Klaus von Beyme Parteien in westlichen Demokratien. SP 245
Klaus von Beyme Das politische System der Bundesrepublik Deutschland. SP 186
Klaus von Beyme Die politischen Theorien der Gegenwart. SP 211
Klaus von Beyme Die Sowjetunion in der Weltpolitik. SP 455
Harald Bilger 111mal Südafrika. SP 5102
Hildegard von Bingen Gott sehen. SP 522
Klaus von Bismarck/Günter Gaus/Alexander Kluge
Industrialisierung des Bewußtseins. SP 473
Der Blaue Reiter Hrsg. von Wassily Kandinsky und Franz Marc. SP 300
Norbert Blüm Die Arbeit geht weiter. SP 327
Jurij Bondarew Die Zwei. SP 334
Tadeusz Borowski Bei uns in Auschwitz. SP 258
Margret Boveri Tage des Überlebens. SP 395
John Bowle Geschichte Europas. SP 424
Karl Dietrich Bracher Zeitgeschichtliche Kontroversen. SP 353
Lily Braun Memoiren einer Sozialistin. SP 444
Alfred Brendel Nachdenken über Musik. SP 265
Raymond Cartier 50mal Amerika. SP 5101
Raymond Cartier Der Zweite Weltkrieg. Band I SP 281,
Band II SP 282, Band III SP 283
Wolfgang Clemen Shakespeares Monologe. SP 399
Horst Cotta Der Mensch ist so jung wie seine Gelenke. SP 275
Carl Dahlhaus Musikalischer Realismus. SP 239
Gerhard Dambmann 25mal Japan. SP 5104
Dante Alighieri Die Göttliche Komödie. SP 500
Denkanstöße '85. SP 371
Denkanstöße '86. SP 439
Georg Denzler Widerstand oder Anpassung? SP 294
Dhammapadam – Der Wahrheitpfad. SP 317
Ulrich Dibelius Moderne Musik I 1945–1965. SP 363
Hilde Domin Von der Natur nicht vorgesehen. SP 90
Hilde Domin Wozu Lyrik heute. SP 65
Fjodor M. Dostojewski Die Brüder Karamasoff. SP 402
Fjodor M. Dostojewski Gesammelte Briefe. SP 461
Fjodor M. Dostojewski Die Dämonen. SP 403
Fjodor M. Dostojewski Der Idiot. SP 400
Fjodor M. Dostojewski Rodion Raskolnikoff. SP 401

Karl Jaspers Psychologie der Weltanschauungen. SP 393
Karl Jaspers Schelling. SP 341
Karl Jaspers Die Schuldfrage / Für Völkermord gibt es keine Verjährung. SP 191
Karl Jaspers Spinoza. SP 172
Karl Jaspers Vernunft und Existenz. SP 57
Karl Jaspers Vom Ursprung und Ziel der Geschichte. SP 298
Karl Jaspers Wahrheit und Bewährung. SP 268
Karl Jaspers / Rudolf Bultmann Die Frage der Entmythologisierung. SP 207
Tilman Jens Mark Twain. SP 5223
Tilman Jens Unterwegs an den Ort wo die Toten sind. SP 390
Walter Jens Fernsehen – Themen und Tabus. SP 51
Walter Jens Momos am Bildschirm 1973–1983. SP 304
Walter Jens Die Verschwörung / Der tödliche Schlag. SP 111
Walter Jens Von deutscher Rede. SP 277
Louise J. Kaplan Die zweite Geburt. SP 324
Friedrich Kassebeer Die Tränen der Hoffnung. SP 392
Wilhelm Kempff Unter dem Zimbelstern. SP 446
Wilhelm Kempff Was ich hörte, was ich sah. SP 391
Toni Kienlechner 12mal Italien. SP 5110
Rudolf Kippenhahn Hundert Milliarden Sonnen. SP 343
Michael Köhlmeier Der Peverl Toni. SP 381
Leszek Kolakowski Henri Bergson. SP 5204
Leszek Kolakowski Die Gegenwärtigkeit des Mythos. SP 149
Leszek Kolakowski Der Himmelsschlüssel. SP 232
Leszek Kolakowski Der Mensch ohne Alternative. SP 140
Wilhelm Korff Wie kann der Mensch glücken? SP 394
Christian Graf von Krockow Gewalt für den Frieden? SP 323
Hans Küng Ewiges Leben? SP 364
Hans Küng Die Kirche. SP 161
Hans Küng 20 Thesen zum Christsein. SP 100
Hans Küng 24 Thesen zur Gottesfrage. SP 171
Karl-Josef Kuschel Weil wir uns auf dieser Erde nicht ganz zu Hause fühlen. SP 414
Rudolf Walter Leonhardt Auf gut deutsch gesagt. SP 481
Klaus Liebe 6mal Jugoslawien. SP 5107
Anne Morrow Lindbergh Muscheln in meiner Hand. SP 425
Konrad Lorenz Die acht Todsünden der zivilisierten Menschheit. SP 50
Konrad Lorenz Über tierisches und menschliches Verhalten. Bd. I SP 360
Konrad Lorenz Über tierisches und menschliches Verhalten. Bd. II SP 361
Konrad Lorenz Das Wirkungsgefüge der Natur und das Schicksal des Menschen. SP 309
Konrad Lorenz / Franz Kreuzer Leben ist Lernen. SP 223
Lust am Denken Hrsg. von Klaus Piper. SP 250
Lust am Lesen Hrsg. von Ernst Reinhard Piper. SP 450
Lust an der Musik Hrsg. von Klaus Stadler. SP 350
Lust und Liebe Hrsg. von Christoph Wulf. SP 383
Heinz Maier-Leibnitz Kochbuch für Füchse. SP 468
Franz Marc Briefe aus dem Feld. Neu hrsg. von Klaus Lankheit/Uwe Steffen. SP 233

Serie Piper

Yehudi Menuhin Ich bin fasziniert von allem Menschlichen. SP 263
Yehudi Menuhin Variationen. SP 369
Christa Meves Verhaltensstörungen bei Kindern. SP 20
Alexander Mitscherlich Auf dem Weg zur vaterlosen Gesellschaft. SP 45
Alexander Mitscherlich Der Kampf um die Erinnerung. SP 303
Alexander und Margarete Mitscherlich Eine deutsche Art zu lieben. SP 2
Alexander und Margarete Mitscherlich Die Unfähigkeit zu trauern. SP 168
Margarete Mitscherlich Das Ende der Vorbilder. SP 183
Eugenio Montale Die Straußenfeder. SP 145
Das Morgenstern Buch Hrsg. von Michael Schulte. SP 452
Christian Morgenstern Galgenlieder. SP 291
Christian Morgenstern Palmström. SP 375
Christian Morgenstern Werke in vier Bänden. Band I SP 271, Band IV SP 274
Neues Testament Hrsg. von Gerhard Iber. SP 348
Robert Neumann Die Kinder von Wien. SP 382
Ernst Nolte Der Faschismus in seiner Epoche. SP 365
Ernst Nolte Der Weltkonflikt in Deutschland. SP 222
Willard G. Oxtoby Offenes Christentum. SP 435
Pier Paolo Pasolini Accattone. SP 344
Pier Paolo Pasolini Gramsci's Asche. SP 313
Pier Paolo Pasolini Mamma Roma. SP 302
Pier Paolo Pasolini Teorema oder Die nackten Füße. SP 200
Pier Paolo Pasolini Vita Violenta. SP 240
P.E.N.-Schriftstellerlexikon Hrsg. von Martin Gregor-Dellin / Elisabeth Endres. SP 243
Karl R. Popper/Konrad Lorenz Die Zukunft ist offen. SP 340
Ludwig Rausch Strahlenrisiko!? SP 194
Fritz Redl/David Wineman Kinder, die hassen. SP 333
Fritz Redl/David Wineman Steuerung des aggressiven Verhaltens beim Kind. SP 129
Willi Reich Alban Berg. SP 288
Rupert Riedl Evolution und Erkenntnis. SP 378
Rupert Riedl Die Strategie der Genesis. SP 290
Roland Röhl Natur als Waffe. SP 445
Romain Rolland Georg Friedrich Händel. SP 359
Jörg Kaspar Roth Hilfe für Helfer: Balint-Gruppen. SP 389
Ivan D. Rožanskij Geschichte der antiken Wissenschaft. SP 292
Maurice Sachs Der Sabbat. SP 255
Hans Schaefer Plädoyer für eine neue Medizin. SP 225
Oda Schaefer Wiederkehr. SP 465
Robert F. Schmidt/Albrecht Struppler Der Schmerz. SP 241
Christian Schmidt-Häuer Michail Gorbatschow. SP 467
Arthur Schopenhauer Metaphysik der Natur. SP 362
Arthur Schopenhauer Methaphysik des Schönen. SP 415
Arthur Schopenhauer Metaphysik der Sitten. SP 463
Renate Schostack Zwei Arten zu lieben. SP 301
Schwabing Hrsg. von Oda Schaefer. SP 366
Hannes Schwenger Im Jahr des Großen Bruders. SP 326

Serie Piper

Gerd Seitz Erklär mir den Fußball. SP 5002
Kurt Sontheimer Grundzüge des politischen Systems der Bundesrepublik Deutschland. SP 351
Robert Spaemann/ Reinhard Löw Die Frage Wozu? SP 420
Hans Peter Thiel Erklär mir die Erde. SP 5003
Hans Peter Thiel Erklär mir die Tiere. SP 5005
Hans Peter Thiel/Ferdinand Anton Erklär mir die Entdecker. SP 5001
Ludwig Thoma Heilige Nacht. SP 262
Ludwig Thoma Jozef Filsers Briefwexel. SP 464
Ludwig Thoma Magdalena. SP 428
Ludwig Thoma Moral. SP 297
Ludwig Thoma Münchnerinnen. SP 339
Ludwig Thoma Tante Frieda. SP 379
Ludwig Thoma Der Wilderer und andere Jägergeschichten. SP 321
Giuseppe Tomasi di Lampedusa Der Leopard. SP 320
Giuseppe Tomasi di Lampedusa Die Sirene. 422
Franz Tumler Das Land Südtirol. SP 352
Und die Musik spielt dazu Hrsg. von Ulrike Migdal. SP 451
Das Valentin Buch Hrsg. von Michael Schulte. SP 370
Karl Valentin Die Friedenspfeife. SP 311
Karl Valentin Die Jugendstreiche des Knaben Karl. SP 458
Karl Valentin Riesenblödsinn. SP 416
Vor uns die goldenen neunziger Jahre Hrsg. von Martin Jänicke. SP 377
Cosima Wagner Die Tagebücher. Bd. 1 SP 251, Bd. 2 SP 252, Bd. 3 SP 253, Bd. 4 SP 254
Richard Wagner Mein Denken. Hrsg. von Martin Gregor-Dellin. SP 264
Paul Watzlawick Wie wirklich ist die Wirklichkeit? SP 174
Der Weg ins Dritte Reich. SP 261
Wege zum Sinn Hrsg. von Alfried Längle. SP 387
Johannes Wickert Isaac Newton. SP 215
Wolfgang Wickler Die Biologie der Zehn Gebote. SP 236
Wolfgang Wickler/Uta Seibt männlich weiblich. SP 285
Roger Willemsen Robert Musil. SP 5208
Wörterbuch der Erziehung Hrsg. von Christoph Wulf. SP 345
Wilhelm Worringer Abstraktion und Einfühlung. SP 122
Heinz Zahrnt Aufklärung durch Religion. SP 210
Heinz Zahrnt Wie kann Gott das zulassen? SP 453
Dieter E. Zimmer Die Vernunft der Gefühle. SP 227